clave

Xavier Sala i Martín (Cabrera de Mar, 1963) es licenciado por la UAB, es máster en finanzas internacionales y doctor en economía por la Universidad de Harvard. Ejerce la docencia como catedrático en la Universidad de Columbia y como profesor invitado en la Universidad Pompeu Fabra. Colabora, entre otros organismos internacionales, con el Foro Económico de Davos al tiempo que asesora a una serie de gobiernos de África y América Latina. Asimismo, es patrón y fundador de la Umbele Foundation: A Future for Africa, dedicada a la promoción de la educación en África, y de Empresaris Sense Fronteres - CEOs Without Borders, una organización que promueve el desarrollo empresarial en los países pobres. Ha sido miembro de la junta directiva y tesorero del F. C. Barcelona. Xavier Sala i Martín es autor de varios libros, entre los que cabe destacar *Economía liberal para no economistas y no liberales* y *És l'hora dels adéus?* En el campo de las publicaciones especializadas, es el responsable del Global Competitiveness Report para el World Economic Forum de Davos y es coautor junto a Robert J. Barro de Economic Growth, editado por el prestigioso MIT (Massachusetts Institute of Technology). Vive entre Nueva York y Barcelona. Es colaborador habitual del periódico Ara, de las emisoras de radio RAC1 y Catalunya Ràdio y de Televisió de Catalunya. También es el fundador de la Fundación Umbele, una ONG dedicada a la promoción de la educación en África.

ECONOMÍA EN COLORES

Xavier Sala i Martín

Traducción de
Gustau Raluy Bruguera

DEBOLS!LLO

Titulo original: *Economia en colors*

Primera edición en Debolsillo: junio de 2017

© 2016, Xavier Sala i Martí
© 2016, 2017, Penguin Random House Grupo Editorial, S. A. U.
Travessera de Gràcia, 47-49. 08021 Barcelona
© 2016, Gustau Raluy Bruguera, por la traducción

Printed in Spain – Impreso en España

ISBN: 978-84-663-3940-7
Depósito legal: B-8.669-2017

Compuesto en La Nueva Edimac
Impreso en Liberdúplex
Sant Llorenç d'Hortons (Barcelona)

P 3 3 9 4 0 7

Penguin
Random House
Grupo Editorial

A mis estudiantes

Índice

INTRODUCCIÓN.   13

ROJO
1
Más rico que el más rico
La riqueza de las naciones

La riqueza de las naciones.   26
El producto interior bruto, PIB.   27
Revolución cognitiva: la idea de intercambio   28
La división del trabajo y la especialización.   30
La historia de la luz   32
La red global   34
El papel de las instituciones   38
La competencia   41
El mundo ha mejorado mucho   42
Más ricos que el más rico   46

LILA
2
¿Quién sabe hacer una galleta?
La economía de las ideas

El valor de las ideas   53
La casa de las puertas   55

La no-rivalidad 57
Conectividad e intercambio de ideas 58
Breve historia del conocimiento 60
¿Por qué hay países ricos y países pobres? 69
¿Basta con tener ideas? 76
¿Tiene límites el crecimiento? 77
Y las ideas, ¿tienen límite? 80
Y bien, ¿quién sabe hacer una galleta? 83

AZUL

3

El falso 9

Innovación empresarial

Competitividad 91
¿Qué tienen en común? 92
Nokia, Blackberry y la revolución de los móviles 95
¿Qué es, pues, la innovación? 101
Zara: el protagonismo de la pregunta 101
Ikea: el poder de la observación 106
Starbucks: la búsqueda de perspectivas diferentes 109
El Bulli: la importancia de la experimentación 114
Cirque du Soleil: la fuerza de la asociación de ideas 117
McDonald's: el papel clave de la implementación 121
Pep Guardiola 123

NARANJA

4

¿Dónde están los niños de diciembre?

Educación

De nuevo, la innovación 134
El colegio de hoy 138
Don Quijote 139
Universalidad 142

¡La clave es la curiosidad! 142
Observación: el papel del arte. 145
Inteligencias múltiples 148
La conexión de ideas y la ultraespecialización 153
Sputnik: atreverse a experimentar, ¡... y a fracasar! 154
Interacción 158
Héroes 159
¿Dónde están los niños de diciembre? 161

AMARILLO
5
Un arma de destrucción masiva
El dinero

El triángulo del intercambio. 168
Historia del dinero: el patrón confianza 172
La otra cara de la moneda: los precios, el IPC y la inflación 182
La pérdida de poder adquisitivo 184
Las causas de la inflación 186
El impuesto inflacionario 188
La Operación Bernhard 192

ROSA
6
El mono adiestrado
Las finanzas

Burbujas especulativas. 199
La importancia del sistema financiero 201
Intermediario entre ahorro e inversión 201
Riesgo y diversificación 205
Bonos y deuda 209
Agencias de rating 212
Los bancos y Mary Poppins. 215
Acciones y bolsa 219
Los índices bursátiles: Dow Jones, Ibex35, Nikkei... . . . 222

¿Por qué la bolsa sube y baja?: (I) Valor fundamental 224
La bolsa como bola de cristal 228
¿Por qué la bolsa sube y baja (II): «Los grafiqueros» 229
El caos de nivel 2 234
El mono adiestrado 236

VERDE
7
La chica de los caramelos
La ayuda al desarrollo

La ayuda al desarrollo ha sido un fracaso. 244
Los mecanismos que funcionan. 247
Las mosquiteras de Sharon Stone 250
Emmanuel Quazi y las consecuencias indeseadas 253
Malgastar talento. 255
Charo Vázquez y el problema de la ignorancia 257
¿Está África condenada al fracaso? 262

GRANATE
8
El penalti al estilo Panenka
Economía de la racionalidad y del comportamiento

¿A qué se dedican los economistas?. 277
Gary Becker y el hombre racional 278
Homer Simpson 282
Nos cuesta tomar decisiones 282
¡Por el atajo es más fácil! 286
Los sentidos nos engañan 289
Todo es relativo: George Clooney *vs* Brad Pitt 293
La importancia de las normas sociales: ¡no pagues nunca
   a tu suegra! 297
La prima de la belleza y el papel de la confianza 302
Impulsos *vs* autocontrol: Dr. Jekill y Mr. Hyde 305
¿Y Panenka? 308

Introducción

Una de las consecuencias de la monumental crisis vivida en los últimos años es que, de repente, la mayoría de los mortales nos hemos dado cuenta de que la economía tiene un papel muy importante en nuestras vidas. De la noche a la mañana todos hemos visto que conceptos tan raros como prima de riesgo, bonos tóxicos, bancos malos, hipotecas subprime, activos preferentes o austeridad fiscal acaban afectando a nuestra situación personal y familiar... y no siempre de manera positiva. Porque, nos guste más o nos guste menos, el mundo de la economía nos rodea y nos afecta constantemente: cuando tomamos café para desayunar, cuando llevamos a los niños al colegio, cuando trabajamos a cambio de un salario, cuando pagamos los impuestos, cuando recibimos servicios públicos, cuando sufrimos las consecuencias de los recortes presupuestarios, cuando nos quedamos en el paro por motivos que no entendemos, cuando vamos al supermercado, cuando decidimos si vamos al trabajo caminando o bien en moto, en coche o en transporte público, cuando decidimos estudiar una carrera u otra, cuando escogemos el banco en el que depositar nuestro dinero o pedir nuestra hipoteca, cuando debemos escoger pagar con dinero o con tarjeta de crédito, entre ahorrar en un fondo de pensiones o ir de vacaciones con la familia, entre pedir un vino caro en el restaurante o pedir uno barato, entre salir de fiesta con los amigos o quedarnos en casa para acostarnos pronto.

La economía, pues, se entrelaza constantemente con diferentes aspectos de nuestra existencia. A pesar de ello, los conceptos económicos más básicos resultan profundamente ajenos a la mayoría de la población. Los principales responsables de esta incomprensión somos los economistas, por no haber sido capaces de comunicarnos con el ciudadano de a pie. Los profesionales de la economía tenemos una irritante tendencia a emplear palabras, conceptos, modelos, argumentos, datos y teorías extraordinariamente complicadas que solo entienden otros economistas. Debido a esta incapacidad para hablar claro, las secciones de economía de los periódicos son las menos leídas por los lectores, los temas de economía en los telediarios son tratados rápida y superficialmente para evitar que la audiencia huya despavorida, y los programas de economía van a parar a los canales de menor audiencia y se emiten a horas intempestivas. Para la mayor parte de las personas normales, la economía es una ciencia aburrida, impenetrable, oscura, gris. Tan oscura y tan gris como las americanas de la gran mayoría de los profesionales que asisten a las reuniones y los simposios internacionales.

Personalmente, he intentado poner un poco de color a la economía. Lo he hecho de una manera literal con mis chaquetas de colores, y en sentido metafórico intentado encontrar maneras de divulgarla de una manera fácil e inteligible para el gran público. Y lo he hecho, durante muchos años, en la radio, en la televisión, en columnas de opinión en la prensa, en mi blog (www.salaimartin.com) e incluso en un videoblog que se llamaba *e-Konomía* (también en www.salaimartin.com). Debo decir que el éxito de todos estos intentos ha sido más bien modesto. Es cierto que mis programas de televisión y radio y mis artículos en la prensa y en mi blog contaban con un buen número de seguidores, pero también lo es que la mayoría de ellos eran economistas o estudiantes de economía. Nunca acabé de encontrar un formato que fuera atractivo y digerible para el gran público.

Y en estas que un día se presentaron en mi oficina Xen Subirats y Xavier Cassadó, dos representantes de El Terrat (la productora de Andreu Buenafuente), juntamente con un presentador de TV3, Xavi Coral, con la propuesta de rodar un programa de economía para el *prime time* de la televisión de Cataluña. Un programa de economía en horario *prime time* para el gran público suponía un gran reto para mí. Pero si me decidí a aceptar el desafío fue porque El Terrat es una de las productoras con más experiencia en la creación de programas de entretenimiento. Eso me llevó a pensar que si trabajaba con ellos podríamos encontrar un formato idóneo para llevar la economía al gran público de forma divertida, y para —por fin— poner luz y colores a esta ciencia tan oscura, gris e impenetrable.

Tengo que decir que, a pesar de la reticencia inicial, la idea de innovar en el mundo de la televisión me sedujo. Llevo muchos años estudiando la innovación empresarial y había llegado el momento de poner en práctica lo que enseño a mis alumnos. Así que no tardé en aceptar el reto y nos pusimos manos a la obra. Mientras ellos empezaban a pensar en un formato atractivo y ameno, yo empecé a escribir los guiones para cubrir los ocho capítulos de la serie. Se trataba de contar ocho historias interesantes que reflejaran ocho campos de la ciencia económica. El resultado es el producto que tenéis en vuestras manos: el libro *Economía en colores* contiene los ocho guiones originales. Como veréis, cada capítulo empieza planteando un enigma económico o una anécdota intrigante que nos sirve para iniciar una excursión por un campo de la economía. El viaje nos lleva a descubrir conceptos, ideas y curiosidades que nos permiten conocer mejor algunos aspectos de esa ciencia oscura y misteriosa. El objetivo es que, al final de cada capítulo, veáis que lo que en principio era aburrido y gris en realidad es entretenido y con mucho color.

El primer capítulo se titula «Más ricos que el más rico» y corresponde al color Rojo. En él hablo de la riqueza de las naciones, del PIB (o producto interior bruto) y de cómo la división del trabajo y el intercambio resultante de la revolución cognitiva que el *Homo sapiens* experimentó hace alrededor de 100.000 años han hecho posible que el ciudadano medio de países medianamente ricos alcance unos niveles de bienestar y riqueza que superan a los de la persona supuestamente más rica de la historia: Mansa Musa de Mali.

En el segundo capítulo, el color Lila, titulado «¿Quién sabe hacer una galleta?», explico que el motor del progreso de la humanidad son las ideas. En él explico cómo los descubrimientos y la conectividad han ido abriendo puertas y ampliando la gran «casa del conocimiento» hasta lograr crear el gran cerebro colectivo global. A través de una excursión por la historia de las ideas, explico cómo los seres humanos hemos encontrado maneras de crear, almacenar y transmitir conocimientos para que otros humanos puedan crear con mayor facilidad. Inventos como el lenguaje, la escritura, la imprenta, el teléfono, internet o Google han servidor para acelerar el proceso de creación del ser humano. En este capítulo también estudiaremos las implicaciones que el motor de las ideas tiene para el crecimiento económico y sus posibles límites.

El tercer capítulo, el Azul, lleva por título «El falso 9». Trata sobre qué es la innovación y en qué se diferencia de la investigación. Por medio de ejemplos de innovación, como el de Pep Guardiola cuando decide poner a Messi de falso 9 (lo hizo el día antes de que el Barça ganara al Madrid por 2 a 6 en el estadio Santiago Bernabéu en mayo de 2009), analizaremos los rasgos que caracterizan a algunos de los grandes innovadores empresariales de la historia: Zara, Ikea, Starbucks, Cirque du Soleil, McDonald's, El Bulli y Apple. También veremos cómo la falta de capacitad innovadora puede acabar destruyendo incluso a las empresas más grandes, más líderes y que más dinero dedican a invertir en investigación y desarrollo, como eran Nokia y Blackberry-RIM.

El cuarto capítulo, el Naranja, se titula «¿Dónde están los niños de diciembre?». La clave de este capítulo es el capital humano y la educación. Nos preguntaremos por qué la inmensa mayoría de los futbolistas han nacido durante la primera mitad del año. En este capítulo expondremos los grandes problemas del sistema educativo actual, problemas que impiden preparar a nuestros niños para afrontar los retos de la innovación y el cambio tecnológico constante que va a vertebrar el resto de sus vidas. También explicamos qué rasgos debería tener el colegio para garantizar que una sociedad como la nuestra no eche a perder ni el talento ni la curiosidad que los niños poseen de manera innata. Hablaremos de cómo la escuela puede y debe potenciar la curiosidad, la creatividad, el espíritu crítico, la observación, el arte, la cooperación, la conexión de ideas, la experimentación, la tolerancia al fracaso, la empatía humana y las inteligencias múltiples.

El quinto capítulo, el Amarillo, se titula «Un arma de destrucción masiva» y trata sobre el dinero. El color amarillo del oro nos sirve para explicar qué es el dinero, para qué sirve y los peligros que entraña. El tema se desarrolla en un viaje por la historia, en el que vemos cómo el dinero ha ido evolucionando: desde la cebada de Sumeria hasta las tarjetas de crédito actuales, pasando por las monedas primitivas de Lidia, los denarios y los áureos romanos, los billetes de papel chinos o el patrón oro del siglo xx. Hablamos del nivel de precios, del IPC, de la inflación y de la tentación que tienen los poderosos de recaudar el impuesto inflacionario. También vemos cómo Hitler pensó en destruir la economía británica para ganar la Segunda Guerra Mundial con una sorprendente arma de destrucción masiva.

En el capítulo siguiente, el Rosa, hablamos de finanzas. Se titula «El mono adiestrado». Después de destacar el peligro que la especulación desbocada y las burbujas financieras pueden representar para la estabilidad económica, explicamos la necesidad de disponer de una serie de instrumentos financieros para canalizar el dinero que tienen los ahorradores hacia las necesidades de los inversores. Hablamos de bonos, de agencias de rating, de bancos, de bancos centrales, de pánicos bancarios, de acciones, de bolsas y de las diferentes estrategias utilizadas por los expertos para augurar si la bolsa subirá o bajará. También veremos si dichas predicciones son más o menos acertadas que... ¡las de un mono adiestrado!

En el capítulo séptimo, el Verde, hablamos de la ayuda al desarrollo. La historia de «La chica de los caramelos» nos sirve para analizar por qué la ayuda al desarrollo ha sido un fracaso (en el sentido de que no ha contribuido a generar desarrollo económico en los países que han recibido el dinero). Analizaremos el episodio de Sharon Stone en el Foro Económico Mundial de Davos. Hablaremos de los Poblados del Milenio de Jeffrey Sachs y las Naciones Unidas, de las consecuencias indeseadas de nuestras acciones, de la corrupción, de la ignorancia de los donantes y de la lección que una monja aragonesa me dio cuando yo intentaba enseñarle, a ella, cómo debían funcionar sus escuelas en Ghana. Intentamos plantear posibles soluciones a estos problemas y concluimos con una nota de optimismo: a pesar de todo lo que hacemos mal, muy pronto África saldrá del pozo de la pobreza.

Y acabaremos con el capítulo Granate: «El penalti al estilo Panenka». En él nos adentraremos en uno de los debates económicos más profundos y actuales: el de la racionalidad del ser humano. Veremos que hay economistas (denominados «neoclásicos») que creen que los hombres actuamos de manera inteligente, y otros (los denominados «economistas de la conducta») que opinan que no nos mueve tanto la racionalidad como el impulso, la intuición o la impaciencia. Hablaremos de normas sociales, de confianza y de autoconfianza, de comportamiento de rebaño y de cómo los expertos en psicología pueden acabar escogiendo ellos por nosotros, si no prestamos la atención suficiente. Explicaremos por qué los guapos cobran más que los feos, por qué nunca debemos pedir el segundo vino más barato de la carta en el restaurante y por qué cada 1 de enero nos comprometemos con nosotros mismos a empezar una dieta y cada 1 de febrero desistimos.

Antes de iniciar esta excursión por el apasionante mundo de la economía en colores, permitidme un breve paréntesis para agradecer la colaboración de quienes han hecho posible este proyecto: Tian Riba, Xen Subirats y Oriol Bosch de la productora El Terrat son los principales artífices de que el programa *Economia en colors* haya sido un éxito. Asimismo quiero mostrar mi agradecimiento a todo el equipo de profesionales y técnicos de El Terrat y de TV3: Xavi Coral, Xavier Cassadó, Glòria Cabañas,

Albert Pericas, David Mata, Xavier Ribera, Sergi Torres, Leire Larisgoitia, Laura Aguilera, Loli Sevillano, Pol Gutiérrez, Ana García, Santi Vidal i Esplà, Gabriel Urtado, Emili Lleonart, Marc Sàez, Pau Talen, Esther Tejada, Carlota López, Itziar Zameza, Jordi Bransuela, Mael Santiago, David Villar, Eva Alimón, Josep Serra, Josep Maria Balaguer, José Jaido, Daniel Suris, Sanaa Choueli y Reichel Delgado.

Una consideración especial merece Eugeni Sallent, no solo por confiar en el proyecto del programa *Economia en colors* cuando era tan solo un embrión, sino por haber apostado por mí durante más de veinte años. Gracias, Eugeni, por el apoyo que me has brindado a lo largo de todo este tiempo.

Por último, quiero dar las gracias a mi madre, a mis hermanos y a toda mi familia. Y muy especialmente quiero expresar mi reconocimiento a dos personas, a quienes me dirijo directamente: gracias, Úrsula XVII, por ser como eres y por todas las lecciones que me has ofrecido a lo largo de la vida. La más importante de todas: enseñarme a ser padre. Y gracias, Sílvia, por el apoyo entusiasta que siempre diste al proyecto de *Economia en colors*, a pesar de que coincidió con las últimas semanas de gestación del que ha sido nuestro gran proyecto común: Maximus Decimus Meridius. Y, sobre todo, Sílvia, gracias por tu amor.

Rojo

Más ricos que el más rico

La riqueza de las naciones

En 1280 el emperador Abubakari Keita II de Mali, en África occidental, tuvo su primer hijo. Le puso el nombre de Musa, que significa Moisés en mandinga, su idioma. Con el paso del tiempo, el hijo heredó el reino de su padre y se convirtió en Mansa, el «rey de reyes», del gran imperio de Mali. Pasó a la historia con el nombre de Mansa Musa I.

Gracias a las legendarias minas de oro de Wangara, Mali producía la mitad del oro del mundo. Aprovechando la inmensa riqueza dorada, el Mansa Musa construyó una capital nueva, Tombuctú. Llamó a filósofos, matemáticos, artistas y poetas del mundo musulmán. Contrató a los mejores arquitectos españoles para que construyeran mezquitas, palacios y una biblioteca colosal, donde guardaba miles de libros y documentos de gran valor.

Más de 60.000 sirvientes le preparaban el almuerzo y la cena todos los días, le diseñaban la ropa, le decoraban los palacios, le construían fuentes de agua, le cuidaban los jardines, los camellos y los carruajes, le organizaban los viajes, le encendían el fuego cuando el frío del desierto helaba Tombuctú, y cantaban, bailaban y tocaban música para amenizar sus veladas en el palacio.

En 1324, Mansa Musa se embarcó en un extravagante viaje de peregrinaje a la Meca. Acompañado por una caravana de 72.000 personas, todas ellas vestidas con las mejores sedas importadas de Persia bordadas con oro, tardó dos años en atravesar el desierto del Sáhara, Egipto y Arabia para llegar a la ciudad que vio nacer a Mahoma. En la comitiva había 12.000 esclavos cargados con un lingote de dos kilos de oro cada uno y unos ochenta camellos que transportaban unas diez toneladas de polvo de oro. Toda aquella riqueza fue regalada a los pobres que fue encontrando en su camino. Ordenó construir una mezquita cada viernes mientras duró el peregrinaje para poder rezar por allí donde pasaba. Mansa Musa hizo tal dispendio durante el viaje que, doce años después de su paso por El Cairo, el poeta egipcio An-Nasir Muhammad aun escribía con admiración sobre aquella impresionante procesión.

Mansa Musa llegó a ser tan famoso que en un atlas realizado por un cartógrafo mallorquín en el año 1375, en la región de Mali aparece un dibujo del «rey de reyes» con una corona gigante de oro en la cabeza, un cetro de oro en la mano izquierda y una piedra de oro gigante en la derecha.

Los historiadores han calculado que la fortuna de Mansa Musa, convertida en dólares actuales, tendría un valor aproximado de 400.000 millones. O lo que es lo mismo, si hoy en día estuviera vivo y tuviera todo el oro que poseía en 1324, sería cinco veces más rico que Bill Gates, el hombre más rico en la actualidad. Por esta razón en las listas de personas ricas de la historia, Mansa Musa figura como el hombre más rico de todos los tiempos.

Lo que más llama la atención de todo esto es que Musa nunca comió pan con tomate, ni chocolate, ni hamburguesas, ni perritos calientes, ni helados de vainilla. A pesar de su inmensa riqueza, Mansa Musa nunca fue al fútbol ni al cine. Nunca probó comida japonesa, ni india, ni mexicana, ni francesa, ni catalana.

Cuando le dolía la cabeza, el «rey de reyes» no podía tomar una aspirina para aliviar el dolor. Al entrar en su palacio no podía pulsar un interruptor para encender la luz, ni tirar de una cadena para limpiar el váter. Cuando cumplió cuarenta años y empezó a perder visión, tuvo que dejar de leer porque no tenía gafas. El gran emperador no pudo subirse a un avión que le habría llevado a La Meca en seis horas, y no en dos años como tardó él con su comitiva. Y cada vez que deseaba enviar mensajes a sus amigos sultanes y califas de Egipto y Arabia, tenía que despachar emisarios con camellos que necesitaban meses para llevar un pergamino. No tenía correo electrónico, ni WhatsApp, ni Twitter, ni Facebook.

El gran Mansa recibía las noticias a través de emisarios que tardaban meses en llegar a Tombuctú por la sencilla razón de que no tenía radio, ni tele, ni prensa digital. Y cuando deseaba informarse sobre cultura, religión, ciencia, historia, matemáticas o medicina, tenía que recurrir a los libros que había acumulado en su biblioteca. No disponía de Google, ni de Wikipedia, ni de los miles de millones de libros y documentos que hoy en día están en internet, a los que se puede acceder instantáneamente a través de un teléfono inteligente como el que lleváis en el bolsillo cualquiera de vosotros.

La paradoja es que todo lo que no tenía el hombre supuestamente más rico de la historia lo tenemos al alcance cada uno de nosotros, los trabajadores de cualquier país medianamente rico. La pregunta que debemos formularnos es: ¿cómo hemos conseguido que los ciudadanos normales de un país normal tengan más cosas que el hombre más rico de todos los tiempos?

La respuesta a esta pregunta es la fascinante historia de la riqueza de las naciones.

La riqueza de las naciones

Lo primero que todos debemos tener claro es que la riqueza de una persona o de un país no es la cantidad de dinero o de oro que tiene, sino la cantidad de cosas de las que puede disfrutar. Claramente, en el mundo actual la gente que posee mucho dinero puede disponer de muchos bienes y servicios, ya que solo tiene que ir al mercado y, con este dinero, comprarlos. Ahora bien, ¿qué ocurriría si una persona tuviera dinero pero no hubiera nada que comprar? ¿Creéis que seguiría siendo rica?

Imaginemos que enviamos a Bill Gates, el hombre más rico del mundo actualmente, a una isla desierta con todo su dinero, sus acciones de Microsoft, su oro y sus joyas. ¿Creéis que seguiría siendo rico? Al estar solo, con su fortuna no podría comprar nada. Si Bill tuviera hambre no podría usar su dinero para comprar bistecs. En las islas desiertas no hay carnicerías. Debería pescar para hacerse él mismo la comida y, además, debería hacerlo sin red ni caña de pescar. Del mismo modo, cuando tuviera sed, no podría acercarse al bar a comprar una Coca-Cola, sino que tendría que subirse a las palmeras para recolectar unos cocos. Tampoco podría contratar a ningún arquitecto ni a ninguna empresa constructora para que le hicieran una lujosa casa, sino que debería construir su propia cabaña con los troncos y las hojas de palmera que encontrara en la isla. El montón de billetes, acciones y títulos de propiedad que en su país le convierten en el hombre más rico del mundo, en la isla desierta solo le servirían para encender una hoguera con la que protegerse del frío de la noche. De pronto, y a pesar de todo el dinero que tiene, Bill Gates pasaría a convertirse en una de las personas más miserables del planeta. ¿Por qué? Pues porque en la isla desierta no hay absolutamente nada que pueda ser comprado con dinero. En cierto modo, es lo que le ocurría a Mansa Musa: tenía oro, pero carecía de todos los productos que hoy en día podemos comprar.

El producto interior bruto, PIB

A los países les ocurre lo mismo. La riqueza de un país no es la cantidad de oro o de dinero que acumula, sino la cantidad de cosas que sus ciudadanos pueden comprar. ¡Y para poder comprar estas cosas, alguien tiene que producirlas! Por esto cuando los economistas queremos medir si un país es rico o pobre nunca hablamos del oro que tiene acumulado dicho país, sino de lo que produce. Es decir, decimos que la riqueza de un país es su producto interior bruto, su PIB. A buen seguro os habréis fijado en que nuestros políticos anuncian con satisfacción que «el PIB durante el último año ha crecido en un 3 %». También habréis visto que un país cae en desgracia cuando «su PIB cae un 2,5 %». Todos recordamos los años 2009, 2012 y 2013 en los que el PIB de los países de la periferia europea, por ejemplo, cayó en picado, hecho que provocó sufrimiento, paro, desahucios, cierres de empresas, desaparición de bancos y cajas, recortes y reducciones salariales.

Ahora bien, ¿qué es exactamente el PIB? Pues el PIB es algo muy sencillo: es el valor de todos los bienes y servicios producidos dentro de un país durante un año. Por ejemplo, si valoramos en euros todo lo que todos los ciudadanos que viven en Colombia producen durante el año 2015 y lo sumamos, obtendremos el PIB colombiano. Esto incluye tanto los productos materiales (pan, carne, coches, pizzas o máquinas de tejer), como los servicios (masajes, cortes de pelo, alquileres y otros servicios relacionados con la vivienda, visitas a médicos, etc.).

Fijaos que al producir y vender productos, las empresas obtienen ingresos, y que dichos ingresos sirven para pagar salarios, alquileres, intereses a los bancos o beneficios. Por lo tanto, además de ser el valor de todo lo que se produce en un país, el PIB también representa la suma de todos los ingresos obtenidos por los habitantes de un país: trabajadores, rentistas, bancos y empresarios. Por esta razón el PIB es una medida tan analizada por los economistas: cuando el PIB aumenta, sabemos que los habitantes de un país se enriquezcan, ya que la suma de todo lo que ganan aumenta, y, por el contrario, cuando el PIB baja, se empobrecen.

Todo ello nos sirve para entender por qué los ciudadanos de hoy somos, por término medio, mucho más ricos que nuestros abuelos (o que Mansa Musa): porque nosotros somos capaces de producir muchos más productos y de ofrecer muchos más servicios que ellos.

Revolución cognitiva: la idea de intercambio

Según una de las teorías más reconocidas, la de Adam Smith, la clave del progreso humano radica en el hecho de que somos la única especie animal capaz de intercambiar productos voluntariamente. «Nadie ha visto jamás a un perro cambiando voluntariamente un hueso con otro perro», escribía Adam Smith en su obra maestra titulada *La riqueza de las naciones*. Y es totalmente cierto. Pero no es cierto solamente en relación con los perros, lo es también para el resto de animales. Ni siquiera los más próximos a nosotros genéticamente, los chimpancés, son capaces de entender el concepto de intercambio. Y, si no, la próxima vez que vayáis al zoo, acercaos a la jaula de los monos, y al que os parezca más listo le hacéis la siguiente propuesta: «Te doy un masaje en la espalda si tú me das seis plátanos». ¡A ver qué responde! Seguro que pondrá cara de no haber entendido nada. Pero no os entenderá solo porque su lenguaje no sea lo bastante flexible para entender las palabras que pronunciáis. No os entenderá porque su cerebro no está suficientemente evolucionado para comprender la noción de intercambio voluntario.

De hecho, hasta hace unos cien mil años, nuestros antepasados tampoco estaban capacitados para entender el concepto de comercio. Nosotros tenemos tan asumida la idea de comprar y vender, que creemos que comerciar es lo más normal y natural del mundo. Sin embargo, la idea de intercambiar no apareció hasta hace entre setecientos y mil siglos. Hasta entonces, nuestros ancestros no tenían la capacidad de entender el concepto de inter-cambio. ¡Igual que los chimpancés actuales!

Pero algo cambió hace cien mil años, aproximadamente. Los antropólogos creen que nuestro cerebro experimentó una serie de mutaciones genéticas que lo convirtieron en una herramienta privilegiada y poderosa. Durante lo que se conoce como «revolución cognitiva», el ser humano evolucionó y empezó a hacer cosas que ningún otro animal era capaz de hacer. Una de las novedades más espectaculares fue la capacidad de comunicar conceptos complicados mediante un sofisticado lenguaje. Esto no quiere decir que el hombre fuera el primer animal que se comunicó con las demás criaturas de su especie. Las hormigas, las ballenas, los delfines, los elefantes o los otros simios también lo hacen. La diferencia es que el nuevo cerebro humano nos permitió desarrollar un lenguaje mucho más complicado y flexible que el de cualquier otra bestia. Además de un lenguaje sofisticado, la revolución cognitiva nos dotó de la capacidad de entender conceptos complejos e incomprensibles hasta entonces, como la idea de intercambio. De pronto, pudimos entender la idea de «si tú me das seis plátanos, yo, a cambio, te daré un masaje en la espalda». Con la revolución cognitiva, pues, aparece la idea de intercambio.

La capacidad de intercambiar bienes y servicios con otros miembros de la especie acabó siendo uno de los cimientos del progreso económico de la humanidad. En primer lugar, porque a partir de la idea de intercambio surgen nociones similares que acabarán siendo clave para las sociedades humanas. Una vez entendida la idea de «si tú me das seis plátanos, yo, a cambio, te cortaré el pelo», es fácil entender «si tú me das seis plátanos ahora, yo te devolveré siete de aquí a tres meses». Fijaos que esta es la semilla del crédito, que permitirá a los humanos comprar cosas incluso cuando no tienen recursos. Otra noción derivada del intercambio es la de «si tú me das seis plátanos, yo te protegeré de los monos malos». A partir de ahí surge la noción de especialistas en la seguridad: guerreros, policías, estado… (aunque la protección ciudadana acaba siendo financiada a través de un intercambio no voluntario como son los impuestos, de los que ya hablaremos en otro momento). Finalmente, también surge el concepto «si tú me das un plátano cada semana, yo te ayudaré a alcanzar la vida eterna», que acaba desembocando en la aparición de brujos, sacerdotes y guardianes de las esencias religiosas. Fijaos que a partir de la idea de intercambio aparecen algunos de los fundamentos de nuestra civilización como el crédito, la seguridad policial y militar o la Iglesia.

Segundo, y más importante, la idea de intercambio voluntario posibilita uno de los otros grandes factores que explican el progreso humano: la división del trabajo y la especialización.

La división del trabajo y la especialización

En el momento en que los humanos empezaron a intercambiar productos, cada individuo pudo ponerse a hacer cosas distintas. Por ejemplo, al poder intercambiar el fruto de su trabajo, ya no hizo falta que cada uno construyera él mismo su propia casa, consiguiera sus propios alimentos o cosiera su propia ropa. De pronto, uno podía dedicarse a construir casas, otro a producir alimentos y un tercero a coser ropa, y, una vez hecho el trabajo, podían encontrarse todos en el mercado e intercambiar los productos. Esto significa que el comercio permitió generalizar la «división del trabajo».

Para ver los beneficios que comporta la división del trabajo, imaginemos que una mujer cada día tarda dos horas en buscar un kilo de raíces y tres horas en cazar un conejo, y que el hombre tarda cinco horas en buscar raíces y cuatro horas en cazar un conejo. Para sobrevivir, necesitan comer cada uno un kilo de raíces y un conejo al día. Si cada uno actúa por separado, la mujer tarda cinco horas en encontrar las raíces y la carne necesarias para sobrevivir, mientras que el hombre tarda nueve.

Supongamos ahora que la mujer y el hombre llegan a un acuerdo y deciden que ella se dedicará únicamente a recolectar raíces y traerá para los dos, y él cazará dos conejos. Y una vez conseguido el alimento lo intercambiarán. Fijaos que si la mujer tarda dos horas en encontrar un kilo de raíces, tardará cuatro en encontrar dos kilos. Y que si el hombre necesita cuatro horas para cazar un conejo, tardará ocho para cazar dos. Al final del día, entre ambos han logrado reunir suficientes raíces y conejos para los dos... Pero observad que ella ha tenido que trabajar solo cuatro horas en lugar de cinco, y él ocho en lugar de nueve. Es decir, con la especialización y el intercambio de los frutos del trabajo, han obtenido los mismos productos pero trabajando una hora menos cada uno. Trabajar menos para conseguir lo mismo es lo que se conoce con el nombre de «mejora de la productividad», y esta ganancia de productividad es la clave del progreso humano.

Pero esto no es todo. A medida que se especializa en la recolección de raíces, la mujer acaba por aprender todos los trucos para encontrarlas, y cada día lo hace mejor. Gracias a ello seguramente podrá obtener dos kilos de raíces no en cuatro horas sino en dos. De igual modo, el hombre, al estar todo el día cazando, acaba siendo muy buen cazador de conejos, y en lugar de tardar ocho horas para conseguir dos piezas, al poco tiempo tardará seis. Al final, tanto él como ella pueden comer todo lo que necesitan, pero trabajando tres horas menos cada día.

La pregunta que viene a continuación es: ¿qué hacen con las tres horas ganadas? Pues tienen diferentes opciones. Podrían dedicarse a no hacer nada, a tumbarse en el bosque a descansar. O podrían buscar tres kilos de raíces y cazar tres conejos. Esto les permitiría sobrevivir a ambos y aun les sobraría comida para una tercera persona. Una tercera persona que podría dedicarse a fabricar lanzas para cazar mejor, a elaborar utensilios para hurgar en la tierra y extraer las raíces más fácilmente, a coser ropa para cuando llegue el frío o a construir cabañas para resguardarse y protegerse de las fieras. También podrían contratar a alguien que se comunicara con los dioses que dominan la lluvia, o a alguien que les protegiera de los ataques de las fieras, o a alguien que buscara plantas medicinales que les protegieran de los malos espíritus.

Resumiendo, gracias a la especialización y al intercambio, los humanos pudieron mejorar su productividad, y eso les permitió escoger entre trabajar menos horas y utilizar los alimentos excedentes para que otros miembros de la sociedad pudieran producir cosas no directamente vinculadas con la alimentación: armeros, constructores, militares, sacerdotes o médicos.

Seguramente, la división del trabajo comenzó dentro de la familia. Esto no distinguía al ser humano de otras especies. Las abejas, las hormigas o las manadas de leones también se especializan: unas abejas buscan comida y otras se dedican a la reproducción; unas hormigas construyen el hormiguero y lo hacen habitable, otras exploran y buscan comida, y otras la transportan hacia el nido para alimentar a la comunidad entera; los leones machos protegen al clan y las hembras cazan. En este sentido, lo que diferencia a los humanos del resto de animales que se especializan es la capacidad de intercambiar cosas con miembros de otros clanes o familias. Y a partir del momento en que los humanos empezamos a intercambiar y comerciar con humanos de otros grupos, la poderosa arma de la especialización logró que fuéramos cada día más productivos y, por lo tanto, más ricos.

La historia de la luz

La historia de la humanidad es una historia de mejoras constantes de productividad. Para conseguir lo mismo, cada día necesitamos menos horas de trabajo. Uno de los sectores donde se aprecia más claramente este progreso es el de la producción de luz. ¿Os habéis preguntado alguna vez cuántas horas debe trabajar un trabajador medio para conseguir una hora de luz para leer? La respuesta es que, con los supereficientes leds, hoy en día solo tenemos que trabajar, de media, unos 0,02 segundos. El economista norteamericano y profesor de la universidad de Yale, William Nordhaus, ha estudiado la historia de la tecnología lumínica y nos muestra que no siempre ha sido así. Por ejemplo, hace un millón de años, cuando los homínidos querían obtener luz, tenían que encender una hoguera. Debían ir al bosque a buscar leña, frotar dos palos durante horas o golpear dos piedras una contra otra para hacer saltar una chispa. Todo esto era extraordinariamente complicado. Nordhaus calcula que para tener una hora de luz tenían que trabajar... ¡58 horas!

Los hombres de las cavernas del neolítico de hace 40.000 años desarrollaron la lámpara de aceite que les ahorraba varias horas, pero todavía les costaba mucho hacer fuego: tardaban unas 50 horas en producir una hora de luz. En 1750 a.C., la lámpara babilónica permitió reducir el coste a 41 horas de trabajo y así, más o menos, permanecimos hasta el siglo XVIII d.C. cuando aparecieron las velas de cera o parafina. Entonces el coste se redujo a 5,3 horas. A pesar de este progreso enorme, 5,3 horas para conseguir una hora de luz significaba que, en el siglo XVIII de nuestra era, la luz era tan prohibitivamente cara que solo los más ricos podían utilizarla. Las lámparas de queroseno de 1855 permitieron obtener una hora de luz con 14 minutos de trabajo. La luz empezaba a ser un producto al alcance del ciudadano medio. La bombilla de Edison del año 1883 redujo el coste a 5,5 minutos. Ya en el siglo XX, la bombilla de filamentos de 1920 requería casi un minuto de trabajo, y el fluorescente de 1992 redujo el coste a medio segundo. Y de ahí a los leds actuales, que han reducido el coste de una hora de luz a un nivel insignificante.

La historia de la generación de luz es una muestra de cómo las mejoras de productividad han convertido un producto que históricamente había sido un lujo al alcance solo de los ricos en un bien que hoy en día todos tenemos en casa y cuyo precio es irrisorio.[1] Un progreso similar tuvo lugar en todos los ámbitos de la vida,

---

1. Ya sé que muchos de vosotros pagáis facturas infernales a la compañía eléctrica que os suministra la corriente en casa y eso parecería contradecir mi afirmación de que el coste de una hora de luz es muy bajo en la actualidad. Recordad, no obstante, que en la factura de la electricidad entra no solo la luz, sino también la electricidad que alimenta la nevera, la lavadora, el lavavajillas, los equipos de aire acondicionado, los computadores, los cargadores de móviles, el microondas, los equipos de música, televisión, la Playstation y toda la constelación de aparatos que hoy en día todos tenemos enchufados las 24 horas.

desde la producción de alimentos hasta las técnicas de comunicación, pasando por el transporte, la construcción de viviendas, la ropa o la medicina. Gracias al comercio y a la división del trabajo, la productividad de los humanos ha aumentado en casi todas las actividades de nuestra existencia. La consecuencia de ello es que todos nosotros podemos disfrutar de muchas más cosas a cambio de trabajar mucho menos tiempo.

La red global

Es importante señalar que el comercio y la especialización del trabajo no son lo mismo que el capitalismo, a pesar de que haya muchos economistas que, equivocadamente, piensen que sí lo son. Es cierto que las economías capitalistas utilizan mercados. De hecho, se las denomina a menudo «economías de mercado». Sin embargo, como ya hemos dicho, los mercados y el comercio aparecen hace entre 70.000 y 100.000 años, mientras que el sistema económico basado en la propiedad privada de las empresas y la contratación de trabajadores mediante salarios (que es a lo que llamamos «capitalismo») surge en Inglaterra hacia 1760.

Desde que los humanos son humanos y hasta la aparición de la agricultura hace alrededor de 11.000 o 12.000 años, los humanos se alimentaban de la caza y la recolección de frutas y raíces silvestres. Vivían en grupos familiares pequeños y eran nómadas itinerantes. Es decir, cuando llegaba el verano y la tierra se secaba, viajaban en busca de agua, frutos y animales para cazar. Cuando, con el invierno, llegaban el frío, el hielo y la nieve, volvían a migrar en busca de un lugar donde el clima fuera más cálido. Pese a las constantes migraciones, las familias de cazadores recolectores se encontraban de vez en cuando e intercambiaban pieles, utensilios, lanzas, pechinas e incluso esposas, lo que garantizaba la diversidad genética de los clanes.

Coincidiendo con el final de la última glaciación y la desaparición de los grandes mamíferos como los mamuts, algunas tribus que vivían entre los ríos Tigris y Éufrates en el Oriente Medio empezaron a plantar cebada, lentejas, guisantes, garbanzos y comenzaron a domesticar perros, cerdos, gallinas y otros animales. Así nacieron la agricultura y la ganadería. Corría el año 10.000 a.C. La domesticación de plantas y animales comportó un cambio importante: los humanos dejaron de deambular constantemente y se convirtieron en sedentarios. Unas familias se unieron con otras y dieron lugar a los primeros pueblos y, más adelante, a las primeras ciudades. Las concentraciones urbanas favorecieron una mayor especialización. En cada pueblo había campesinos, zapateros, sastres, constructores, herreros, armeros, sacerdotes, curanderos, barberos o prostitutas.[2] Con los pueblos y ciudades aparecieron las primeras grandes civilizaciones: primero en Mesopotamia (Irak, Kuwait, Siria y una parte del actual Irán), India y Egipto. Luego en China y en el Mediterráneo. Las concentraciones humanas facilitaron más aún el comercio y la especialización entre pueblos y ciudades: unos pueblos se dedicaban a la pesca, otros a la ganadería y otros a la producción de tejidos. Y una red de mercaderes transportaban sus productos de un pueblo a otro y los intercambiaban. ¡La productividad continuaba acelerándose! Este progreso supuso también el perfeccionamiento de los sistemas de transporte: la rueda, los bueyes, los caballos, los carros y los barcos. Y con el abaratamiento del transporte surgió el comercio a larga distancia: los mercaderes realizaban viajes para llevar productos de China o de

2. Se suele decir que la profesión más antigua del mundo es la prostitución. Estrictamente hablando, esto no puede ser cierto. En todo caso la profesión más antigua debería ser la del primer cliente de la primera prostituta, ya que este tendría que haber conseguido los recursos necesarios para pagar los servicios de la chica, y para hacerlo... ¡necesitaba tener una profesión! En cualquier caso, los primeros ejemplos documentados de prostitución aparecen en los valles del Tigris y el Éufrates en el siglo XVII a.C. Las primeras prostitutas eran mujeres que mantenían relaciones sexuales en honor a las divinidades y provenían de las castas sacerdotales. Las prostitutas comunes que practicaban sexo a cambio de dinero no surgieron hasta más tarde. En Grecia, Roma e India, la prostitución era una profesión aceptada y generalizada.

la India hacia Mesopotamia y el Mediterráneo, a través de una serie de ciudades que se fueron construyendo por el camino y que acabó conociéndose con el nombre de la «ruta de la seda». La seda china era un producto de lujo muy deseado por los romanos ricos que la cambiaban por monedas de oro. La compra masiva de seda llegó a provocar tal descenso de las reservas de oro de la Roma imperial, que César Augusto prohibió la compra de aquella lujosa tela con la excusa de que era inmoral.

Hay que decir que, a pesar de su nombre, por la ruta de la seda no solo se comerciaba la seda producida en China o India, sino también oro, piedras preciosas, lana, lino, marfil, corales, vidrios, armas, pimienta, canela y otras especias. La ruta de la seda fue la primera red comercial intercontinental.

Uno de los personajes más famosos que viajó por la ruta de la seda fue Marco Polo, que visitó China entre los años 1271 y 1291, cuando el país se encontraba bajo el dominio de los mongoles descendientes del gran Gengis Kan. Marco Polo quedó maravillado[3] por el progreso alcanzado por la sociedad china: los chinos tenían pólvora, gafas, sofisticadas redes de canales de riego con compuertas, papel, imprenta con bloques de madera, porcelana, papel moneda, correos, barcos con timón de popa, brújula magnética y una gran variedad de tecnologías muy superiores a las que por aquel entonces se podían encontrar en su Venecia natal. Una de las razones que explican la superioridad china del momento es su enorme red comercial. China no solo comerciaba con las Indias, Oriente Medio y Europa a través de la ruta de la seda, sino que, gracias a una flota que en su momento más álgido llegó a contar con treinta mil barcos, también comerciaba por el océano Índico con África, Arabia, India, Indonesia y otros puntos de Asia. La época de máxima riqueza china coincide con la época de máxima exposición comercial.

En 1453, los turcos otomanos conquistaron la capital del Imperio romano oriental, Constantinopla (hoy en día, Estambul), y

---

3. Marco Polo, *Libro de las maravillas* (1300).

rompieron la vía de comunicación entre Europa y Oriente a través de la ruta de la seda. Los europeos, ávidos de las especias que llegaban de China y las Indias, buscaron vías alternativas para continuar comerciando con las grandes civilizaciones asiáticas. Un joven genovés llamado Cristóbal Colón, lector entusiasta del *Libro de las maravillas* de Marco Polo, convenció a la reina de Castilla, Isabel, de que la Tierra no era plana sino esférica, y por lo tanto, él podría llegar a las Indias dando la vuelta al mundo por el Atlántico. La reina aceptó financiar aquella aventura extravagante. Dos meses después de haber zarpado de las islas Canarias, Colón dio con las islas Bahamas el 12 de octubre de 1492. Él y su expedición creyeron haber cruzado el Atlántico (cometió un error de cálculo que le hizo creer que la Terra era mucho más pequeña de lo que es en realidad) y que habían llegado a las Indias. Sin embargo, lo que ocurrió es que había descubierto un nuevo continente: América. Parece ser que Colón murió sin saber que no había llegado a las Indias. Pero su descubrimiento abrió la vía a futuros exploradores, como Fernando Magallanes que consiguió bajar hasta la punta sur de América y cruzar hacia el Pacífico en el año 1521.

A pesar del éxito de Cristóbal Colón y la corona de Castilla, la carrera por llegar a Asia desde Europa no la ganaron los españoles sino los portugueses, que intentaron otra vía: dar la vuelta por el sur de África. En 1498, el explorador Vasco de Gama, financiado por el rey Manuel I de Portugal, llegó a la ciudad india de Calicut después de bordear el continente africano y de navegar por la costa este hasta llegar a Mombassa y Malindi (actual Kenia). Allí se encontró con unas tribus indígenas que comerciaban con los indios, por lo que consideró que estaba muy cerca. El 14 de abril zarpó desde Malindi rumbo a India, donde llegó el 20 de mayo de 1498. Vasco de Gama cumplió el sueño de Cristóbal Colón de llegar a Asia navegando por los mares sin pasar por Constantinopla.

Los descubrimientos de América y de la ruta hacia las Indias por el sur de África despertaron el interés comercial de las dos grandes potencias económicas de la época. Inglaterra y Holanda no tardaron en enviar exploradores a conquistar tierras lejanas desconocidas, aunque no los financiaron con dinero del rey, sino que buscaron dinero de emprendedores que pagaran los costes de la exploración a cambio de explotar la red comercial. En 1768, el capitán James Cook de la Royal Navy inglesa bordeó el sur de América y, después de navegar por el Pacífico, llegó a Hawái, Australia y Nueva Zelanda. Con la incorporación de estas grandes islas, todos los humanos del planeta Tierra quedaron finalmente unidos por una gran red comercial verdaderamente global justo cuando se estaba iniciando la revolución industrial.

El progreso y el crecimiento de casi todas las economías del mundo desde entonces ha sido verdaderamente milagroso: primero Inglaterra y Holanda, luego Estados Unidos y el resto de Europa. Les siguieron Japón y América latina. En la segunda mitad del siglo xx fue el turno de los pequeños dragones asiáticos, y seguidamente de los gigantes chino e indio. Incluso África ha estado creciendo desde 1995. El ciudadano medio del mundo es cada día más rico y la humanidad está finalmente abandonando el estado de pobreza que le ha caracterizado a lo largo de la historia.

El papel de las instituciones

La historia nos demuestra que los seres humanos han progresado cuando han sido capaces de comerciar y aprovechar los beneficios de la productividad que da la división del trabajo. Entonces, si el intercambio voluntario empezó hace 100.000 años y el comercio genera progreso, ¿por qué hoy en día todavía hay países ricos y países pobres? O lo que es lo mismo, si el factor clave del progreso es el comercio, y estamos comerciando desde hace 100.000 años, ¿cómo se explica que no seamos todos ricos?

Esta importante pregunta tiene dos respuestas. La primera es que el hecho de que el cerebro humano fuera capaz de entender el concepto «intercambio» no significa que todos los humanos comerciaran con la misma intensidad. Adam Smith creía, como también lo creen la mayor parte de los economistas modernos, que el comercio genera progreso económico. Pero no todo el mundo lo ve así. A lo largo de la historia ha habido muchos gobernantes —y todavía los hay— que culpan de sus males a las fuerzas del comercio y ponen barreras para impedir que los ciudadanos de un país comercien. Y cuando los líderes de un país ponen barreras al comercio, los intercambios y el grado de especialización se reducen.

Por ejemplo, unos años después de que Marco Polo visitara la China de la dinastía mongol Yuan, la dinastía Ming alcanzó el poder. Con el tiempo, los emperadores Ming perdieron el interés por mantener los potentísimos vínculos comerciales con India, Arabia, África e Indonesia. De hecho, llegaron a desmantelar la flota de los treinta mil barcos que años antes surcaban el océano Índico en busca de oportunidades comerciales. Este cierre de la economía china coincide perfectamente con la decadencia intelectual y económica de China, que pasó de ser el país más rico del mundo en el siglo XIII a ser uno de los más pobres mediado el siglo XX.

La segunda respuesta a la pregunta «¿por qué no somos todos ricos?» es que no todos los habitantes de todos los países han tenido los mismos incentivos para comerciar y especializarse. Los incentivos a los que me refiero vienen condicionados por las instituciones que rigen un país en un momento determinado, así como también por la cultura, la religión, la historia, el tipo de gobernantes y las reglas del juego.

Intentad poneros en la piel de un siervo de la Europa medieval. Las leyes de la época decían que la tierra y todo lo que esta daba era propiedad del señor feudal. Y no olvidéis que las personas estaban ligadas a la tierra, de manera que el propio siervo era propiedad del señor feudal. Él y su familia solo podían quedarse con el alimento necesario para sobrevivir (o, mejor dicho, para malvivir) y el resto debían darlo al señor o a la Iglesia. Es decir, si el siervo decidía especializarse en la producción de una determinada cosecha y llevarla al mercado, podía obtener muchos más ingresos, pero este dinero adicional se lo quedaba el señor feudal. El siervo, pues, no tenía ningún incentivo por mejorar la cosecha ni por esforzarse en progresar y, por lo tanto, no lo hacía. La consecuencia era que la productividad era muy baja y la economía (como las personas) era muy pobre.

Algo similar le ocurriría al campesino de la Unión Soviética en el siglo xx. Las instituciones y regulaciones comunistas decían que su salario estaba fijado por el Estado y que era independiente de la cantidad producida. En consecuencia, el campesino soviético no tenía ningún tipo de incentivo para mejorar la productividad, ya que el Estado se iba a quedar el resultado de cualquier mejora. En la URSS, pues, nadie tenía incentivos para esforzarse, invertir o innovar y, por lo tanto, nadie lo hacía. El resultado fue que a finales del siglo xx la productividad de los campesinos norteamericanos o de la Europa Occidental era cuatro veces superior a la de los soviéticos.

¿Os habéis preguntado alguna vez por qué las carniceras de vuestra ciudad se levantan a las cuatro de la mañana, van al mercado mayorista a buscar la carne y la tienen a punto en la carnicería a las ocho de la mañana, cuando el resto de los mortales nos despertamos y vamos al mercado? ¿Os habéis preguntado por qué en la carnicería hay el tipo de carne que os gusta a vosotros, los clientes, y no la que le gusta a la carnicera? La carnicera no recibe ninguna orden del Ministerio que le diga qué debe tener en la tienda, ni a qué hora se tiene que levantar. Tampoco se levanta tan temprano cada día movida por el deseo de ser una persona buena y solidaria que quiere que sus vecinos tengan carne fresca a primera hora del mañana. La razón por la que se esfuerza es que quiere ganarse la vida. Y para ganarse la vida, ella tiene que vender lo que sus clientes quieren. Si cuando sus clientes van al mercado, ella todavía no ha levantado la persiana y no tiene la carne disponible, perderá todas las ventas y se arruinará. Es más, si a los clientes les gusta la ternera pero en su establecimiento solo vende pies de cerdo (quizá porque a ella le encantan, y en cambio la ternera no le gusta demasiado), los clientes la castigarán sin comprarle nada y comprarán en otro comercio. Si actuara así se arruinaría y debería cerrar el negocio. No solo esto; si su carne es mucho más cara que la de sus competidores, también se arruinará, ya que la clientela dejará de comprarle e irá a otras carnicerías. Para ganar dinero, pues, la carnicera no ha de tener lo que ella quiere ni lo que le dicta el gobierno. Debe ofrecer lo que quieren los clientes... ¡y lo debe hacer con los mejores precios posibles! Solo si ella satisface la demanda de los clientes venderá su producto y obtendrá beneficios. Es cierto que una parte de lo que gane se lo quedará el Estado a través de los impuestos, pero la mayor parte de la ganancia se la va a quedar ella. Esto le proporciona incentivos para levantarse pronto y trabajar duro para tener el producto que desean sus clientes y venderlo al precio más bajo posible. Son sus ganas de ganarse la vida y no su solidaridad lo que la empujan a hacer lo que desea la ciudadanía, sean cuales sean sus preferencias relativas a los pies de cerdo y la ternera. Adam Smith lo dijo bien claro: «No es de la benevolencia del carnicero, del cervecero o del panadero de donde obtendremos nuestra cena, sino de su preocupación por sus propios intereses». Este sistema económico en el que el propietario del negocio se gana la vida si satisface los deseos de los ciudadanos se llama «economía de mercado».

La competencia

Para que la economía de mercado funcione es necesario, no obstante, que la carnicera no sea la única vendedora del pueblo. Dicho de otro modo, hace falta que haya competencia.

Si solamente existiera una carnicería, en ella se pondría la carne que a la carnicera le diera la gana, y además esta podría ponerla a precios extravagantes. Al no tener alternativa, los clientes se verían obligados a comprar una carne que no querrían y a pagar unos precios superiores. Las empresas que carecen de competencia se denominan «monopolios» y una economía con monopolios no acaba de funcionar bien, ya que las empresas no hacen lo que quieren los consumidores sino lo que les da la gana. Y encima lo hacen caro y mal. Para que la economía de mercado funcione, pues, es muy importante que haya competencia entre empresas.

La economía de mercado en la que los ciudadanos tienen la libertad de crear empresas y quedarse con los beneficios que resultan de su actividad es una economía que produce todo lo que desean los consumidores: carne, pescado, pan, zapatos, ropa, televisores, ordenadores, lámparas, muebles, automóviles, pasta de dientes, libros, revistas, periódicos, radios, masajes, medicamentos, cortes de pelo, instrumentos médicos, gasolina y millones de productos de todo tipo. Y cada vez que los consumidores tienen una nueva necesidad, como por ejemplo un teléfono móvil, surge un emprendedor que decide producirlo y sacarlo al mercado. De este modo, las sociedades modernas aprovechamos al máximo los frutos de la especialización del trabajo y el intercambio. Cada uno de nosotros trabaja en algo muy concreto, y después nos intercambiamos lo que producimos en el gran invento de la humanidad al que llamamos «mercado».

El mundo ha mejorado mucho

Todo esto ha hecho que la situación económica en el mundo haya mejorado mucho durante los últimos siglos. Sé que mucha gente cree que cada día estamos peor, que cada día hay más pobres y más hambre en el mundo, y que las desigualdades globales no dejan de crecer, pero los datos no corroboran esta idea. Nunca, en toda la historia de la humanidad, en el planeta Tierra ha habido un índice de pobreza extrema[4] tan bajo como el que tenemos en 2015. El índice de pobreza extrema mundial se ha dividido por 5 desde 1970 y se ha dividido por 2 desde 1990. Esto significa que

---

4. La tasa de pobreza extrema es el porcentaje de la población que tiene ingresos iguales o inferiores a un dólar y medio al día. Esta es la definición oficial adoptada por las Naciones Unidas en el año 2000, cuando se establecieron los objetivos del milenio.

los objetivos del milenio que pedían que la pobreza se dividiera por dos entre 1990 y 2015 se alcanzaron. El éxito fue tan rotundo que, en septiembre de 2015, las Naciones Unidas propusieron un nuevo objetivo para la humanidad: erradicar la pobreza extrema en el año 2030.

Una de las razones que explica el éxito económico sin precedentes logrado desde 1980 en la reducción de la pobreza es que algunos de los países más poblados y pobres del mundo, como China o India, han introducido los mecanismos de mercado de los que hemos hablado en las secciones anteriores. Hasta 1976, China tenía un sistema comunista de planificación central (denominado maoísta) que no ofrecía ningún tipo de incentivo a los ciudadanos para que buscaran el progreso. El resultado es que en 1976, China era uno de los países más pobres del mundo. ¡Mucho más pobre que la mayor parte de los países africanos! Ello comportaba consecuencias humanitarias terribles, puesto que China tenía unos mil millones de habitantes y casi todos ellos pobres. En aquella época la población mundial era de cuatro mil millones de habitantes, de modo que China representaba casi una cuarta parte de la humanidad.

Después de la muerte del dictador Mao Tse Tung, en 1976, China se abrió a las fuerzas del mercado. Los resultados fueron tan rápidos como espectaculares. Las tasas de crecimiento del PIB se dispararon y el número de pobres cayó en picado. Han transcurrido ya casi cuarenta años y la tasa de pobreza en China es próxima a cero. En una generación, la economía de mercado ha conseguido sacar de la pobreza a más de mil millones de chinos.

En 1991, India, el segundo país más poblado del mundo y también uno de los más pobres del planeta, abandonó el sistema de planificación socialista que había implementado Indira Gandhi en los años sesenta e introdujo los mercados. El crecimiento económico a partir de ese momento también fue espectacular y el ritmo de erradicación de la pobreza, aun no siendo tan rápido como el de China, fue muy alto. China e India son solo dos ejemplos de lo que ocurre cuando un país abandona un sistema económico que mata los incentivos de sus habitantes e introduce los mecanismos de división del trabajo e intercambio. Son dos ejemplos que explican en parte por qué la humanidad en su conjunto no es tan pobre como cien años atrás.

Es verdad que todavía hay demasiadas personas pobres en el mundo y que todavía hay demasiada gente que pasa hambre. Pero si comparamos el estado actual con el estado de la humanidad a lo largo de toda su historia, es innegable que estamos mejor que nunca.

Y no solo estamos mejor que nunca en términos de pobreza. El número de horas que dedicamos a trabajar es la mitad de las que dedicaban nuestros abuelos hace cien años. El porcentaje de nuestros ingresos que destinamos a la compra de comida se ha dividido por dos desde el año 1960 (lo que significa que nos queda mucho más dinero para adquirir otras cosas). La esperanza de vida ha aumentado en seis años entre 1990 y 2015, y la mortalidad infantil se ha dividido por dos durante el mismo período. La estatura media de los seres humanos (que es una medida de buena salud) ha aumentado más, de media, durante los últimos cien años que en los dos mil años anteriores.

Incluso las desigualdades globales están disminuyendo. Es cierto que las desigualdades internas de los países ricos están aumentando. Tal como ha documentado el economista francés Thomas Piketty, las diferencias dentro de Estados Unidos, dentro de Francia, dentro de Gran Bretaña o de Suecia están aumentando desde 1970.[5]

Sin embargo, las diferencias globales no son lo mismo que las desigualdades dentro de estos países. Además de la desigualdad dentro de los países hay que añadir desigualdades entre países: las distancias entre países pobres y países ricos. Y todo el mundo sabe que, desde 1980, los grandes países emergentes están creciendo muy rápidamente, mucho más que los países ricos. Tanto es así que, en términos medios, los 1.300 millones de chinos, los

5. Thomas Piketty, *El capital en el siglo XXI*, Fondo de Cultura Económica de España, 2014.

1.200 millones de indios, o los 230 millones de indonesios (por poner los ejemplos de tres países superpoblados) están convergiendo muy rápidamente y creciendo mucho más rápidamente que los 1.000 millones de ciudadanos de los países ricos. Es decir, los países pobres están convergiendo con los países ricos. Esta gran convergencia de los países emergentes está reduciendo las desigualdades entre países hasta el punto de hacer que las desigualdades globales disminuyan a pesar del aumento de las desigualdades internas de los países.[6]

Nada de todo esto indica que vivamos en un mundo ideal en el que no hay pobres, ni hambruna, ni enfermedades, ni desigualdades, en el que no hay explotación ni problemas. En el mundo estos problemas existen, no digo lo contrario. Lo que sí digo es que hemos experimentado grandísimas mejoras en las últimas décadas, y que dichas mejoras no solo no se deben despreciar, sino que deben ser explicadas. Después de haber vivido durante toda la historia en el umbral de la subsistencia, luchando contra el hambre, las enfermedades y los elementos, el espectacular progreso experimentado por los humanos durante los últimos cien años ha sido debido en parte a la introducción de un sistema económico milagroso. Gracias a este sistema, una gran parte de los ciudadanos del mundo actual (de hecho, la gran mayoría) han logrado escapar de esta situación de pobreza extrema en la que vivían nuestros antepasados. Y este es un gran hito que nadie puede negar y que todos debemos celebrar.

6. Todos estos datos se documentan en mi artículo que lleva por título «The World Distribution of Income: Estimated from Individual Country Distributions» publicado en el *Quarterly Journal of Economics*, mayo de 2006. También podéis consultar mi artículo con Maxim Pinkovskiy titulado «Parametric Estimations of the World Distribution of Income», *NBER Working Papers*, octubre de 2009. Para los que no os fieis de mis estudios, podéis consultar «Global Income Inequality by the Numbers» de Branko Milanovic (2012), World Bank Policy Research Paper.

Más ricos que el más rico

Lo dicho hasta aquí nos lleva de nuevo a Mansa Musa y al enigma con el que hemos empezado este capítulo: ¿Cómo puede ser que el trabajador medio de un país medianamente rico como Cataluña posea más cosas que el hombre más rico de todos los tiempos?

Mansa Musa tenía sesenta mil empleados que le «fabricaban» la comida, cocinaban para él y le servían la mesa, que le construían las casas y las mezquitas, que le escribían los libros o tocaban música para él antes de acostarse. De hecho, gracias a nuestro sistema económico, nosotros tenemos más cosas que él porque también tenemos a centenares de miles de personas trabajando para nosotros. Pensad en la cantidad de gente que trabaja en la elaboración de nuestra cena cuando vamos al restaurante. No me refiero solo a los camareros que nos sirven la comida ni a los cocineros que han elaborado los platos. Me refiero a los campesinos que han cosechado el trigo que ha servido para elaborar el pan que comeremos, o a los que han cultivado los tomates y la lechuga. Me refiero también a los ganaderos que han criado los terneros que han generado los bistecs, a los pescadores que han estado pescando toda la noche. Me refiero también a las empresas y a los trabajadores que han fabricado los tractores que utilizan los campesinos y los barcos de los pescadores.

Y a los que han extraído el petróleo y lo han refinado y convertido en la gasolina necesaria para mover los tractores y los barcos. A los mineros que han extraído el hierro, el carbón y demás materiales necesarios para construir los tractores, los barcos o los hornos usados por los cocineros. A los leñadores que han cortado la madera y a los carpinteros que han fabricado las mesas y las sillas. A los electricistas que han montado los cables que llevan la electricidad al restaurante. A los constructores que han levantado el edificio donde se ubica el restaurante. A los decoradores, a los diseñadores y estilistas que lo han hecho elegante y acogedor. Todas estas personas han trabajado cada una un poco para que nosotros podamos cenar.

Si además le añadimos los miles de personas que nos hacen la ropa, la casa, los muebles, los equipos de música, los ordenadores, los televisores, los coches o los teléfonos móviles, veremos que nosotros, como Mansa Musa, también tenemos miles de empleados. A cambio, nosotros también trabajamos para ellos. Cada uno de nosotros realizamos un trabajo muy concreto (yo doy clases de economía en la universidad, por ejemplo) por el que recibimos un salario en forma de dinero. Y este dinero lo utilizamos para pagar una parte muy pequeña del salario de todos y cada uno de estos miles de personas que trabajan para nosotros.

Todo empezó hace 100.000 años, cuando unas pequeñas mutaciones en nuestro cerebro emprendieron una gran revolución: la revolución cognitiva permitió que nosotros, los humanos, llegáramos a ser capaces de crear una organización social y un sistema económico milagroso que ha hecho posible que cada uno de nosotros haya acabado siendo más rico que el más rico.

Lila

2

¿Quién sabe hacer una galleta?

La economía de las ideas

Permitidme que empiece este capítulo con una pregunta que quizá os parezca trivial: ¿sabéis quién sabe hacer una galleta? Digo que puede parecer trivial porque la respuesta parece muy sencilla: ¡un cocinero o una pastelera! Alguien como Albert Adrià, Oriol Balaguer, Jordi Roca, Gastón Acurio o Úrsula Sala-Illa seguro que saben cómo elaborar una galleta, ¿me equivoco?

El problema de esta respuesta obvia se hace evidente cuando pensamos en qué es realmente una galleta: es una masa de leche, huevos, harina, sal, azúcar y mantequilla, moldeada en forma redonda y cocida al horno durante unos diez minutos. Para hacer galletas, pues, hacen falta varios ingredientes (la leche, los huevos, la harina, la mantequilla, la sal, el azúcar y el horno). Sin embargo, no basta con tener los ingredientes materiales: los huevos y la harina no se buscan entre sí ni se mezclan por generación espontánea. Se necesita una persona que vaya a comprar todos estos ingredientes, los mezcle en las proporciones adecuadas, los amase durante el tiempo necesario y se asegure de que el horno esté a la temperatura justa. Ahí es donde aparecen el cocinero o la pastelera: para producir galletas se necesitan ingredientes físicos materiales, pero también hace falta el trabajo humano. Los economistas llaman a los ingredientes materiales «capital físico» y al trabajo «capital humano».

Pero el capital físico y humano tampoco basta para hacer una galleta. De hecho, si me escogéis a mí (una persona) y me dais todos los ingredientes e instrumentos necesarios, lo único que os puedo garantizar es que de mí no saldrá una sola galleta, por la sencilla razón de que no sé hacer galletas. Para hacer una galleta se necesita, pues, un tercer elemento: ¡el conocimiento! Hace falta una receta, una fórmula que indique a la persona que cocina las proporciones que debe tener cada uno de ingredientes, la temperatura del horno y el tiempo de cocción de la masa. Dicha fórmula, o receta, es a lo que los economistas llaman «idea». La «idea de galleta». Tiempo atrás, alguien tuvo la idea de mezclar ingredientes para hacer galletas. La respuesta a la pregunta «¿qué es una galleta?» puede ser: una galleta es una mezcla de ingredientes materiales (huevos, leche, azúcar, etc.), de trabajo humano y de una idea.

Sin embargo, esta respuesta aparentemente simple también es incompleta porque, una vez entendida la importancia de tener la «idea» antes de poder hacer la galleta, enseguida nos damos cuenta de que también hacen falta otras ideas previas. Por ejemplo, se necesita la «idea de azúcar». A alguien se le ocurrió exprimir las cañas para extraer el líquido y deshidratarlo para obtener los granitos blancos que llamamos azúcar. O la idea de «cortar el trigo», «molerlo» y «convertirlo en harina». La «idea de tomar los huevos de las aves para comer» o la «idea de ordeñar otros mamíferos, como la vaca, para extraer la leche».[1]

Asimismo debemos añadir la «idea de cocinar». Es decir, a alguien se le ocurrió reunir una serie de productos materiales, acercarlos al fuego y cocerlos. La «idea de hacer un recipiente

---

1. Aunque ahora nos parezca que tomar leche de vaca es algo que se ha hecho toda la vida, en realidad los humanos no empezamos a consumir leche de otros animales hasta hace relativamente poco: unos 8.000 o 10.000 años. Hasta entonces los humanos carecíamos de la enzima que permite digerir la lactosa contenida en la leche de vaca, la lactasa. Por tanto, si nuestros antepasados consumían leche de vaca, sufrían fuertes diarreas y dolores de vientre que podían incluso causarles la muerte. Parece ser que los humanos experimentamos una mutación genética hace 10.000 años que nos dio la enzima necesaria para digerir la leche de otros animales, como la vaca.

para contener líquidos como la leche (¿os habéis dado cuenta de que hasta que alguien no inventó el recipiente, los humanos no pudieron comer sopa?) antes de mezclarla con la harina». Para hacer una galleta también hacen falta la «idea de horno», la «idea de acero» (que a su vez está compuesta por varias ideas como la de «fundir metales» o la de «mezclar hierro y carbono» a alta temperatura»), la «idea de electricidad», la «idea de cable para transportar la electricidad», y así podríamos seguir un buen rato.

Fijaos que algo tan simple como una galleta no es solo una mezcla de ingredientes materiales cocinados por una persona (trabajador o cocinero): en realidad es la suma de miles y miles de ideas acumuladas a lo largo de la historia.

En el capítulo anterior nos hemos referido a una teoría que dice que la clave del progreso es la división del trabajo y el intercambio. Ahora hablaremos de una teoría alternativa que dice que la clave del crecimiento económico son las ideas. Según dicha teoría, la razón por la que Mansa Musa no tenía acceso a toda la variedad de productos que sí que están a disposición del trabajador medio de un país medianamente rico es, básicamente, que ninguno de estos productos había sido inventado. Para comprender el origen de la riqueza de las naciones, pues, debemos entender el proceso de creación de las ideas y los incentivos que tienen los humanos para inventar nuevos productos, nuevas maneras de fabricar, diseñar y distribuir bienes y servicios.

Este es el tema de este capítulo en el que vamos a hacer un viaje por el apasionante mundo de la ¡economía de las ideas!

El valor de las ideas

Si para hacer una cosa simple como una galleta necesitamos centenares de ideas acumuladas a lo largo de la historia, imaginad cuántas ideas necesitamos para construir algo tan complejo como un iPhone: millones y millones de ideas amalgamadas en un pequeño aparato que nos permite realizar llamadas telefónicas, hacer fotografías y vídeos, enviar correos o mensajes instantáneos (SMS o whatsapps), navegar por internet, buscar direcciones en la agenda, marcar citas en el calendario, consultar la cotización de nuestras acciones de Grifols, leer el periódico, mirar qué tiempo hará mañana, escuchar música, mirar la tele, subir vídeos a You-Tube, pedir un taxi, conseguir que te guíe mientras viajas en automóvil o matar cerdos lanzando pájaros en forma parabólica. Todo esto, y mil cosas más, comprimido en un aparatito que cabe en la palma de la mano.

Lógicamente, igual que para una galleta, para hacer un iPhone también se necesitan ingredientes materiales (plástico, cristal, litio, cromo, aluminio, entre otros), también se necesitan trabajadores y también se necesitan ideas: la idea de comunicación, la idea de telefonía celular, la idea de electricidad, la idea de microchip, la idea de plástico, la idea de pantalla táctil, la idea de correo electrónico, la idea de videojuego, la idea de fotografía y vídeo digital y la idea de Angry Birds juntamente con millones de ideas más.

¿Cuál es el valor económico de las ideas en el proceso de producción del iPhone? Para responder a esta pregunta os propongo el siguiente experimento. Coged vuestro iPhone o teléfono inteligente y pesadlo. En el caso del iPhone 5S, veréis que pesa 135 gramos aproximadamente. Una vez pesado, introducidlo en una trituradora y pulverizadlo. ¡No, no lo hagáis! Estoy bromeando. No quiero ser responsable del destrozo. Pero podéis hacer el experimento «mentalmente» conmigo.[2] Si pulverizáis vuestro iPhone y separáis el polvo de los materiales en diferentes montoncitos, veréis que el montón más grande es el del litio que se utiliza en la batería (unos 30 gramos). El segundo más grande está formado por los 27 gramos de plástico, seguido de los 20 gramos de vidrio, los 16 gramos de cobre, los 15 de cromo, los 14 de aluminio y así iremos descendiendo. De hecho, hasta encontraréis 0,034 gramos de oro y 0,00034 gramos de platino. No sé para qué se necesitan oro

---

2. En el programa de TV3 *Economia en colors* realizamos el experimento de triturar un iPhone para analizar el «polvo» resultante.

y platino para producir un iPhone, pero me cuentan los expertos
que estos materiales son muy buenos conductores de la electricidad. Pues debe de ser por esto... El caso es que si lleváramos estos
montones de materiales al mercado, obtendríamos por ellos unos
dos euros. ¡Sí, solo valen dos euros! Porque, por sí mismos, los
montoncitos de polvo son absolutamente inútiles. Y si no lo creéis,
coged los montoncitos de litio, plástico y aluminio e intentad hacer una llamada, enviar whatsapps o hacer un selfie. ¡Imposible!
Es cierto que, además de los materiales, para construir un teléfono
inteligente hacen falta también trabajadores. Pero si sumamos los
salarios de todos los que han contribuido en la fabricación, empa-
quetado, distribución y venta del aparato, veremos que los costes
laborales añaden otros tres euros adicionales al coste del iPhone.
Por lo tanto, el coste del iPhone, entre materiales y mano de obra,
es de unos cinco euros. Pero el precio de venta de estos aparatos
sube a más de seiscientos euros. ¿Dónde va a parar todo este dinero? Lo que está claro es que no va ni a los vendedores de las materias primas ni a los trabajadores que los han construido. La mayor
parte de estos seiscientos euros van a las personas y a las empresas
que han aportado las ideas. Porque, de los tres factores que inter-
vienen en la producción de teléfonos (materiales, trabajo e ideas),
las ideas son lo más importante.

Os he puesto el ejemplo del iPhone, pero podría haber toma-
do como muestra un computador (haced el experimento de triturar un computador y vender los materiales que lo componen), o
un coche, un avión, un televisor de pantalla plana, un tratamiento
contra el cáncer o una pastilla de Viagra. En todos los casos veréis
que el componente que más valor tiene en todos estos productos
lo constituyen las ideas que contienen.

La casa de las puertas

Una de las características de las ideas es que se acumulan. No aparecen por arte de magia, sino que se construyen a partir de multitud

de piezas, y estas piezas no son más que otras ideas. La «idea de carro» se construye a partir de las ideas de «rueda» y de «usar animales para tirar de aparatos». La «idea de vestido» se edifica sobre las ideas de «aguja» y «ropa» o «piel de animal usada para abrigar».

Cuando pienso en la economía de las ideas, imagino el conocimiento como una gran casa mágica que se expande cada vez que abrimos una puerta. Al principio solo había una habitación que tenía tres puertas. Todo lo que conocían los humanos estaba en aquella habitación. Pero llegó el día en que uno de nuestros antepasados abrió una de las puertas y, mágicamente, se le apareció una nueva estancia con tres puertas más. Años más tarde, otro individuo abrió una de estas puertas y apareció una tercera habitación. Y después una cuarta, y una quinta. Así, la gran casa del conocimiento fue creciendo a medida que los humanos abríamos puertas y descubríamos nuevas habitaciones. La historia de la humanidad es la historia de la expansión de esta gran casa que es la casa de las ideas.

Fijaos que habría sido imposible llegar a la tercera habitación sin que antes alguien hubiese descubierto la segunda. Dicho de otro modo, dado que las ideas se edifican unas sobre otras, es imposible realizar determinados inventos sin que antes hayan sido creadas las piezas que los harán posibles: es imposible que a un ser humano se le ocurra inventar una galleta sin que antes exista la idea de «hacer harina». A su vez, es imposible pensar en hacer harina si antes no ha habido alguien que ha tenido la idea de cocinar. Y a nadie se le puede ocurrir cocinar sin antes haber aprendido a dominar el fuego. Las ideas se edifican sobre otras ideas.

El símil de la gran casa mágica del conocimiento nos explica por qué hay tantos ejemplos en la historia de dos o más personas que han descubierto lo mismo por vías independientes. No se puede descubrir la vigesimoquinta habitación sin antes haber entrado en la vigesimocuarta. Por lo tanto, es normal que durante siglos nadie descubra la habitación 25. Hay que esperar a que alguien abra la 24. Pero una vez alguien ha abierto la 24, hay muchos humanos pensando en la forma de abrir las puertas que dan a la 25. Por lo tanto, es normal que, después de dos millones de años sin hacerlo, dos o más individuos acaben descubriendo la misma idea prácticamente al mismo tiempo... incluso aunque no haya habido ningún contacto entre ellos. Isaac Newton y Gottfried Leibniz formularon el cálculo matemático al mismo tiempo en el siglo XVII. Josep Priestley y Wilhem Scheele aislaron el oxígeno al mismo tiempo en el siglo XVIII. Charles Darwin y Alfred Wallace descubrieron la evolución de las especies simultáneamente en el siglo XIX. Nada de esto es coincidencia: es el resultado de que haya muchos humanos en la misma habitación intentando abrir la puerta que da a la habitación siguiente.

La no-rivalidad

En comparación con los otros dos tipos de ingredientes que se necesitan para producir bienes y servicios (los materiales y el trabajo), las ideas poseen una característica muy importante: pueden ser utilizadas por muchas personas simultáneamente. La leche, los huevos, el azúcar, la harina y el horno que se usan en una cocina de Bogotá no pueden utilizarse simultáneamente en una cocina de México DF. Por lo tanto, si un maestro galletero quiere producir galletas en Bogotá y en México al mismo tiempo, debe tener leche, huevos, azúcar, harina y hornos en Bogotá y en México. El cocinero que elabora galletas en Bogotá no puede elaborarlas al mismo tiempo en México. Por lo tanto, si el maestro galletero quiere tener fábrica en Bogotá y en México, necesitará cocineros en Bogotá y otros en México.

Fijaos que esto no es cierto para la receta que se utiliza para fabricar galletas, porque la misma fórmula puede ser utilizada para las cocinas de Bogotá y de México. De hecho, si el galletero decidiera abrir fábricas en cien ciudades distintas, necesitaría tener cien hornos, cien colecciones de materiales, cien grupos de cocineros... ¡pero podría usar la misma fórmula, la misma idea, en todas las fábricas del planeta!

El hecho de que una idea pueda ser utilizada por muchas personas a la vez es una característica que recibe el nombre de «no-rivalidad». La leche, los huevos y el horno son «rivales», porque si son utilizados en la fábrica de Bogotá no pueden ser empleados al mismo tiempo en la de México. El trabajador también es «rival», ya que si un empleado trabaja en la planta de Bogotá no puede trabajar al mismo tiempo en la de México.

Las ideas, por el contrario, son «no rivales» porque dos, tres, mil o siete mil millones de personas pueden usarlas al mismo tiempo: el hecho de que una persona use una idea no impide a las demás usarla al mismo tiempo.

Cuando en un examen un estudiante necesita una goma para borrar algo que ha escrito mal, debe pedir la goma al estudiante que se sienta a su lado: «¿Has acabado con la goma?». Tiene que preguntárselo, porque si su propietario la está usando, el estudiante que la pide no puede usarla al mismo tiempo. La goma es un bien rival. En cambio, cuando el mismo estudiante necesita utilizar el teorema de Pitágoras, no necesita preguntar al estudiante del lado: «¿Has acabado ya de utilizar el teorema de Pitágoras?». No hace falta que lo haga porque ambos estudiantes pueden usar el teorema al mismo tiempo: el teorema de Pitágoras, que es una idea brillante, es no-rival.

Conectividad e intercambio de ideas

El hecho de que las ideas puedan ser utilizadas por más de dos personas al mismo tiempo tiene una consecuencia fundamental en relación con la importancia del comercio que hemos destacado en el capítulo 1. Imaginad que Albert tiene un kilo de azúcar y se lo cambia a Beth por un kilo de harina. Antes del intercambio, cada uno de ellos tenía un kilo. ¿Y después del intercambio? Pues también.

Ahora imaginad que en lugar de intercambiar harina y azúcar, intercambian las fórmulas para hacer harina y azúcar. Es decir, intercambian las ideas y no los productos: Albert enseña a Beth la técnica que ha inventado para extraer el azúcar de la caña y, a cambio, Beth enseña a Albert la fórmula para sembrar trigo y producir harina. Antes del intercambio, cada uno podía utilizar una idea: Albert tenía «la idea o fórmula para hacer azúcar» y Beth tenía «la idea de la harina». Una vez se produce el intercambio, ambos pueden utilizar no una sino dos ideas: el hecho de que Albert enseñe a Beth a hacer azúcar no impide que él continúe utilizando la fórmula después de haberla pasado a otra persona, ya que la idea es «no-rival». Lo mismo le ocurre a Beth y a la idea de harina. Una vez hecho el intercambio de ideas, ambos pueden continuar usando la idea que tenían y, además, también pueden usar la idea que acaban de aprender.

Si en lugar de tener a dos personas tenemos a diez, cada una con una idea diferente, y todas ellas intercambian su propia idea con las de todas las demás personas, después del intercambio, cada una de ellas acaba pudiendo utilizar diez ideas. Y si en lugar de diez personas hay cien o mil, cada persona acabará teniendo acceso a cien o mil ideas. Por esta razón el papel del comercio en el mundo de las ideas es aún más importante de lo que indicábamos en el capítulo anterior; en la medida en que el comercio permite no solo el intercambio de productos sino también el intercambio de ideas, las ganancias resultantes del comercio aumentan de modo exponencial: poder comerciar con pueblos, ciudades o países, llenos de ciudadanos que han ido inventando ideas a lo largo del tiempo te permite estar conectado, aprender y multiplicar la cantidad de ideas a disposición y, con ello, aumentar la productividad y la riqueza de las naciones.

En cierta manera, la conectividad y el comercio te permiten saber qué puertas han abierto los pueblos vecinos o los países lejanos: si tienes contacto con la gente que cultiva campos y planta trigo, entiendes que tú también puedes cultivar campos y plantar trigo sin tener que inventarlo. Ahora bien, si nunca hablas con gente que ha inventado la agricultura, o bien tienes la suerte de inventarla tú, o bien te quedas sin agricultura. El tamaño de la casa del conocimiento depende de las habitaciones que hayas descubierto tú y de las habitaciones que hayan abierto los demás y te lo hayan explicado. Depende de la innovación y de la conexión entre las personas.

Cuanta más gente conectada, más desarrollada es una sociedad. La conectividad con el resto del mundo, pues, es absolutamente fundamental para gozar del progreso tecnológico.

Breve historia del conocimiento

La historia de la humanidad es la historia de unos animales que no solo tienen ideas, sino que también inventan maneras de crear, transmitir y almacenarlas. Se podría decir que la primera gran idea que tuvieron nuestros antepasados, hace unos seis o siete millones de años cuando todavía no eran *Homo sapiens* sino australopitecos, fue la de ponerse de pie. Hasta entonces, cuando querían caminar rápido o correr, tenían que apoyar los puños en el suelo, igual que hacen nuestros primos los gorilas o los chimpancés (con quienes, por cierto, compartimos el 98,8% del ADN). Es cierto que quizá esta no fue una idea consciente. Quizá fue un instinto o una protoidea, pero, en cualquier caso, el hecho de ponerse de pie tuvo varias consecuencias. La primera es que los homínidos vieron cómo las manos les quedaban libres, lo cual les permitió utilizarlas para manipular piedras, huesos y maderas para construir los primeros instrumentos. El primer gran instrumento fue el hacha de piedra, que afilaban golpeando una piedra contra otra. Con la piedra afilada podían cortar la piel y la carne de los animales que cazaban.

La segunda consecuencia de ponerse de pie es que, para mantenerse en posición erguida, su cuerpo tuvo que experimentar algunos cambios fisiológicos que los aproximaron a los humanos actuales. Uno de los más importantes fue el estrechamiento de la pelvis, lo cual hizo empequeñecer el canal de nacimiento. Dado que nuestra cabeza era enorme y tenía que pasar por un orificio cada vez más pequeño, la naturaleza hizo que los humanos naciéramos «prematuramente». A diferencia de Bambi, que nace, se expulsa y empieza a caminar, los humanos cuando nacemos no podemos sobrevivir por nosotros mismos hasta que tenemos algunos años (¡algunos, más de treinta!). Esta fuerte dependencia de los padres obliga a los humanos a desarrollar unos fuertes vínculos familiares y sociales. Desde siempre, los humanos han vivido en grupos sociales: primero fueron sociedades simples, como clanes y familias, después fueron cada vez más complejas —pueblos— y, más adelante, ciudades, países y coaliciones de países. Dentro de cada grupo social, los individuos se especializaban y comercializaban productos e ideas.

Otro cambio fisiológico experimentado por los homínidos en aquella época fue el desarrollo de un enorme *gluteus maximus*, que es el nombre que los científicos dan al... digamos... ¡trasero! El glúteo mayor es el músculo mayor del cuerpo humano. De hecho, es enorme si lo comparamos con el culo pequeño y patético de nuestros primos chimpancés. El profesor de la Universidad de Harvard Daniel Lieberman se pregunta: ¿para qué necesitamos los humanos un culo tan potente? Su respuesta es: ¡para poder correr! Para demostrarlo analiza la actividad muscular del culo y se da cuenta de que caminando este músculo casi no trabaja. En cambio, el *gluteus maximus* desempeña un papel importantísimo cuando nos ponemos a correr. Todo parece indicar que en la acción de correr el cuerpo tiende a desestabilizarse hacia delante y el glúteo mayor es el principal responsable de garantizar su estabilidad.

De hecho Lieberman identifica veintisiete características fisiológicas importantes que los humanos desarrollaron para poder correr. Una de ellas, la piel y el sistema de refrigeración, el sudor. Si el cerebro de un primate se calienta en exceso, automáticamente deja de funcionar y el individuo muere. Para resolver este inconveniente, dos millones y medio de años atrás los humanos desarrollamos unas glándulas sudoríparas que nos permitieron refrigerar el cuerpo sin necesidad de dejar de correr. Según Lieberman, como en aquella época los humanos aun no disponían de

lanzas, ni de arcos, ni de flechas, ni de escopetas de cañones re-
cortados, tenían muchas dificultades para cazar compitiendo con
leones, guepardos, hienas o perros salvajes. Pero los hombres tienen una pequeña ventaja: los antílopes, las cebras, los toros y
otras posibles fuentes de alimento solo pueden correr deprisa
durante períodos de tiempo muy cortos y, cuando lo hacen, el
cuerpo se les calienta y tienen que detenerse para refrigerarse.
Para lograrlo, la mayor parte de los animales jadean, es decir, sacan la lengua y resoplan, como los perros. Al pasar por la lengua
llena de venas, la sangre se enfría y continúa circulando por el
cuerpo. El problema de jadear para reducir la temperatura es que
el animal no puede hacerlo mientras corre y, por tanto, lo obliga
a detenerse.

Por el contrario, el nuevo sistema de refrigeración humana
basado en el sudor permitió al hombre correr largas distancias,
durante horas y horas. Esto es lo que hacían cuando cazaban.
Convertidos en los primeros maratonianos, nuestros «abuelos»
perseguían a los animales por las sabanas de África. Al principio
los animales huían fuera de su alcance, pero tenían que detenerse
cuando la temperatura del cuerpo llegaba a un límite. Los humanos, tozudos y persistentes, seguían corriendo sin necesidad de
detenerse y obligaban al animal a escaparse antes de haber podido
refrigerarse. Y así sucesivamente, hasta que la bestia moría por
culpa de una hipertermia. Gracias al hecho de ser los cazadores
más pertinaces de la historia, los humanos logramos convertirnos
en los depredadores dominantes del planeta, pese a no ser ni los
más fuertes, ni los más rápidos, ni los que teníamos la mejor técnica para cazar.

Después de ponernos de pie para caminar y correr, y de usar
las manos para producir y utilizar herramientas, la gran idea siguiente fue dominar el fuego. De esto hace un millón de años
aproximadamente. Con la domesticación del fuego llega la cocina.
Hay quien dice que es la idea más importante de la historia, porque es la que nos permitió desarrollar el potentísimo cerebro que
acabó siendo la fuente de todas las otras ideas de la humanidad.

La neurocirujana brasileña Suzana Herculano-Houzel estima que el cerebro humano tiene alrededor de ochenta y seis mil millones de neuronas. Un cerebro con tantas neuronas necesita una gran cantidad de energía para funcionar. Tanto es así que, según el cálculo de Herculano-Houzel, si únicamente comiéramos alimentos crudos y no procesados, necesitaríamos nueve horas y media al día para conseguir la energía necesaria para abastecer nuestro enorme cerebro. Si a ello le sumamos el tiempo de cazar o recolectar la comida, a nuestros antepasados les habrían faltado horas al día. Por lo tanto, si los homínidos primitivos hubieran comido siempre alimentos crudos, no habrían podido evolucionar hasta los humanos que somos ahora. No habrían tenido suficiente tiempo.

Afortunadamente, una vez domesticado el fuego, hace un millón de años, alguien tuvo la idea de acercarle la carne y otros alimentos. La cocina supuso para nuestros ancestros una especie de «predigestión» de los alimentos que permitía no tener que masticar tanto y no invertir tanta energía en el proceso digestivo. De este modo, con la misma cantidad de alimentos consiguieron dirigir mucha más energía al cerebro, que, gracias a esto, alcanzó las dimensiones actuales. Y ahora sí, con la capacidad de correr y con una dieta apta para alimentar el cerebro más poderoso de la Tierra, aquellos homínidos se convirtieron en *Homo sapiens* hace 200.000 años. Todo esto pasaba en África (en la zona que hoy ocupan Kenia, Tanzania y Etiopía).

Entre 100.000 y 70.000 años atrás, una serie de mutaciones genéticas en nuestro cerebro generaron la «revolución cognitiva» de la que hemos hablado en el capítulo 1: los humanos empezamos a entender conceptos complejos como el intercambio («Yo te doy seis plátanos si tú me das un masaje en la espalda») y desarrollamos el lenguaje. A diferencia de los demás animales que también se comunican, el lenguaje de los humanos podía combinar infinidad de sonidos y señales para construir frases con significados muy diferentes. Esto nos permitió almacenar, absorber y comunicar un montón de información y transmitir ideas complicadas. De pronto, los humanos pudimos explicar con precisión «la manera de hacer las lanzas», «cómo se enciende el fuego» o que «la manada de búfalos está en la sombra del gran árbol que hay cerca de la cascada de agua». El nuevo lenguaje también nos permitió dar órdenes muy concretas: «vosotros vais hacia la izquierda y cuando hayáis rodeado al ciervo, le tiráis piedras para que corra hacia el río, y allí estaremos nosotros esperándole con las lanzas»; o bien, «cuando empiece a ponerse el sol, colocad el fuego en la entrada de la cueva para evitar que vengan los leones durante la noche». La transmisión precisa de conceptos, ideas y órdenes nos hacía ser mucho más eficientes para cazar y buscar alimentos. Esta fue una de las grandes razones por las que ganamos la batalla de las especies por la supervivencia.

Equipados, pues, con un cerebro de primera, un culo que nos permitía correr y un lenguaje superior, los *Homo sapiens* empezaron a caminar hacia el norte. Los tiempos eran muy duros y parece que solo una familia consiguió cruzar el mar para llegar a la península de Arabia. En esta familia de valientes había la mujer más importante de la historia: nuestra madre ancestral, una mujer de la que todos los humanos no africanos descendemos. El análisis de nuestro ADN parece demostrar que todos los humanos no africanos venimos de la misma mujer. Los antropólogos la llaman Eva mitocondrial. Los descendientes de aquella mujer llegaron a Arabia hace 100.000 años y continuaron caminando hacia el sur de Asia, donde llegaron hace unos 70.000 años. Con algún tipo de embarcación consiguieron llegar a Australia hace 50.000 años.

Al principio los humanos no pudieron llegar al norte (ni a Europa ni al norte de Asia) porque allí hacía demasiado frío. Hasta que tuvieron otra gran pequeña idea: la aguja. Con las agujas, nuestros ancestros empezaron a hacer ropa. Primero eran pieles de animales que cosían para hacer vestidos que se adaptaban al cuerpo y les permitían cazar y viajar por las zonas frías del planeta. Con la conquista del hielo, los humanos llegaron a Europa hace 40.000 años y allí se encontraron con unos primos hermanos, los neandertales, a los que exterminaron.[3] Prosiguieron hacia el norte de Asia hace 25.000 años y, caminando por el estrecho de Bering (que en aquella época no estaba cubierto de agua debido a la glaciación), llegaron a América hace 15.000 años. Por fin, la especie humana había conquistado todos los rincones del planeta Tierra. Con el fin de la glaciación, el nivel de los mares y de los océanos subió y los americanos se quedaron incomunicados. También se quedaron aislados los australianos y los que habían poblado las otras islas del Pacífico. No se reencontraron hasta que los europeos redescubrieron América y Australia, 14.000 años después.

Todos los humanos de todos los continentes eran nómadas que vivían de la caza y la recolección de plantas, frutas y cereales. Coincidiendo con el final de la glaciación, hace unos 12.000 años, las tribus que poblaban los valles de los ríos Tigris y Éufrates descubrieron que no hacía falta ir al bosque a buscar alimentos, porque podían plantar cereales y legumbres (trigo, escanda, cebada, guisantes, lentejas, garbanzos o lino). Del mismo modo, descubrieron que no hacía falta ir al bosque a cazar animales, porque los podían criar en sus granjas (cabras, ovejas, perros, vacas o caballos). Es posible que la domesticación de plantas y animales no fuera una idea voluntaria, sino la consecuencia de la extinción de los grandes mamíferos como los mamuts o los tigres de dientes de sable. De hecho, los primeros humanos sedentarios estaban peor nutridos que sus antepasados cazadores recolectores, lo que indica que seguramente fueron las circunstancias lo que les obligó

3. De hecho, no sabemos con exactitud por qué se extinguieron los neandertales. Es posible que fueran exterminados por los *Homo sapiens*, pero también es posible que se extinguieran porque no podían competir con ellos a la hora de buscar y conseguir alimentos. También podría ser que se extinguieran a consecuencia de algún desastre natural, como un cambio climático o la explosión de un supervolcán. Lo que sí sabemos es que, antes de desaparecer, parece ser que nuestros antepasados mantuvieron relaciones sexuales con ellos. Lo sabemos porque todos los humanos actuales no africanos tenemos genes neandertales.

a cultivar la tierra y a criar animales. Sea como fuere, poco a poco siguieron teniendo ideas y más ideas sobre cómo mejorar la productividad de la tierra y cada vez fueron más eficientes en la obtención de alimentos.

Naturalmente, con la agricultura y la ganadería llegaron los primeros asentamientos humanos permanentes. Los hombres dejaron de ser nómadas y se establecieron en pueblos y ciudades. En el capítulo anterior hemos visto que la aparición de conglomerados humanos facilitó la especialización del trabajo y el intercambio, con las mejoras de productividad consiguientes. Otra consecuencia del sedentarismo es que la comunicación y el intercambio de ideas entre grupos de humanos aumentaron. La casa de las puertas se iba haciendo grande. Todavía hoy la gente que vive en las ciudades es mucho más innovadora y creativa que la que vive aislada en zonas rurales, forestales o desérticas. El contacto permanente entre humanos facilita la innovación y el conocimiento.

Alrededor de 3.000 años antes de Jesucristo apareció la rueda y con ella el transporte fácil y más barato de mercancías y personas. Eso abarató y facilitó aun más la conectividad y el intercambio de mercancías e ideas entre pueblos que vivían a mucha distancia. Las ideas que se inventaban en una parte remota del planeta llegaban al otro extremo del mundo en cuestión de pocas décadas o siglos. Por tanto, no era necesario que todo el mundo inventara todo cada vez. Solo hacía falta estar comunicado para poder usar las tecnologías y las técnicas que habían sido ideadas en otros lugares del mundo (lógicamente, ninguno de los inventos que se hacían en Eurasia llegaban a las Américas, a Australia o a las otras islas del Pacífico, porque, en aquellos momentos, dichas zonas estaban incomunicadas).

Más o menos al mismo tiempo que se inventaba la rueda, los humanos tuvieron otra de las ideas más importantes de la historia: la escritura. La creciente magnitud del comercio provocó la imposibilidad de que los mercaderes recordaran cuántas cabras habían vendido o cuántos kilos de cebada les debían. Por esta razón empezaron a apuntarlo. Con estos pequeños apuntes económicos nació la escritura, una técnica que no tardó en ser utilizada para comunicarse con los dioses (los jeroglíficos de las tumbas egipcias eran básicamente de tipo religioso), para publicar leyes y normas (el primer texto legal es el Código de Hammurabi de la antigua Babilonia, que data de 1754 a.C.) o para relatar historias reales o inventadas (la primera de la que tenemos constancia es la epopeya de Gilgamesh de la antigua Sumeria, de 2500 a.C.). Con la aparición de la escritura los humanos dieron un paso de gigante en la comunicación y la conservación de las ideas. Hasta entonces, todo lo que se conocía tenía que caber en el cerebro humano. Pero gracias a la escritura, una parte del conocimiento se podía guardar en una pared, una piel de animal o un pergamino, y se podía transmitir a largas distancias sin tener que memorizarlo. Huelga decir que ello facilitó enormemente el almacenamiento y la transmisión de ideas, y aceleró la carrera por saber qué puertas se habían abierto y qué habitaciones habían sido descubiertas en la gran casa el conocimiento.

En aquella época también se empezaron a fundir metales. Primeramente fue el bronce, unos 3.300 años antes de Jesucristo (edad del bronce) y más tarde el hierro hacia 1300 a.C. (edad del hierro). Con la «domesticación» de los metales llegó el perfeccionamiento de los sistemas de transporte terrestre (carruajes) y marítimo (barcos), la facilitación y abaratamiento del comercio, y la comunicación de ideas a distancias todavía más largas. Está claro que, por otro lado, también se construyeron armas cada vez más mortíferas. Con las armas llegaron los imperios, las invasiones, las guerras, la sumisión, la crueldad y la cara más oscura de la naturaleza humana.

Los griegos (500 a.C.) descubrieron que los fenómenos de la naturaleza no son fruto del azar o el capricho de los dioses, sino que obedecen a unas leyes que el hombre debería ser capaz de descubrir mediante la observación, la experimentación y la deducción. A partir de aquel momento la ciencia empieza a ganar la partida a la religión como herramienta para entender el mundo. La idea de ciencia y del método científico también es una de las grandes contribuciones de la historia al conocimiento humano. Con la caída del Imperio romano, Occidente entra en una era de intolerancia religiosa que hizo más lento el progreso de creación de ideas: son los años oscuros de la oscura Edad Media. Mientras tanto, en Oriente, una China mucho más abierta continúa progresando y construyendo el mundo tecnológicamente adelantado que años más tarde descubriría Marco Polo, del que ya hemos hablado en el capítulo anterior.

El fin de la edad oscura empieza con lo que seguramente es la idea más importante del segundo milenio: la imprenta. En 1440, un orfebre alemán llamado Johannes Gutenberg ideó una manera de colocar pequeñas letras metálicas en una plancha que permitían reproducir una página de libro de un modo barato y eficiente. Cabe decir que Gutenberg no fue el primero en imprimir una letra o un símbolo. Los babilonios utilizaban piedras para sellar documentos 3.000 años antes de Jesucristo, y los chinos imprimían pergaminos con bloques de madera entintados. La innovación de Gutenberg fue fundir pequeñas piezas metálicas en forma de letra que permitían reproducir infinidad de textos con mucha precisión (los bloques de madera se deforman después de realizar unas cuantas impresiones). Sea como fuere, el invento de Gutenberg abarató el coste de hacer libros y democratizó el conocimiento. Hasta entonces, los libros tenían que ser escritos y copiados a mano, circunstancia que los hacía prohibitivamente caros y los dejaba fuera del alcance de la gente normal y corriente. Gracias a la imprenta, el coste de los libros bajó y, por primera vez en la historia, la mayor parte de los humanos tuvieron acceso a los conocimientos que hasta aquel momento solo tenían las clases dominantes. Y como es lógico, cuanta más gente tiene acceso a la gran casa del conocimiento, más cerebros hay con la posibilidad de generar nuevas ideas, de abrir más puertas. (Recordad que las ideas se construyen sobre otras ideas.) A partir de la imprenta, el ritmo de creación de ideas se acelera y llegan el Renacimiento, la revolución científica, la revolución industrial y la modernidad: el cálculo, la teoría de la gravitación universal, la teoría de la evolución, las máquinas de vapor, la penicilina, los trenes, las lavadoras, la electricidad, los teléfonos, la muñeca Barbie, el cine, la radio, la televisión, los ganchitos, los coches, los aviones, los transistores, los ordenadores, el internet, los teléfonos inteligentes, la nube, los sensores, los robots, las impresoras 3D, la biología sintética, la nanotecnología, la medicina personalizada, los big data y la inteligencia artificial. Y la cosa no acabará aquí porque la humanidad sigue abriendo puertas de esa casa del conocimiento que no deja de crecer.

No quiero acabar esta breve historia de las ideas sin referirme a internet como herramienta para facilitar la conexión barata y casi instantánea entre todos los humanos de nuestro planeta. Gracias a internet y a herramientas como Google o Amazon, los humanos tenemos acceso instantáneo a todos los libros, todos los documentos escritos a lo largo de la historia, en cuestión de segundos. Gracias a Wikipedia tenemos todo el conocimiento enciclopédico en nuestro bolsillo… ¡y actualizado al minuto! Gracias a Facebook, a Twitter, a los blogs o a YouTube, cualquiera de nosotros puede publicar sus ideas sin necesidad de que se las apruebe una editorial, un director de televisión o un productor de cine y sin posibilidad de censura. Y, sobre todo, gracias a internet, los dos mil millones de ciudadanos más pobres del mundo están a punto de integrarse en la gran red global de la información, lo que no solo les permitirá enterarse de lo que ocurre en cualquier punto del mundo, sino que también podrán comunicar sus ideas al resto de los humanos. Si la imprenta democratizó el acceso al conocimiento que generaban los sabios, internet está democratizando no ya el acceso sino la producción de dicho conocimiento. El futuro de la humanidad no puede ser más brillante.

¿Por qué hay países ricos y países pobres?

Si lo que determina la riqueza de una nación y el nivel de bienestar de sus ciudadanos es la cantidad de ideas a las que tienen acceso dichos ciudadanos, ¿por qué hay países ricos y países pobres? Dicho de otro modo, si las ideas que se utilizan en una parte del planeta también pueden ser utilizadas en el resto del mundo (es decir, si las ideas son no-rivales), ¿por qué no somos todos igual de ricos? La respuesta es que el hecho de que las ideas sean no-rivales no significa que todo el mundo pueda utilizarlas. ¡Para utilizar una idea, primero debes saber que existe! Y esto no siempre es automático. Por ejemplo, a lo largo de la historia ha habido países (y hoy todavía los hay) que cortan la conectividad de sus ciudadanos, ya sea por motivos políticos o por pura ignorancia de sus líderes sociales. Sea como fuere, cortar la conectividad significa cortar el acceso a nuevas ideas. La Iglesia cristiana medieval, por ejemplo, realizó un gran esfuerzo para impedir que filósofos y pensadores reflexionaran sobre las leyes de la naturaleza que habían descubierto los griegos y que contradecían la doctrina de sus sacerdotes. Cuando un pensador descubría algo que resultaba inconsistente con la teología cristiana, era torturado hasta que se retractaba o era asesinado. El matemático, astrónomo y filósofo napolitano del siglo XVI Giordano Bruno expuso, entre otras supuestas herejías, su teoría del «pluralismo cósmico». Según esta teoría, en el universo había muchas estrellas como nuestro sol, y alrededor de estos soles podría haber planetas con vida similar a la nuestra. Puesto que esto contradecía la visión estática y radical de la Iglesia cristiana, Giordano Bruno fue encarcelado durante siete años en la torre de Nona, en Roma, y finalmente fue condenado a la hoguera por el Tribunal de la Santa Inquisición. Era el 17 de febrero de 1600. Quince años más tarde, Galileo Galilei tuvo que retractarse de su teoría heliocéntrica para evitar el mismo destino infernal que Giordano Bruno. Galileo y Bruno son dos de los últimos y más conocidos pensadores perseguidos por la Iglesia. Pero hubo otros miles a lo largo de quince siglos. Ni que decir tiene que el progreso científico y tecnológico de la Europa dominada por el cristianismo radical fue más bien escaso. Europa pasó de la era clásica en la que los filósofos y pensadores griegos cuestionaban todo a una era oscura en la que las nuevas ideas eran castigadas con la pira purificadora. No es casualidad que esta época se conozca como la «edad oscura de la historia».

El primer cristianismo radical no fue la única religión que impidió el progreso del conocimiento. Después de una época dorada en la que los pensadores islamistas lideraron el mundo en temas como el álgebra, la trigonometría, la astronomía, la geografía o la geometría, entre los siglos VI y XVI, el radicalismo religioso también se apoderó del islam. Un fundamentalismo que aún hoy vemos en algunos segmentos de algunos países islámicos desde donde los fanáticos religiosos destruyen todo lo que tiene que ver con el arte, la cultura o la ciencia.

En algunas ocasiones, los sistemas de organización estatales impiden el progreso de las ideas, quizá de modo no intencionado. La dinastía china Song (entre 960 y 1239), y sobre todo la Ming (1368-1662), introdujeron un complicado sistema de exámenes para elegir a los burócratas que podían dirigir mejor el país. Este sistema de «exámenes imperiales» recuerda las actuales oposiciones a funcionario del Estado en la mayoría de los países hispanos. Eran una suerte de exámenes extraordinariamente complicados que exigían memorizar clásicos de Confucio (un total de 431.286 caracteres diferentes). Los más listos, que eran capaces de memorizar doscientos caracteres al día, tardaban seis años en memorizar el texto completo. Los estudiantes también tenían que estudiar otros textos de filosofía, poesía e historia. Hasta el año 1313, los exámenes incluían preguntas de matemáticas y astronomía, pero estas preguntas desaparecieron del temario a partir de aquel año. La idea era que, para que un país funcionara, debía ser gobernado por los mejores, y para escoger a los mejores no había mejor solución que un examen en el que intervinieran todos los niños del país. Un aspecto bueno de este sistema es que permitía que los hijos de los campesinos y los ciudadanos más pobres de China compitieran por las posiciones privilegiadas, por lo que este mecanismo actuaba como una especie de ascensor social.

El problema era que dichas posiciones de élite atraían a todas las grandes mentes del país, que se pasaban años memorizando temas para aprobar los exámenes y, por lo tanto, no disponían de un solo minuto de su tiempo para reflexionar sobre otros temas que quedaban fuera de los cuestionarios imperiales. Lo único que importaba a los intelectuales chinos eran los exámenes, y nada que no estuviera incluido en ellos merecía su interés (algo parecido ocurre a los jóvenes de nuestros colegios que estudian para el examen de ingreso en la universidad: durante un año no les importa nada que no entre en ese examen). Como es lógico, si lo único en lo que había que pensar era en los doscientos temas que entraban en las oposiciones, los intelectuales del país dejaron de pensar en las fronteras del conocimiento. Volviendo a nuestro símil: cesaron de abrir puertas. Y al cesar de abrir puertas, dejaron de ampliar la gran casa del conocimiento. Algunos investigadores, como Yifu Lin,[4] creen que este es el verdadero motivo que explica el declive de la cultura china después de su época dorada durante la Edad Media.

Un tercer factor que puede impedir el progreso tecnológico es que las élites económicas y empresariales que se ganan la vida con las tecnologías anteriores intenten evitar por todos los medios la entrada de nuevas ideas que les quiten el negocio. Cuando la revolución industrial llevó la mecanización a las fábricas inglesas, los artesanos que hasta aquel momento habían hecho la ropa a mano se agruparon y empezaron a atacar las fábricas modernas quemando y destruyendo las máquinas que les quitaban el negocio. Decían ser seguidores de una figura ficticia a la que llamaron Ned Ludd, y por esta razón el movimiento adoptó el nombre de «ludismo». Hoy en día, el ludismo describe todo movimiento que intenta utilizar la presión política o la violencia para evitar la implementación del progreso tecnológico porque perjudica al grupo que efectúa la presión.

El ludismo existe en todo el mundo. El problema es que hay

---

4. Justin Yifu Lin (1995), «The Needham Puzzle: Why the Industrial Revolution Did Not Originate in China», *Economic Development and Cultural Change*, vol. 43, n.º 2, enero de 1995, pp. 269-292. The University of Chicago Press.

países donde los ludistas ganan sistemáticamente. Y cuando los ludistas ganan, el progreso tecnológico se detiene. Los intereses creados son, por tanto, otra razón que explica el progreso desigual de las ideas en distintos países del mundo.

El cuarto factor que explica el diferente grado de creación o penetración de ideas en distintos países es la apertura, la conexión con el exterior. Seguramente el mecanismo que más ha hecho para facilitar el intercambio de ideas es el intercambio de productos: el comercio. A menudo las ideas están incorporadas a los productos. Quizá tú no has inventado el televisor, pero si compras televisores producidos en otros países, tus ingenieros pueden abrirlos, examinar su interior y deducir cómo funciona la tecnología. Es más, los mercaderes viajan y observan qué se hace en otras partes del mundo. Así, los países que están más abiertos al comercio exterior también son lo que están más expuestos a las ideas inventadas en otros puntos del planeta. Pero ocurre que no todos los países del mundo y de la historia tienen o han tenido el mismo interés por comerciar.

Un experimento que ocurrió de manera natural y que nos permite comprobar la importancia de estar conectado lo tenemos en el descubrimiento de América en el año 1492. Hemos explicado que durante la edad del hielo los humanos llegaron a todos los rincones del planeta (y en particular pudieron caminar hasta América por el estrecho de Bering). Al acabar la glaciación, hace unos 12.000 años, el hielo se fundió, el agua volvió al mar y el nivel de los océanos subió de nuevo. Los seres humanos quedaron aislados en distintas partes del planeta: unos se quedaron en los continentes de Europa, Asia y África (todos ellos conectados por tierra). Otro grupo se quedó en las Américas. Un tercer grupo se quedó en Australia. Y, finalmente, hubo grupos minúsculos que se quedaron en las islas del Pacífico.

Durante miles de años estos grandes grupos de personas permanecieron aislados unos de los otros, aunque dentro de cada grupo sí había comunicación: los mercaderes y los viajeros que iban de un lugar a otro observaban y llevaban las ideas arriba y abajo. Las cosas que se inventaban en Europa (como la agricultura o la rueda), tarde o temprano llegaban a Asia y a las zonas de África que estaban comunicadas. Podían tardar décadas, siglos o milenios, pero tarde o temprano llegaban a todas partes porque había comunicación a través de viajeros, mercaderes o emigrantes. Del mismo modo, las ideas que se inventaban en Asia (como la pólvora o el papel moneda), tarde o temprano llegaban a Europa y a África. Sin embargo, ninguna llegaba a América: si los americanos querían utilizar la rueda, la pólvora o la agricultura, tenían que inventarlas ellos, ya que no podían copiar de los euroasiáticos. Las ideas que inventaban los mayas o los aztecas en Mesoamérica llegaban tarde o temprano a los incas del sur, pero no llegaban ni a Europa, ni a Australia, ni a las islas del Pacífico. Y así sucesivamente.

La parte interesante del experimento se produce cuando los europeos redescubren América en 1492, y al cabo de pocos años llegan a Australia y a las islas del Pacífico. En aquel momento, después de más de 14.000 años de separación, el grupo más adelantado tecnológicamente era el de Europa, Asia y África. De hecho, fueron los europeos quienes llegaron a América y no al revés, ya que, con la tecnología de la que disponían, ni los incas, ni los mayas, ni los aztecas habrían sido capaces de navegar hasta Europa. ¿Por qué eran más avanzados los euroasiáticos? ¡Pues porque había más gente comunicada! Al haber más gente, había habido más ideas a lo largo de los siglos. Y como había habido comunicación en el interior de Europa, Asia y África, todas estas ideas habían ido llegando a todas las regiones del grupo.

Lo más curioso es que el segundo grupo más adelantado tecnológicamente era el segundo grupo más poblado: las Américas (del Norte y del Sur). El tercer grupo desarrollado era el tercero más poblado: Australia. Finalmente, los grupos tecnológicamente más atrasados eran las pequeñas islas del Pacífico, porque al tener poca población habían inventado muy pocas ideas a lo largo de los siglos. Y estando completamente aisladas, no habían tenido la oportunidad de saber qué se había inventado en el resto del mundo.

Cuanto más aislados están los grupos humanos, más atrasados

se quedan. Cuanto más conectados, más avanzan. Y cuando unos líderes políticos deciden aislar a sus ciudadanos del resto del mundo, los condenan a quedarse atrás.

Un quinto factor que explica las diferencias en el grado de conocimiento son los incentivos que diferentes sistemas políticos y legales dan a la gente que investiga y obtiene nuevas ideas. Uno de los dos historiadores que han obtenido el Premio Nobel de Economía, Douglass North, dice que la revolución industrial tuvo lugar en Inglaterra en el año 1760, porque fue en Inglaterra, en 1760, donde se introdujo el sistema de patentes. Las patentes son instrumentos legales que permiten a los inventores ser los únicos que venden y rentabilizan los resultados de sus inventos. Es decir, si hay patentes, las ideas no pueden ser copiadas. Y si las ideas no pueden ser copiadas, los inventores son los únicos que pueden vender los productos que salen de sus inventos. Gracias a ello los inventores pueden ganar mucho dinero con sus inventos, lo que les incentiva a inventar. Según Douglass North, no es casualidad que el ritmo de creación de ideas se haya acelerado enormemente a partir de la introducción del sistema de patentes. Sin duda antes de 1760 había habido progreso en el conocimiento humano. Pero a partir de 1760 el progreso se aceleró hasta alcanzar ritmos jamás vistos en la historia de la humanidad.

Finalmente, hay un sexto factor que explica por qué unos países amplían las fronteras del conocimiento y otros países no: el sistema educativo. Trataremos este tema con más detalle en el capítulo 4, pero dejadme mencionar aquí que algunos sistemas educativos dan prioridad a la memorización por encima de la creatividad, a la solución de problemas por encima de la formulación de preguntas, y a la disciplina por encima de la curiosidad. Los jóvenes que estudian en este tipo de sistemas educativos suelen sacar buena puntuación en los exámenes PISA... pero suelen tener dificultades para crear, innovar y ampliar las fronteras de la gran casa del conocimiento.

Resumiendo, son muchas las razones —de índole religiosa, empresarial, política, institucional o educativa— que explican por qué unos países tienen más facilidad para ser creativos y adoptar ideas nuevas y otros tienen menos. Lo que resulta evidente es que, sea como sea, los países ricos son los que son capaces de descubrir y utilizar ideas.

¿Basta con tener ideas?

Después de ver que el motor del progreso humano son las ideas, cabe preguntarse si basta con tener ideas. La respuesta es que no, con ideas no basta. También es preciso que haya un entorno institucional que dé los incentivos necesarios para que la gente utilice las ideas de un modo eficiente.

Para darnos cuenta de que la tecnología sin incentivos no es suficiente, imaginemos que alguien inventa una máquina de refinar milagrosa. Una máquina autónoma del tamaño de un coche, que se desplaza por sí misma buscando productos fibrosos que los humanos no pueden digerir que son infinitamente abundantes en nuestro entorno, y los transforma en proteínas, calcio, lípidos y otros polímeros aptos para el consumo humano. Imaginad, además, que esta pequeña refinería busca ella misma su propio combustible, mantiene la temperatura estable y no le hace falta estar conectada a la red eléctrica. Además, cuando colisiona con otros objetos y sufre rasguños, ella misma se repara y cicatriza. Finalmente, imaginad que una vez gastada, la propia minifactoría produce una o dos máquinas iguales para que sigan transformando los elementos indigeribles abundantes en alimentos para los humanos.[5]

Si esta pequeña destilería mágica existiera, a buen seguro se acabaría el hambre en el mundo, ¿no? ¡Pues no! Porque esta máquina ya existe desde hace miles de años, ¡y se llama vaca lechera! La vaca lechera es una máquina autónoma del tamaño de un coche, que come hierba (un producto fibroso que los humanos no

5. Paul Romer, *The Concise Encyclopedia of Economics*, segunda edición, Liberty Fund, 2007.

pueden digerir) y la transforma en leche y carne. También se autoabastece de energía, cicatriza ella misma sus heridas y produce terneros antes de morir.

La vaca de leche existe desde hace miles de años. No obstante, a pesar de ser una destilería perfecta, no ha conseguido erradicar el hambre en el mundo. Porque con la tecnología no es suficiente. Además de tener nuevas ideas y nuevas «máquinas», los ciudadanos han de tener los incentivos correctos para explotarlas y hacerlas rentables. En el capítulo 1 hemos explicado por qué la carnicera se levanta muy pronto, va al mercado mayorista a buscar la carne y la lleva a su tienda para que nosotros la tengamos disponible cuando vamos a comprar: lo hace porque quiere ganarse la vida, y en el entorno institucional actual sabe que si lleva el tipo correcto de carne y la vende a un precio que interesa a los clientes, va a ganar dinero; este incentivo es lo que le induce a hacer lo que el resto de ciudadanos queremos.

Ya hemos visto en el capítulo 1 que no todos los sistemas institucionales dan estos incentivos. El sistema económico medieval, por ejemplo, no lo hacía, de modo que el campesino que pensaba nuevas maneras de ser más productivo no ganaba nada, puesto que el señor feudal se quedaba con todo lo que superaba lo necesario para sobrevivir. El sistema comunista de la URSS tenía un problema similar. Para que los humanos inventen nuevas técnicas y las exploten con el fin de mejorar su nivel de vida, es preciso que las instituciones les den los incentivos para progresar. Y no todos los países del mundo y de la historia lo hacen.

¿Tiene límites el crecimiento?

Una de las preguntas más frecuentes que suelen hacernos a los economistas que estudiamos el crecimiento es si este tiene límites: si para crecer necesitamos recursos materiales, dado que estos son limitados, el crecimiento debe ser por fuerza limitado, ¿no?

¡Pues no necesariamente! Si el crecimiento económico está

basado en las ideas, es posible que el nuevo conocimiento nos permita obtener más productos con menos recursos materiales. Por lo menos, esto es lo que está ocurriendo en algunos sectores clave de nuestra economía.

Un buen ejemplo de ello es la producción de alimentos. Se calcula que, para sobrevivir, nuestros antepasados cazadores recolectores necesitaban unos seis kilómetros cuadrados de tierra cada uno de ellos. En la Tierra hay unos 150 millones de kilómetros cuadrados de tierra. Si a esto le restamos los desiertos y las montañas quedan unos 63 millones. A seis kilómetros cuadrados por persona, la Tierra podría mantener entre 10 y 11 millones de personas. Por consiguiente, para mantener a 7.000 millones de ciudadanos viviendo de la caza y la recolección se necesitarían aproximadamente 700 planetas como la Tierra. Con la tecnología alimentaria de los cazadores recolectores sería imposible que los 7.000 millones de personas que hoy vivimos en el mundo pudiéramos sobrevivir. Y sin embargo, ¡aquí estamos! ¿Cómo es posible? La respuesta es muy simple: hoy en día, para alimentarnos no utilizamos la caza ni la recolección, sino una agricultura y una ganadería altamente tecnificadas. Cuando hace 12.000 años empezamos a domesticar plantas y animales, no éramos más eficientes que los cazadores recolectores. Pero fuimos teniendo ideas nuevas que mejoraron poco a poco la productividad: empezamos a seleccionar las especies de trigo, cebada, guisantes, vacas, gallinas o cerdos que resultaban más productivas (fueron las primeras incursiones en el mundo de los alimentos modificados genéticamente). Introdujimos la irrigación, el arado y la azada. Utilizamos bueyes y caballos como ayuda para labrar la tierra, les pusimos herraduras y correas en el pecho. Ideamos la rotación de cultivos, el barbecho y los fertilizantes, los canales con compuertas para canalizar el agua, los insecticidas, los pesticidas, los invernaderos, los tractores, las segadoras y las trilladoras mecánicas. Automatizamos procesos. Hicimos la revolución verde que multiplicó los cultivos. Incluso creamos unas granjas de peces llamadas piscifactorías. Con todos estos adelantos, hoy solo necesitamos 0,00059 kilómetros cuadrados de suelo para alimentar a cada persona. Es decir, para producir alimentos suficientes para los 7.000 millones de personas que viven actualmente en el planeta, solo necesitamos utilizar cuatro millones de kilómetros cuadrados. El resto, hasta los 63 millones de kilómetros cuadrados disponibles, lo ocupamos en forma de bosques, carreteras, casas, estadios de fútbol, parques, pueblos o ciudades.

Todo esto no significa que no estemos transformando el planeta y que seguramente estemos causando daños irreparables a nuestro entorno que se traducen en la extinción de especies y otros desastres, lo que significa, no obstante, es que el crecimiento y el progreso económico no necesariamente implican una utilización cada vez mayor de recursos naturales. ¡En el caso de la producción de alimentos utilizamos menos!

Otro ejemplo lo encontramos en la comunicación a larga distancia. En la actualidad enviamos unos 182.000 millones de correos electrónicos, 64.000 millones de whatsapps y 500 millones de tweets cada día. Si treinta años atrás hubiésemos preguntado cuántos planetas Tierra necesitaríamos para producir los árboles imprescindibles para enviar tal cantidad de mensajes por carta de papel, con toda seguridad habríamos llegado a la conclusión de que se necesitarían cuatro o cinco planetas Tierra. Sin embargo hoy, gracias a la tecnología, lo hacemos en un solo planeta y sin cortar un solo árbol.

Un tercer ejemplo hace referencia al mundo de la fotografía. La empresa Kodak estimó que el año en el que fueron hechas más fotos con el método tradicional (fotografía con film y revelado con papel y una variedad de productos químicos tóxicos) fue 1999, año en el que se hicieron unos 80.000 millones de fotografías. Hoy en día no se sabe a ciencia cierta cuántas fotos se hacen cada año con las nuevas cámaras digitales incorporadas a casi todos los teléfonos inteligentes. Pero sí sabemos que entre todos subimos unos 550.000 millones de fotos anualmente a Facebook, WhatsApp e Instagram. Como es natural no subimos a internet todas las fotos que hacemos. Si, por ejemplo, subimos una de cada veinte, podemos estimar que hacemos unos dos billones de fotos cada año. ¿Cuántos árboles hemos tenido que cortar y cuántos productos químicos tóxicos hemos usado para revelar todas estas fotos? ¡Ninguno! Porque la tecnología de fotografía digital no utiliza químicos para revelar ni soportes de papel para fotografía. Una vez más, más productos con menos recursos materiales gracias a la idea de la fotografía digital.

Lógicamente no estoy diciendo que el crecimiento humano sea necesariamente ilimitado, porque hay actividades humanas en las que el ahorro de recursos materiales, de momento, no ha sido posible. Lo que digo es que, si el progreso humano está basado en las ideas y en el progreso tecnológico, es posible que el conocimiento nos permita obtener más cosas utilizando cada vez menos, y no más, recursos materiales. La pregunta es: ¿seguirá siendo así?

Y las ideas, ¿tienen límite?

Un hecho que provocaría el fin del crecimiento sería que las ideas se acabaran. ¿Es posible que las ideas se nos acaben algún día? Sí, es posible. Hay quien cree que la obtención de ideas es cada vez más complicada. Por ejemplo, cuando los estudiantes de un colegio deben hacer un trabajo (de investigación) original, enseguida se desesperan y llegan a la conclusión de que «¡todo está ya inventado!». Los estudiantes piensan que los que llegaron al mundo antes que ellos lo tuvieron más fácil para inventar porque estaba todo por inventar. Ahora, en cambio, todas las ideas «fáciles» ya están inventadas y solo quedan las difíciles. De alguna manera, los estudiantes piensan que las ideas son como los cocos o los peces: quienes se suben primero a la palmera se quedan con los cocos, que están en la parte más baja del árbol. Los que llegan más tarde tienen que trepar más arriba y les resulta más difícil conseguir cocos. Los pescadores que madrugan pescan los peces que están en la superficie y lo tienen más fácil. Los que llegan tarde lo tienen más complicado para conseguir una buena captura.

Si el mundo fuera realmente así, las ideas serían cada día más difíciles de conseguir y serían finitas. Los primeros inventores llegaron y descubrieron lo más fácil de descubrir. Y a medida que realizamos descubrimientos, los costes de inventar se incrementan. Entonces, llegará un día que los costes serán tan elevados que no serán asumibles, y el conocimiento se detendrá.

Esta es una visión pesimista del mundo… pero ¡no es la única! Cuando preguntaron a Isaac Newton cómo se las había arreglado para descubrir la teoría de la gravitación universal, él respondió que le había resultado muy fácil. «El trabajo difícil lo hicieron los filósofos griegos (Aristarco de Samos, que pensó que la Tierra giraba alrededor del Sol y no al revés; Nicolás Copérnico, que redescubrió la idea después de haber permanecido sepultada durante siglos; Johannes Kepler, que descubrió que los planetas se movían describiendo órbitas elípticas, y no circulares, alrededor del Sol; y Galileo Galilei, que descubrió el telescopio y esto le permitió ver con claridad que, efectivamente, las órbitas eran elípticas).» «Una vez supimos que los planetas no tenían una trayectoria circular sino elíptica, fue evidente que aquello que los movía era la fuerza de la gravedad», decía Newton. En realidad, Newton lo resumió en una frase que pasó a la historia: «Yo pude ver más lejos que los demás porque estaba de pie a hombros de los gigantes». Los gigantes son todos los pensadores que hubo antes que Newton: Aristarco de Samos, Copérnico, Kepler o Galileo. ¡Habiendo hecho estos gigantes sus descubrimientos, el resto era fácil!

Fijaos que la visión de Newton sobre las ideas —visión que hoy en día se conoce con el nombre de «efecto a hombros de los gigantes»— es exactamente contraria a la visión de los estudiantes. Las ideas nuevas se construyen sobre ideas antiguas. Las primeras son las difíciles. Una vez descubiertas las difíciles, las que quedan son cada vez más fáciles. Desde la perspectiva de Newton, las ideas no solo no se acabarán, sino que, al ser cada día más asequibles, el ritmo al que ampliaremos el conocimiento humano se acelerará.

¿Quién tiene razón, los estudiantes o Newton? No lo sabemos. O por lo menos yo no lo sé. Ahora bien, lo que sí sabemos es que el ritmo al que los humanos hemos ido teniendo ideas a lo largo de la historia no parece haber desacelerado, sino todo lo contrario: ¡cada vez inventamos con mayor celeridad!

Imaginad que un humano de hace 100.000 años, justo cuando desarrollamos el lenguaje, se hubiera dormido y se hubiera despertado hace 11.000 años, justo antes de que empezáramos a domesticar plantas y animales y a vivir en casas fijas formando pueblos y ciudades. A pesar de que habrían transcurrido 90.000 años, probablemente el *Homo sapiens* en cuestión habría notado muy poco cambio.

A continuación, imaginemos que un habitante de algún pueblo de Mesopotamia se queda dormido en el año 8000 a.C. y se despierta en el año 1492, justo antes del redescubrimiento de América. Seguro que al despertar ve cambios importantes: utensilios de metal, la escritura, la rueda, barcos sofisticados, dominio con mano de hierro de la religión cristiana y muchas batallas campales. Sin embargo, los cambios aun son relativamente pequeños, comparados con los que están por venir, sobre todo si tenemos en cuenta que han pasado 9.000 años.

Si un individuo se hubiera dormido en 1492 y no se hubiera despertado hasta 1900, habría encontrado un mundo irreconocible con máquinas de vapor, trenes, coches, teléfonos, máquinas fotográficas, aparatos eléctricos, máquinas de coser, dinamita o bombillas, y escucharía cosas tan sorprendentes para él como, por ejemplo, que la Tierra gira alrededor del Sol gracias a la fuerza de la gravedad, que los humanos enfermamos por culpa de unos animalitos que no se ven —llamados gérmenes— o que los hombres no venimos de Adán y Eva, sino de los monos. Son grandes cambios, sobre todo teniendo en cuenta que habrían transcurrido «tan solo» 450 años.

Ahora bien, estos cambios quedarían en nada al lado de lo que vería nuestro bisabuelo si se despertara hoy después de haber estado durmiendo desde el año 1900. ¡El pobre hombre se moriría del susto!: aviones, radares, árboles de Navidad con luces, cine, secadores de pelo, televisores, chicles, yoyós, microscopios electrónicos, reactores nucleares, hornos de microondas, pañales de celulosa, Velcro, Legos, tarjetas de crédito, biquinis, píldoras anticonceptivas, fibra óptica, láseres, Valium, coches eléctricos, microprocesadores, cubos de Rubik, mujeres con pechos de silicona, postits pegados en las paredes de las oficinas, ordenadores con ratón, superconductores, Prozac, teléfonos inteligentes, cámaras de fotografía digital, pantallas de alta definición, robots que pasean por la casa aspirando suciedad, Viagra, internet, YouTube, Google, Facebook, Twitter, nanotecnologías, inteligencia artificial o bitcoins. También descubriría que el universo se creó a partir de una megaexplosión, o Big Bang, hace 14.000 millones de años, que los humanos visitamos la Luna varias veces hace poco menos de cincuenta años, o que tenemos una estación en el espacio a la que viajamos regularmente.

Y bien, ¿quién sabe hacer una galleta?

Estamos llegando al final de nuestra pequeña excursión por la economía de las ideas y todavía no hemos dado respuesta a la pregunta con la que abríamos este capítulo: ¿quién sabe hacer una galleta?

Si lo pensamos bien, veremos que la respuesta es: ¡nadie! No hay nadie en el mundo que sepa hacer una galleta. No, no es ningún chiste, ni tampoco me he vuelto loco. Lo digo en serio: no hay nadie que sepa hacer una galleta. Si damos los ingredientes (harina, huevos, leche, azúcar, el horno y el resto de lo que se necesita para hacer una galleta) a la cocinera, esta será capaz de hacer galletas. Nada que objetar. Pero debemos darle los ingredientes. Porque la cocinera no sabe cómo se hace la harina, ni cómo se cultiva el trigo que se utiliza para elaborarla, ni sabe cómo se cultiva la caña o la remolacha que genera el azúcar, tampoco sabe criar las gallinas que dan los huevos ni las vacas que dan la leche. Tampoco sabe construir el horno a partir del acero, el aluminio, la goma, el cristal o el plástico, ni cómo fundir el hierro que se utiliza para fabricar el acero, ni cómo extraer el aluminio de la bauxita, ni cómo extraer el petróleo necesario para hacer los plásticos o las gomas que hay en el horno. Insisto: no hay nadie en el mundo que sea capaz de hacer una cosa tan simple como una galleta.

A pesar de no haber nadie en el mundo que pueda hacer una galleta, entre todos los humanos sí podemos hacerla. Porque cada uno de nosotros sabe hacer una pequeña parte de todo lo que producimos. Nadie sabe todo, pero entre todos sí sabemos todo. La grandeza del ingenio humano es que hemos llegado a saber tantas cosas, nuestro conocimiento es tan grande, que no hay nadie que sea capaz de albergar toda esta información en su cerebro. Y para guardar toda la sabiduría hemos creado una especie de cerebro colectivo de toda la humanidad, un cerebro que crece cada vez que alguien tiene una nueva idea. Cada uno de nosotros es como una pequeña neurona de esta enorme máquina de la que solo tenemos que conocer una pequeña parte. Gracias al cerebro colectivo, somos capaces de hacer cosas que ni tan solo entendemos. La cocinera puede cocinar las galletas sin tener la menor idea de cómo se crían las vacas o cómo se construye un horno. Todos podemos navegar por internet sin saber cómo funciona un computador o qué es un microchip. Lo importante para cada uno de nosotros no es que seamos capaces de aprender todo lo que sabe la humanidad. Lo que cuenta es que seamos capaces de tener pequeñas ideas y de estar conectados con los otros nodos de esta gran red de conocimiento que es la gran casa de las ideas.

Azul

3

El falso 9

Innovación empresarial

1 de mayo de 2009. Faltan menos de veinticuatro horas para que el Barça se enfrente al Real Madrid en el Santiago Bernabéu, en un partido que va a decidir la liga española. Es la primera temporada de Pep Guardiola al frente del primer equipo. Pep lleva días mirando vídeos del equipo blanco. Sabe que el de mañana será el partido más importante de la temporada y quizá el partido más importante de su incipiente carrera de entrenador: el Barça le lleva cuatro puntos de ventaja al Madrid y solo quedan cinco jornadas. Si el Barça pierde, la distancia todavía será de un punto, pero la dinámica estará a favor de los blancos: los de la capital han ganado diecisiete de los dieciocho últimos partidos y han recortado ocho de los doce puntos de ventaja que los azulgranas tenían el 10 de febrero. La prensa de la capital habla de «canguelo» y de «cagómetro», y recuerda que hace dos años el Barça de Rijkaard se desinfló en la parte final del campeonato y regaló la liga al Real Madrid. Tienen la esperanza de que, si mañana el Real Madrid gana el partido, este año volverá a suceder lo mismo.

El presidente azulgrana, Joan Laporta, ha intentado quitar presión al equipo declarando que «si perdemos no pasa nada porque aún tendremos un punto más que el Madrid». Pero Guardiola sabe que no es verdad: «¡Claro que pasa algo!», explica a los jugadores. «Lo que pasa es que si ganamos en el Bernabéu, mañana regresaremos a Barcelona siendo campeones. ¡Esto es lo que pasa!» Pep sabe que el Barça está obligado a ganar y que la clave para lograrlo se encuentra en alguno de los vídeos que está viendo y analizando desde hace unas horas. Está solo. Es tarde. Está cansado, pero continua mirando un partido tras otro, jugada tras jugada.

De pronto, repasando el partido Barça-Real Madrid de la primera vuelta de la liga, Guardiola observa algo curioso: cuando los dos centrocampistas blancos presionan a los centrocampistas azulgranas, los dos defensas centrales (Cannavaro y Metzelder) se quedan en su posición y dejan un espacio de treinta metros entre la defensa y el centro del campo blanco. ¡Treinta metros! Algo se ilumina en el cerebro de Pep y rápidamente rebobina el vídeo y vuelve a visionar todo el partido. Observa que cada vez que los medios del Real Madrid presionan el centro del campo azulgrana, los defensas se quedan detrás y aparecen los treinta metros entre las dos líneas. Mira de nuevo otros partidos del Real Madrid. Y ve nuevamente los treinta metros. Y treinta metros... Y treinta metros... Pep pulsa el botón de la pausa, apoya los pies encima de la mesa, las manos en la cabeza y mira al techo. Sonríe. ¡Ya tiene la solución! Levanta el auricular del teléfono y seguidamente llama a Lionel Messi: «Leo, vente al estadio inmediatamente. Tengo que mostrarte unos vídeos».

Media hora más tarde Messi se asoma por la puerta, y Guardiola, excitado, le invita a entrar y le cuenta el hallazgo. Messi observa atentamente las jugadas que le muestra su entrenador y, al ver los treinta metros, se le iluminan los ojos. Intuye que mañana va a ocurrir algo gordo. Deciden no explicar nada a nadie. Al día siguiente el equipo vuela hacia Madrid. Unos minutos antes de empezar el partido, Pep comunica la estrategia al resto de los jugadores: van a empezar el partido como siempre, con Messi en la derecha, Samuel Eto'o de delantero centro y Thierry Henry en la izquierda. Pero lo harán solo para engañar a Juande Ramos y al *staff* técnico del Real Madrid. La idea es que en el minuto 15, Messi y Eto'o intercambien sus posiciones: Eto'o pasará a la derecha y Messi se situará en el centro de la delantera. Pero no en el centro pegado al área, sino en una posición un poco atrasada, junto a los jugadores del centro del campo. Es la posición que se conoce como de «falso delantero centro» o «falso 9». La idea es que Messi, con treinta metros por delante, aproveche su extraordinaria velocidad para ganar la espalda a Cannavaro y Metzelder. Pep Guardiola sabe que, al ver la masacre que les puede causar el pequeño genio argentino con treinta metros para poder correr, Juande Ramos intentará frenar la hemorragia adelantando la posición de uno de los dos centrales. Pero si adelanta al central derecho, Cannavaro, se abrirá un espacio por la izquierda que podrá aprovechar Henry. Si, por el contrario, intenta tapar a Messi adelantando a Metzelder, se abrirá un hueco por la derecha por donde podrá entrar Eto'o.

A las ocho de la tarde empieza el partido con el Barça jugando como siempre: con Messi en la derecha y Eto'o en el centro de la delantera. Pero justo antes de llegar al minuto 15, Higuaín marca para el Real Madrid. Pep debe tomar una decisión ejecutiva: ¿mantiene su plan o sigue como hasta ahora? Decide mantener el plan. Son las ocho y cuarto del 2 de mayo de 2009: Messi y Eto'o intercambian posiciones y en aquel preciso instante cambian la historia del Barça, la historia de Messi y la historia del fútbol.

Cambia la historia del Barça porque, tres minutos después, Leo controla el balón, Cannavaro intenta pararlo, se abre el espacio por la izquierda, Messi pasa el balón y Henry marca el gol del empate. Dos minutos más tarde, el gran capitán Carles Puyol marca de cabeza. En el minuto 35, Messi recibe un pase de Xavi, corre en medio de la defensa y marca el 3 a 1. Ya en la segunda parte, después de un segundo gol del Real Madrid, vuelve a marcar Henry, vuelve a marcar Messi y, finalmente, marca Gerard Piqué. El Barça destroza el Real Madrid por un total de 2 a 6 en un partido que quedará grabado en la memoria de los aficionados al fútbol de todo el mundo.

La victoria del Barça sentencia la liga e inaugura un mes de mayo memorable en el que gana su primer triplete: además de la liga española, suma la Copa del Rey contra el Athletic de Bilbao y la UEFA Champions League, que gana en Roma contra el Manchester United de Cristiano Ronaldo. Durante los siete meses siguientes, el Barça gana también la Supercopa de España, la Supercopa de Europa y el Mundial de Clubes. Seis de seis. Es el único equipo en la historia que ha ganado todos los títulos en una sola temporada. Pero la cosa no acaba ahí. Entre 2009 y 2012, Pep Guardiola gana catorce de los diecinueve títulos disputados. Sin lugar a dudas, su equipo es el mejor Barça de la historia.

Pero el día 2 de mayo no solo cambia la historia del Barça, sino también la de Lionel Messi. Hasta aquel momento, Leo era un buen jugador. Un grandísimo jugador. Pero a partir de aquel día, se convirtió en el mejor jugador del mundo y seguramente en el mejor jugador de la historia. Si desde la posición de extremo derecho realizaba una media de 0,4 goles por partido, desde la posición de falso 9 la media casi se triplica y pasa a ser de 1,1 goles por partido. Desde entonces, no hay récord que Messi no consiga romper. Gana cuatro balones de oro consecutivos, un hito jamás logrado por ningún otro futbolista. En el año 2012 marca 91 goles y destroza así el legendario récord de 85 goles que Gerd Müller detentaba desde 1972. Se convierte en el máximo goleador de la historia del Barça (superando los 232 goles de César Rodríguez) y de la historia de la liga española (superando los 253 goles del mítico Telmo Zarra). Aunque, por el momento, aún no ha conseguido ganar el mundial con Argentina, cada vez hay más gente que considera a Messi el mejor jugador de todos los tiempos, superando a los míticos Pelé, Di Stefano, Cruyff y Maradona.

Y, finalmente, aquel día también cambió la historia del fútbol, porque todos estos éxitos deportivos se consiguen practicando un fútbol bonito, espectacular, rápido y brillante. Un fútbol como nunca habían visto los expertos, motivo de admiración entre los aficionados de todo el mundo. El día después de derrotar al Manchester United en la final de la Champions, el *Daily Telegraph* escribía: «Un Barcelona brillante barrió al Manchester United. Aunque todo ocurría a 100 millas por hora, cada pase, cada carrera y cada toque de balón eran elegantes. El Barça jugó un estilo de fútbol que quizá no volveremos a ver más». ¡Esto lo decían los ingleses!

El 2 de mayo de 2009 cambió la historia del Barça, cambió la historia de Leo Messi y cambió la historia del fútbol. Y todo ocurrió porque Pep Guardiola, sentado en su despacho, tuvo una idea.

Competitividad

¿Qué es lo que hace que un país sea más productivo, más competitivo en el marco internacional? Hay quien cree que para ser competitivo hace falta tener salarios y otros costos muy bajos para poder vender los productos más baratos que la competencia. Pero no se puede competir haciendo cosas más baratas porque mueres de éxito: si haces las cosas bien, creces y, si creces, suben los salarios. Y esto hace que dejes de ser competitivo. Cuando no puedes hacer cosas más baratas que los demás, puedes intentar hacerlas mejor. Es decir, puedes apostar por la calidad. Sin embargo, esto tampoco es sostenible, porque si continuas haciéndolo bien, los salarios continúan subiendo hasta el punto que los costos diferenciales superan la calidad diferencial. Y cuando no puedes hacer las cosas más baratas que los demás ni tampoco puedes hacerlas mejor, solo te queda una alternativa: hacer las cosas de una manera diferente. Es decir, a la larga, para ser competitivo solo hay una opción: hacer cosas nuevas. Innovar.

Que la clave del éxito económico es la innovación es algo que todo el mundo sabe. Lo dijimos en el capítulo anterior donde resaltamos la importancia que tienen las ideas a la hora de explicar el progreso de la humanidad. Lo saben también nuestros líderes políticos, que llenan sus programas electorales con frases grandilocuentes sobre la importancia de la innovación. El problema es que todas sus estrategias de innovación pasan por hacer parques tecnológicos de biomedicina o de tecnologías de la información y la comunicación (TIC), y por aumentar el gasto en investigación y desarrollo (I+D) en la universidad. Ahí radica el problema. La innovación no es exactamente lo mismo que la I+D, ni se debe limitar a promover sectores políticamente atractivos como la biomedicina o las TIC. Imaginad el caso del propietario de un restaurante que ve como enfrente le abren un establecimiento similar, que ofrece una comida similar y a precios más bajos. Él sabe que intentar competir vendiendo las Coca-Colas diez céntimos más baratas es un suicidio. El restaurador no comete el error que cometen los políticos porque sabe que sería la ruina. No solo esto, sabe que el único modo de sobrevivir es hacer algo diferente: una nueva carta, un nuevo menú, una nueva decoración o un nuevo ambiente musical. La solución le llegará de una idea que implementará en su restaurante. Ahora bien, ¿creéis que el restaurador encontrará esta idea en la universidad? ¡Está claro que no!

El mismo problema que tiene el propietario del restaurante lo tienen la mayor parte de las empresas occidentales hoy en día: los asiáticos (principalmente los chinos aunque no solo ellos) han decidido producir todo lo que hasta ahora producíamos nosotros, y lo hacen a mitad de precio. ¿Cómo creéis que tienen que reaccionar nuestras empresas? ¿Bajando salarios para abaratar costos? La solución es hacer cosas nuevas o hacer cosas antiguas de una manera nueva. Las empresas de alimentos, las tiendas de ropa, los proveedores de servicios y los fabricantes de muebles deben innovar. Tienen que idear maneras de hacer las cosas diferentes o con métodos diferentes. Pero, al igual que en el caso del propietario del restaurante, estas ideas a buen seguro no les llegarán de la I+D ni de la universidad.

¿Qué tienen en común?

A menudo tenemos una idea equivocada de lo que es la innovación. Pero ¿qué es exactamente la innovación? Antes de dar la respuesta, dejadme que os pregunte qué pensáis que tienen en común Zara, McDonald's, Ikea, Cirque du Soleil, Starbucks o El Bulli?

Lo primero que claramente tienen en común las empresas mencionadas es que representan grandes ideas empresariales. Ideas que han generado centenares de miles de puestos de trabajo y miles de millones de ingresos y beneficios para sus creadores.

Lo segundo es que todas estas ideas han sucedido en sectores tradicionales. De hecho en sectores milenarios. Hace 40.000 años que el hombre inventó la aguja y realizó la primera prenda de ropa. Pues bien, 40.000 años después, Amancio Ortega innova en el sector de la confección. En las casas primitivas del neolítico ya tenían lo que podríamos considerar muebles. Pues 5.000 años después de aquellos muebles primitivos, Ingvar Kamprad innova en el sector de los muebles con Ikea. Los romanos ya tenían circo. Aun así, más de 2.000 años después, Guy Laliberté innova en este sector milenario. Parece ser que los etíopes bebían café ya en el siglo IX de nuestra era. Once siglos después, los creadores de Starbucks innovan en el sector del café. Por no hablar ya de la cocina. Hace un millón de años que los homínidos utilizamos el fuego para cocer alimentos. Pues un millón de años después Ray Krock y Ferran Adrià innovan en el sector de la alimentación con la creación de McDonald's y El Bulli, respectivamente.

El hecho de que estas grandes ideas empresariales hayan sucedido en sectores tradicionales no es un hecho menor. Demuestra que, a diferencia de lo que piensa mucha gente, la innovación no solo ocurre —y no solo tiene que ocurrir— en los sectores llamados «punta», como la biotecnología, la informática, la robótica o las telecomunicaciones. La innovación puede y debe tener lugar en todos los sectores de la economía, por más tradicionales que sean. Muchos políticos harían bien en aprender esta lección.

Una segunda característica común aún más importante es que ninguna de estas brillantes ideas empresariales fue concebida con el objetivo de conseguir una patente. Ninguna de ellas es fruto de la investigación formal (I+D). De hecho, ninguno de los innovadores que crearon estas empresas era científico o investigador, con su bata blanca, su laboratorio y sus ratones experimentales: Amancio Ortega (Zara) era un trabajador que vendía camisas y albornoces; Ingvar Kamprad (Ikea) era un estudiante de diecisiete años; Guy Laliberté era un malabarista que escupía fuego y hacía malabares con bolos frente a los coches en los semáforos de Montreal; Jerry Baldwin, Zef Siegl y Gordon Bowker (Starbucks) eran profesor de inglés, profesor de historia y poeta, respectivamente; Ray Krock (McDonald's) era vendedor de máquinas de hacer batidos; y Ferran Adrià fregaba platos en un pequeño hotel de Castelldefels.

Esta es una de las lecciones más importantes de la economía de la innovación: la mayor parte de las grandes ideas empresariales no vienen de científicos o investigadores que descubren grandes principios de la ciencia en sus laboratorios de la universidad, unos principios que después son implementados gracias a la cooperación pública y privada entre universidad y empresa coordinada por el gobierno. Las ideas vienen de gente normal como vosotros y como yo: trabajadores, estudiantes, vendedores, profesores de historia, malabaristas, poetas o lavaplatos.

En un libro magnífico titulado *The Origin and Evolution of New Businesses*,[1] el economista e investigador indio Amar Bhide se pregunta de dónde vienen las grandes ideas empresariales. La principal conclusión a la que llega este estudio es que el 72 % de las ideas vienen de los trabajadores. El 20 % de las ideas vienen de gente que no son trabajadores pero tampoco son investigadores (estudiantes, profesores de historia, profesores de inglés, poetas o malabaristas). Solamente el 8 % de las ideas vienen de investigadores formales.

Lógicamente, en sectores como la robótica, las TIC, la automoción, la biomedicina o la farmacia la mayor parte de las ideas sí salen de la investigación. El problema es que estos sectores son

---

1. Fijaos bien en la similitud entre el título del libro de Amar Bhide y el del libro de Charles Darwin sobre el origen y la evolución, no de los negocios... ¡sino de las especies!

una parte muy pequeña de la economía y el resto de los sectores que forman la producción total también tienen que innovar. Veamos el caso de Israel, un país ejemplar cuando se trata de gastar dinero en I+D. Todo el mundo está de acuerdo en que, en el ámbito de la investigación, Israel es un modelo de éxito. Seguramente el mayor modelo de éxito del mundo al menos si lo medimos por el número de patentes, de citas académicas y de investigadores de primera línea mundial. Pues bien, su éxito en el campo del I+D no acaba traduciéndose en producción y riqueza para los ciudadanos, ya que el PIB per cápita de Israel apenas acaba de superar el de Grecia (el gran desastre de Europa), y esto es fruto más de la crisis griega que del propio crecimiento israelí. De hecho, la renta per cápita de Israel es unos 2.000 euros inferior a la de España. Y España no es precisamente un gran ejemplo de éxito innovador...

Nokia, Blackberry y la revolución de los móviles

3 de abril de 1973. Hotel Hilton de la Sexta Avenida de Manhattan. La empresa norteamericana de telecomunicaciones Motorola convoca una rueda de prensa. Ante docenas de periodistas y curiosos, el ingeniero en jefe de la compañía, Martin Cooper, abre una caja de zapatos y extrae de su interior un extraño aparato electrónico. Tiene el aspecto de un ladrillo blanco dotado de una antena y un teclado. Ante la atenta mirada de los presentes en la sala, Cooper teclea unos números y se lleva el aparato a la oreja. Al cabo de unos segundos de espera, pronuncia las palabras siguientes: «Joel, soy Martin. Te llamo desde un teléfono celular. Un verdadero teléfono móvil celular». Estas palabras quedarán grabadas en la historia de la tecnología como las primeras que se pronunciaron a través de un teléfono móvil. El destinatario de la llamada era Joel S. Engel, ingeniero en jefe de Bell Labs, la empresa que había estado compitiendo con Motorola en la carrera por inventar el teléfono móvil celular. Motorola no solo ganó la ca-

rrera, sino que, con esta llamada, restregó su éxito por la cara de sus rivales ante las risas de periodistas y curiosos.

El aparato piloto con el que se hizo esta primera comunicación se llamaba DynaTAC, aunque, a causa de su forma y sus dimensiones, los periodistas lo llamaron «zapatófono». Motorola tardó años en sacar al mercado la primera versión comercial de teléfono, una versión que continuaba teniendo la forma de un ladrillo de 33 centímetros de longitud, pesaba más de un kilo, tenía una batería con 20 minutos de autonomía que tardaba 10 horas en cargarse, y tenía un coste de 3.995 dólares (lo equivalente a 8.500 euros a precios de hoy). Aunque el DynaTAC fue el primer teléfono móvil de la historia, su elevado coste y su escasa funcionalidad lo convirtieron en poco más que un producto de ostentación para ricos.[2] Pero este fue solo un punto de partida. Con el DynaTAC comenzó una carrera para reducir el precio, las dimensiones y el peso de los teléfonos y para aumentar la duración de las baterías. Para ser un producto rentable, tenía que dejar de ser un producto esnob para millonarios y pasar a ser un instrumento útil y asequible para todos.

Nadie interpretó esta realidad mejor que la empresa finlandesa Nokia. Nokia sacó su primer teléfono móvil celular en 1987 (se llamaba Mobira Cityman 900). El Cityman era un poco más pequeño que el DynaTAC de Motorola, pero seguía pesando cerca de un kilo y su precio continuaba siendo prohibitivo. La empresa recibió un inesperado «regalo» de un ilustre cliente: en 1987 Mijaíl Gorbachov realizó una llamada desde Helsinki a Moscú delante de las cámaras de todos los países del mundo. Sin querer, el líder soviético se convirtió en el primer gran anuncio global de Nokia... Y el teléfono acabó conociéndose con el nombre de «Gorba».

---

2. De hecho, en una de las escenas más famosas de la película *Wall Street*, aparece Gordon Gekko (Michael Douglas), el símbolo de la riqueza extrema y el dispendio económico de la época, paseando por la playa de Long Island acercándose un enorme DynaTAC al oído.

A partir de entonces, Nokia entró de lleno en la carrera por convertir el teléfono móvil en un producto de masas. Con este fin, no solo luchó por reducir su tamaño y su coste, sino que intentó convertirlo en un complemento de moda: carcasas de colores intercambiables, tonos y politonos que singularizaban el aparato con la personalidad del usuario, diseños elegantes y modelos cada vez más pequeños. Gracias a su participación en la creación de un sistema de comunicaciones europeo (el GSM), Nokia fue la primera empresa que introdujo la posibilidad de enviar pequeños mensajes de texto (SMS) con el teclado numérico de diez teclas. El éxito del invento fue inesperado y espectacular. Todos recordamos la época en la que empezamos a enviar mensajes a través del teléfono, pese a que para hacerlo tuvimos que aprender a teclear veintisiete letras en un pequeño teclado de diez teclas numéricas que producían una letra u otra según si se pulsaban una, dos o tres veces. Además Nokia fue pionera en la «convergencia» tecnológica entre teléfonos y videojuegos, ya que empezó a incluir en sus teléfonos juegos tan populares como Snake, Bumber, Memory o Rotation.

A partir de ahí llegó el gran *boom* de Nokia. En 1999 sacó el modelo 3210, del que acabó vendiendo 160 millones de unidades. Cuatro años más tarde lanzó el modelo 1100, un modelo que todavía hoy es el más vendido de la historia: ¡250 millones de aparatos! Nokia se había convertido en un fenómeno de masas. Los tonos de Nokia (tanto los de llamada como los de recepción de mensajes SMS) se convirtieron en sonidos familiares en todo el mundo. Su marca y su lema («connecting people») llegaron a ser de los más conocidos del planeta. Cada modelo nuevo era comprado por centenares de millones de usuarios. Los clientes de Nokia, convertidos en un ejército de fans, comprábamos todos los productos que lanzaba la empresa y nos cambiábamos de móvil mucho antes de que el aparato anterior se rompiera o quedara obsoleto. Simplemente queríamos tener el último modelo, más pequeño, más moderno, más bonito o más de moda. De los diez teléfonos más vendidos de la historia, ocho son de Nokia (incluidos los siete primeros, que acumulan unas ventas de 1.250 millones de aparatos). Los otros dos son de Motorola (el famoso ultraplano RAZR de 2004) y de Samsung (el Galaxy).

La popularidad de Nokia se hizo extensiva a todo un país: Finlandia. De pronto, todos los gobiernos del mundo querían ser como el pequeño país nórdico. Todos querían copiar su sistema educativo, su competitividad, su mercado laboral o su estado del bienestar. A través de Nokia, Finlandia pasó a encabezar todos los rankings de eficiencia y competitividad económica de mundo y se convirtió en el modelo a imitar.

Este gran éxito hizo que Nokia ganara dinero a raudales. Sus beneficios parecían ilimitados, ya que tenía a sus pies un ejército global de fans dispuesto a comprar todo lo que ofrecía. Lógicamente, tanta bonanza hizo que los inversores proyectasen unos dividendos futuros gigantescos. La cotización de sus acciones pasó de 2,3 dólares por acción en 1996 a 56,06 dólares en el año 2000. ¡Un rendimiento del 2.500 %!

A todo esto, Nokia gastaba cantidades ingentes de dinero en I+D y generaba miles de patentes cada año. Su gasto en I+D triplicaba el de su competencia.

En el año 2008, Nokia era la quinta compañía del mundo en gasto en I+D en todos los sectores (después de Microsoft, General Motors, Pfizer y Toyota). En la lista de las treinta compañías que invertían más en I+D en el mundo no figuraba ninguna que compitiera con Nokia en el mercado de la telefonía móvil.

Sin embargo, aunque Nokia seguía vendiendo centenares de millones de aparatos telefónicos, los inversores empezaron a ver problemas de futuro. En 1999 una pequeña empresa canadiense, Research in Motion (RIM), lanzó un pequeño aparato rectangular del tamaño de la palma de la mano que permitía ver y enviar los correos electrónicos que llegaban a los ordenadores de casa y de la oficina. La parte superior del aparato era una pantalla monocromática en la que se podían leer los mensajes. En la parte inferior había un teclado con todas las letras. Puesto que tenía que caber en la palma de la mano, las teclas redondeadas eran pequeñas y estaban muy pegadas unas a otras, como si fueran las drupas de una mora. Así fue como nació la Blackberry (en inglés, una *blackberry* es una «mora»). En 2002, RIM incorporó un teléfono celular a su aparato de correo electrónico y varias aplicaciones más y, de repente, la gente podía consultar y llevar su oficina y su teléfono en un único aparato. Blackberry se convirtió en poco tiempo en la marca favorita de las empresas que querían que sus trabajadores no perdieran la conexión con la oficina a lo largo de las veinticuatro horas del día.

A pesar de que los ingenieros de Nokia habían dilapidado miles de millones de dólares en I+D y habían obtenido miles de patentes, no vieron que la tendencia era la convergencia de teléfono y correo electrónico. Y si lo vieron, los altos ejecutivos de la empresa decidieron no apuntarse al carro de la convergencia. Poco a poco fue perdiendo cuota de mercado y aquellos inconmensurables beneficios empezaron a menguar y a convertirse en pérdidas. Las perspectivas de futuro de la empresa finlandesa ya no eran muy alentadoras y los inversores empezaron a sacarse de encima sus acciones. La cotización cayó en picado. La situación fue de mal en peor hasta que, en 2013, Nokia tuvo que ser comprada por Microsoft para evitar la quiebra. Una semana antes de la oferta de Microsoft, las acciones de Nokia valían 3,9 dólares: habían perdido el 93 % de su valor máximo, ¡que había llegado a ser de 56,06! El gigante exitoso de quien todos teníamos que aprender estuvo al borde de la ruina total. ¡Y esto a pesar de haber sido la empresa que gastaba más en I+D!

Lógicamente, el gran beneficiario de la caída de Nokia fue RIM, la empresa que producía las famosas y populares Blackberry. A diferencia de Nokia, Blackberry sí supo adaptarse perfectamente al mundo en el que el correo electrónico y el teléfono convergían en un único aparato. El lema de Blackberry habría podido ser perfectamente «connecting with your office». En 2008 las acciones de RIM valían 138,9 dólares. Su gasto en I+D pasó a figurar entre los más altos del mundo, y sus ingenieros patentaban centenares de innovaciones cada año.

Pero, pese a gastar ingentes cantidades de dinero en investigación, los ingenieros de RIM no se dieron cuenta de que los clientes ya no solo queríamos tener nuestro correo incorporado al teléfono, sino que queríamos tener el computador entero. Y además del computador entero, queríamos que el teléfono nos permitiera hacer fotos y vídeos de calidad, reproducir nuestras canciones favoritas, ver películas de cine y programas de televisión, leer periódicos y jugar a matar cerdos lanzando pájaros. En definitiva, queríamos que nuestro teléfono fuera un *smartphone* (o «listófono», para los puristas). De la misma manera que Nokia no había sabido adaptarse al cambio, RIM no supo adaptarse a la nueva situación y perdió cuota de mercado en favor de Apple (iPhone) o de Samsung y el sistema operativo de Google (llamado Android). En el año 2008 Blackberry tenía el 45 % del mercado y ganaba unos 3.000 millones de euros. En 2014 ya solo tenía el 0,5 % y perdió 600 millones. Las acciones de RIM cayeron en picado hasta que un fondo de inversión las compró a 7,55 dólares por acción: ¡desde 2008 habían perdido el 94 % del su valor!

La lección principal de las historia de Nokia y de RIM es que ambas dedicaron cantidades industriales de dinero a mantener su liderazgo tecnológico invirtiendo en I+D. Pero ni las estratosféricas inversiones ni los miles de patentes que dichas inversiones generaron sirvieron para evitar que estas dos compañías fueran vendidas a precio de saldo.

Nokia y RIM, dos grandes empresas innovadoras que han pasado de ser líderes tecnológicos a dinosaurios empresariales en menos de una década. Dos ejemplos que demuestran que jamás se debe confundir I+D con innovación. No deben confundirlo las empresas, no deben confundirlo los académicos y, sobre todo, no deben confundirlo los políticos, obsesionados como están por inaugurar clústeres y parques tecnológicos, y por ponerse medallas para promover sectores sobresalientes. El destino de Nokia y Blackberry demuestra que confundir I+D con innovación se paga con la extinción. Como los dinosaurios.

¿Qué es, pues, la innovación?

Si la innovación no es I+D, entonces ¿qué es? La respuesta a esta pregunta es muy sencilla: la innovación es la creación y la implementación de ideas por parte de gente normal. ¡Creación e implementación! Por tanto, para inducir un país a la innovación, hace falta crear el entorno para que la gente normal (y no solo los científicos) tenga ideas, y dicho entorno se debe crear para que les sea fácil implementarlas. Así de sencillo.

La pregunta es: si la gente innovadora no ha obtenido sus ideas de la investigación formal, ¿cómo las ha obtenido? ¿Qué características tienen los grandes innovadores? En las próximas secciones destacaré los seis rasgos fundamentales que caracterizan la personalidad de los innovadores, a partir de las experiencias reales de empresas reales.

Zara: el protagonismo de la pregunta

Uno de los grandes innovadores de nuestro tiempo es Amancio Ortega, creador del gran imperio Inditex, propietario de la marca Zara. Preguntado sobre si él es consciente de ser un innovador y de que su empresa se pone como ejemplo de creatividad en las escuelas de negocios de todo el mundo, responde que él no hace nada especial. Salvo una cosa, y con una insistencia enfermiza: preguntar. Ortega se lo cuestiona absolutamente todo, y explica que él hace dos preguntas. La primera es «¿por qué?». Esta pregunta es fruto de su interés por entender las cosas. Si no obtiene una respuesta satisfactoria, entonces se pregunta «¿por qué no?». Esta segunda pregunta le lleva a hacer volar la imaginación. ¿Y si lo hacemos de otra manera?

Desde que el hombre inventó la aguja hace 40.000 años hasta principios del siglo xx, el mundo de la moda era muy sencillo: los pobres se hacían su propia ropa y los ricos tenían modistas fabulosos (normalmente franceses o italianos) que diseñaban vestidos específicamente para ellos. La situación cambió en 1920 cuando el diseñador francés Christian Dior inventó el «prêt-à-porter» y transformó la industria de la moda. A partir de aquel momento, las grandes empresas contrataban diseñadores estrella, una especie de prima donas de la moda (normalmente franceses o italianos) capaces de adivinar cuáles iban a ser los gustos de los ciudadanos a un año vista. A través de algún tipo de inspiración casi divina, estos gurús acababan decidiendo si el color que todos llevaríamos la próxima primavera sería el amarillo o el verde, si los pantalones serían anchos o estrechos, altos o bajos, de hilo o de algodón, y si llevaríamos rayas, flores o cuadros.

Una vez hechos los diseños, las grandes multinacionales de la moda iban a países con mano de obra barata (de Asia, norte de África o América Latina) y producían millones de unidades de cada una de las prendas. Después se transportaba todo a las tiendas de los países ricos, donde se intentaba vender al precio más alto posible. Este proceso, que se repetía dos veces al año (en primavera-verano y en otoño-invierno), duraba unos dieciocho meses. Sí, lo habéis leído bien: ¡desde que el gurú bajaba a la Tierra tras haber consultado con los dioses del buen gusto y diseñaba la ropa hasta que esta llegaba a las tiendas para ser vendida al gran público, transcurría un año y medio!

Ya en la tienda, la ropa permanecía unos seis meses adicionales a la espera de ser vendida, y la que no se vendía durante este período se intentaba sacar en las rebajas a mitad de precio, porque había que crear espacio para la nueva colección que tendría nuevos colores, nuevos materiales y nuevos diseños. Todo lo que no se vendía en las rebajas acababa «pasando de moda».

Un día, un joven vendedor de camisas de nombre Amancio Ortega se preguntó por qué. ¿Por qué las empresas tienen el género tanto tiempo expuesto para acabar vendiendo el 40 % de la ropa en las rebajas? ¿Por qué se hacen dos colecciones cada año? ¿Por qué la ropa la diseñan unos gurús que a menudo no saben exactamente cuáles son los gustos de la gente y que, con demasiada frecuencia, acaban diseñando prendas que no gustan a nadie?

¿Por qué producimos en países lejanos si esto no hace más que alargar el proceso de producción?

La respuesta que le dieron sus colaboradores fue: «Porque así lo decidió Cristian Dior en 1920». Pero esta no era una respuesta aceptable para Amancio Ortega quien, defraudado, abandonó la empresa donde trabajaba y creó Zara. Era el año 1975. Desde Zara, Ortega continuó preguntando: ¿por qué no lo hacemos de diferente manera? Por ejemplo, ¿por qué en lugar de confiar en la inspiración divina de los gurús, no preguntamos a la gente qué quiere y diseñamos nuestros modelos basándonos en esta información? De hecho, una de las obsesiones de Ortega era averiguar qué quería realmente la gente y no confiar en los gurús del buen gusto. Por esto cada noche iba a la su nueva tienda y pedía a los vendedores que le explicaran qué había preguntado la gente y qué había pedido. Aquella obsesión por saber qué querían los clientes se convirtió en método de trabajo. Ortega obligó a las dependientas a llevar una especie de agenda electrónica (o PDA) en la que debían apuntar absolutamente todos los comentarios que hacían los clientes. No sé si os habéis fijado en ello, pero aún hoy en día, cuando vais a Zara, hay vendedores que apuntan todo lo que pedís y todo lo que decís. Si pedís un jersey azul, ellos apuntan: «jersey azul». Si pedís pantalones lilas sin pinzas, ellos apuntan: «pantalones lilas sin pinzas». Además de emplear los datos que se recogen en las tiendas, Zara envía observadores a universidades, bares, discotecas y centros frecuentados por jóvenes para ver qué llevan y qué les gusta. Cada noche, toda esta información se envía al centro de datos de la central de Zara, en Artetixo, donde la utilizan diseñadores jóvenes que no son superestrellas sino que han salido hace poco de las escuelas de diseño. La edad media de los diseñadores de Zara es de veintiséis años. La consecuencia de escuchar a los clientes en lugar de hacer caso de los gurús de la moda es que el porcentaje de diseños que se consideran fracaso —los modelos que los clientes no quieren— es de tan solo el 1 % (frente al 10 % que registra el resto del sector). Ello reduce espectacularmente la cantidad de dinero que va a parar a la basura por culpa de errores de diseño. ¡Aparte del ahorro que supone prescindir de los enormes salarios que cobran los divos!

Pero Ortega no se quedó ahí, y continuó preguntando. ¿Y si en lugar de diseñar dos colecciones cada año, diseñamos una cada quince días y así podemos adaptarnos más fácilmente a los gustos de la gente? Zara decidió producir su propia ropa en fábricas próximas a los puntos de venta. Es decir, en lugar de encargar la producción de los tejidos y las prendas a fábricas de países remotos con salarios irrisorios, Zara produce casi toda su ropa en fábricas propias ubicadas muy cerca de los centros de venta (las fábricas más grandes están en Arteixo, cerca de la Coruña, Galicia).[3] Zara tiene 6.500 tiendas en 85 países diferentes, pero 4.000 de ellas se encuentran en Europa y, de estas, la mitad en España, de modo que mantiene los grandes centros de producción en Europa y el norte de África. Gracias a la proximidad de las fábricas, el tiempo que transcurre desde que se diseña una prenda hasta que esta llega a la tienda es de tres semanas, en lugar de los dieciocho meses que necesita el resto del sector.

Este tiempo tan corto de diseño y producción da mucha flexibilidad. Por ejemplo, permite realizar diseños a media temporada, ya que si los vendedores-observadores ven que a los jóvenes les gusta llevar una determinada tela, un determinado color o un determinado diseño, Zara lo diseña y lo produce en cuestión de semanas y la ropa llega a la tienda antes de que la temporada haya acabado.

Las preguntas continuaron: ¿Y si en lugar de producir millones de unidades de unos mismos pantalones producimos pocas? Al no ver razón alguna para no hacerlo así, Zara optó por producir muy pocas unidades. Esto tiene dos ventajas. La primera es que, al producir muy pocas unidades de cada modelo, las tiendas

3. Digo «casi todas» porque Zara sigue manteniendo fábricas en lugares lejanos y con bajos costes laborales. Aparentemente, en estas fábricas lejanas producen las prendas que no «pasan de moda» muy rápidamente como calcetines o ropa interior.

de Zara tienen los diferentes diseños durante muy pocos días, de modo que cuando ves una prenda que te gusta, ¡o la compras o la pierdes! Esto contrasta con lo que pasa en la competencia: cuando el cliente va a H&M y ve un modelo que le gusta, puede esperar varias semanas porque sabe que lo seguirán teniendo hasta que se acabe la temporada. Es más, sabe que si tiene la paciencia y se espera, conseguirá la prenda en las rebajas a mitad de precio. Zara acaba vendiendo solo el 15% de su género en las rebajas, mientras que el resto del sector vende en las rebajas entre el 30% y el 40%.

La segunda ventaja de producir pocas unidades de cada modelo es que induce a los clientes a ir a Zara con mucha más frecuencia que a las tiendas de la competencia. A H&M solo es necesario ir un par de veces al año, porque la ropa es más o menos la misma durante toda la temporada, ya que cambia solo dos veces al año. De hecho, el cliente típico de H&M visita la tienda solo tres veces al año. Por el contrario, el cliente típico de Zara visita la tienda diecisiete veces al año.

Por tanto, tenemos que los clientes de Zara visitan las tiendas con mucha más frecuencia, que cada vez que las visitan tienen una probabilidad más elevada de comprar (porque de no hacerlo corren el riesgo de no poder comprar nunca más aquel modelo) y, además, pagan el precio completo, no el precio rebajado.

¿Cuál es el resultado de todos estos cambios? Que Zara es la marca de más éxito en el mundo de la moda. Diseña y produce más de 12.000 modelos distintos cada año. Inditex (la empresa matriz creada en 1985 que, además de Zara, tiene bajo su paraguas a otras marcas como Massimo Dutti, Berksha, Pull and Bear o Stradivarius) ingresa más de 17.000 millones de euros pese a no gastar ni un solo euro en publicidad, da trabajo a 130.000 trabajadores, obtiene unos 2.000 millones de beneficios y su fundador se ha convertido en el segundo hombre más rico del mundo con unos 66.000 millones de euros en el banco. ¡Y todo gracias a la constante manía que tiene Amancio Ortega de preguntar!

La necesidad de preguntar y de cuestionarse todo es la primera característica de los innovadores. Los innovadores son «cuestionadores» consumados que sienten pasión por indagar. Sus dudas desafían constantemente al *statu quo*. Sin preguntas no hay ideas y no hay innovación.

Ikea: el poder de la observación

La segunda característica importante de los innovadores es que son muy buenos observadores. Los innovadores miran atentamente el mundo que los rodea. Observan a sus clientes, sus productos y servicios, las tecnologías que les podrían ayudar, se fijan en la competencia, analizan lo que ocurre en otros sectores y en otras compañías. Sus observaciones les ayudan a tener ideas sobre nuevos productos o nuevas maneras de hacer las cosas.

El fabricante de muebles de mayor éxito de todos los tiempos es, sin duda, Ikea, una empresa creada en 1943 por Ingvar Kamprad, un joven estudiante sueco de diecisiete años. Como premio por las buenas notas que había sacado, su padre le dio dinero. Y él, en lugar de continuar estudiando, tomó el dinero y creó una empresa de compra y venta de bolígrafos, tarjetas de felicitación, cerillas, mecheros y medias de nailon. Le puso el nombre de Ikea, un acrónimo formado por sus dos iniciales (Ingvar Kamprad), seguidas de las iniciales del nombre de la granja donde creció (Elmtaryd) y de su pueblo (Agunnaryd) al sur de Suecia. Aquella primera tienda tenía un área de tan solo dos metros cuadrados. Como disponía de tan poco espacio, decidió empezar a vender con unos catálogos que enviaba por correo ordinario. La lista de productos empezó a ampliarse y en 1947, acabada la Gran Guerra, añadió los muebles. Le fue tan bien que en 1951 abandonó todos los demás productos y se centró en la producción y venta de muebles.

Hoy en día Ikea es una gran multinacional que tiene 353 megatiendas en 46 países, emplea a más de 147.000 trabajadores, factura unos 21.000 millones de euros, vende 12.000 tipos de productos y tiene 500 millones de clientes cada año. Se dice que Ikea compra el 1% de toda la madera que se produce en el planeta.

La clave del éxito de Ikea ha sido utilizar el diseño, pero no para encarecer el producto como hacen la mayoría de los diseñadores de muebles, sino para abaratarlo. La gran idea del gigante sueco fue el *flat pack* («embalaje plano»).[4] Es decir, decidió diseñar todos los muebles de manera que se pudieran vender desmontados y empaquetados en cajas de cartón. Los costos de almacenaje de muebles totalmente montados son tan astronómicos que las tiendas normales solo tienen algunos de muestra. El cliente escoge a partir de aquellas muestras y unas semanas (o meses) más tarde, cuando ya ni recuerda lo que había comprado, los muebles le llegan a casa. En cambio, los muebles de Ikea, al estar empaquetados en cajas, se pueden almacenar en la propia tienda, de modo que el cliente se los lleva el mismo día que los compra. Además de ahorrar en costos de almacenaje, la empresa traslada los costos de transporte y montaje al cliente, ya que todos los productos llevan las instrucciones y los tornillos y las llaves necesarias para montarlos en casa. Con el diseño *flat pack*, Ikea genera una reducción de costes tan espectacular que puede vender sus muebles mucho más baratos que la competencia.

Pero ¿sabéis de dónde salió la idea de diseñar los muebles al estilo *flat pack*? Se cuenta que en el año 1956 uno de los diseñadores de Ikea, un tal Gillis Lundgren, encargó a una empresa de publicidad unas fotos de la mesa más vendida del catálogo: la Lovet. La Lovet era una mesa de tres patas con el tablero en forma de hoja de árbol.[5] El fotógrafo tenía la intención de fotografiar

4. El *flat pack* no es la única gran idea que ha tenido la gente de Ikea. Otra innovación de éxito fue el diseño de las tiendas, en las que los clientes deben seguir un camino predeterminado que les obliga a pasar por todas las zonas y a ver todos los muebles expuestos. De esta manera los clientes que, por ejemplo, van a comprar una cama son tentados por los muebles de cocina, los muebles de oficina, los de la habitación de los niños y, finalmente, por las albóndigas suecas que se venden en el restaurante que hay junto a la caja.

5. En 2013, Ikea decidió volver a vender su famosa mesa de tres patas aunque con un cambio de nombre. Ahora ya no se llama Lovet sino LövBacken. Lo digo por si os interesa adquirir una parte de la historia de la empresa por el módico precio de ¡59,99 dólares!

la mesa en medio de un bosque. Cuando intentó cargarla en su coche se dio cuenta de que no cabía. Como él no tenía ni idea de muebles, no se le ocurrió nada mejor que serrar las patas de la pobre mesa. Con el tablero separado de las patas, el fotógrafo introdujo la mesa en el coche sin dificultad y fue al bosque a hacer las fotografías. Gillis Lundgren estaba observando la escena, y en lugar de enfadarse con el fotógrafo ignorante por haber estropeado su obra de arte, se preguntó: «¿Por qué no diseñamos nuestras mesas con patas desmontables para que los clientes puedan meterlas en el coche tal como ha hecho el fotógrafo?». Inmediatamente fue a explicarlo a sus jefes, y el propietario de la empresa, Ingvar Kamprad, quedó fascinado. Cinco años más tarde, Ikea diseñaba y vendía desmontados y en paquetes fácilmente transportables no solo las mesas sino todos los muebles de su catálogo. Así nació el *flat pack*, la idea que acabó convirtiendo Ikea en la empresa de muebles de más éxito de la historia, una idea que tuvo lugar gracias al hecho de que un trabajador… ¡estaba observando!

Fijaos que digo «observando», no «mirando». ¿Cuántos de nosotros y cuántos diseñadores habríamos podido estar mirando al fotógrafo serrando las patas de la mesa sin que se nos ocurriera cambiar el diseño de los muebles? ¿A cuántos de nosotros se nos habrían pasado por alto los treinta metros de espacio que los defensas del Real Madrid dejaban ante sí cuando los mediocampistas presionaban al adversario? Los grandes innovadores son personas que observan, ven y analizan los detalles que el resto de los mortales pensamos que son insignificantes pero que acaban siendo la clave de su éxito.

Los grandes innovadores observan con atención lo que hacen los adversarios de la competencia antes de decidir sus estrategias, observan el comportamiento de sus clientes antes de lanzar productos, observan qué motiva o disgusta a sus trabajadores cuando buscan soluciones nuevas a sus problemas de recursos humanos, observan las nuevas tecnologías y piensan cómo pueden aprovecharlas para mejorar sus empresas, observan lo que se cuece en diferentes ámbitos de la ciencia, la música, la cultura o el deporte, y piensan cómo podrían aprovechar todos estos descubrimientos, aunque, a primera vista, no parezca que tengan nada que ver con su actividad empresarial. Recordad que Amancio Ortega también está obsesionado con observar todo lo que comentan los clientes que visitan las tiendas de Zara. Y que Pep Guardiola visualiza docenas de partidos del adversario antes de enfrentarse a él.

La capacidad de observar es, por lo tanto, la segunda gran característica que tienen todos los grandes innovadores. ¡A veces las ideas están ante nuestras narices y no somos capaces de verlas! Los innovadores son aquellos que sí las ven. ¿Cuántas cosas son obvias, pero necesitamos que nos las expliquen para darnos cuenta de que lo son? ¿Y cuántas veces nos tiramos de los pelos por no haber visto antes algo que teníamos delante?

Starbucks: la búsqueda de perspectivas diferentes

El tercer rasgo característico de los innovadores es su interés por ver el mundo desde diferentes ópticas. A los innovadores les gusta hablar con personas de orígenes distintos para poder aprovechar sus diferentes perspectivas. También les gusta tener vivencias de lo más variado. Quieren ver el mundo desde todos los ángulos.

¿Os habéis fijado que las mesas de Starbucks son redondas? Si os habéis fijado en ello, ¿os habéis preguntado alguna vez por qué? Pues bien, la historia empieza el 30 de marzo de 1971, cuando tres ex compañeros del colegio, un profesor de inglés, Jerry Baldwin, un profesor de historia, Zef Siegl, y un poeta, Gordon Bowker, fundaron una empresa de venta de café. La primera decisión importante que tuvieron que tomar fue escoger el nombre de la compañía. Bowker, que era muy fan del libro *Moby Dick*, propuso ponerle el nombre del barco ballenero: *Pequod*. Pero su asesor creativo dijo: «¡Nadie va a querer nunca beber una taza de Pee-quod!» (en inglés, *pee* significa «pipí»). Así que finalmente decidieron ponerle el nombre del primer oficial del *Pequod*: Starbuck.

Al principio, la empresa Starbucks no se dedicaba a hacer *espressos*, *macchiatos* o *lattes* para que los clientes se los tomaran en la tienda que tenían en Seattle, sino que vendía café en grano para que se lo prepararan en su casa. Eso sí, solo tenía variedades de alta calidad para especialistas, gourmets y amantes del café. A fin de que los clientes pudieran decidir cuál era el café que querían comprar, se les ofrecía una cata en la propia tienda. Esto los llevó a comprar filtros para máquinas de café. En el año 1981, un vendedor de filtros, Howard Schultz, visitó la tienda de Seattle y se quedó asombrado por el conocimiento que los propietarios de Starbucks tenían del mundo del café. Un año más tarde, le ofrecieron la dirección de marketing.

Un día, Schultz tuvo que viajar a Italia. Paseando por Milán se dio cuenta de que había bares de café en todas las esquinas (de hecho, en toda Italia hay más de 200.000). Y en los locales de café que había en todas partes no solo se servían *espressos* o *cappuccinos* extraordinariamente buenos, sino que, además, eran puntos de encuentro en donde los italianos hacían vida social. En Estados Unidos esto no existía: los norteamericanos compraban unos recipientes enormes de café aguado en cualquier tienda y se lo bebían en el autobús de camino a la oficina. ¡Ningún americano se sentaba a una mesa con un café delante y se pasaba horas charlando con los amigos! Schultz regresó a Seattle cautivado por el concepto de «local de café» que tenían los italianos y decidido a implementar esta idea en su compañía. Pero los tres propietarios no le hicieron caso. Pensaron que convertir Starbucks en un local para tomar café era desviarse demasiado de la idea originaria de vender café en grano, que tan buenos resultados les había dado hasta el momento.

Esta respuesta frustró a Schultz de tal manera que en 1985 abandonó Starbucks y creó un local de café al que puso el nombre de Il Giornale (que es el nombre de uno de los periódicos más populares de Milán). El éxito fue tal que, dos años más tarde, compró Starbucks por 3,8 millones de dólares. Y así, finalmente, pudo implementar su idea: un bar en el que los clientes se sintieran bien acogidos y pudieran pasar la tarde mientras degustaban los cafés más exóticos del mundo. Schultz quería que Starbucks se convirtiera en el «tercer lugar» de los ciudadanos (los otros dos son la casa y el trabajo). Un tercer lugar donde la gente de Seattle pudiera ir a relajarse en un ambiente tranquilo y acogedor mientras tomaban café; Schultz vendía toda la experiencia, la misma experiencia sensacional que tuvo cuando visitó Italia por primera vez. Y, claro está, para comprar esta experiencia los clientes pagaban un precio más alto de lo que realmente costaba la taza de café. ¡En esto consistía el negocio!

El éxito del nuevo modelo de negocio fue tan espectacular que Starbucks empezó a abrir réplicas de su tienda original, todas ellas diseñadas para hacer que tomar el café fuera una experiencia agradable. En lugar de sillas incómodas pensadas para que el cliente se tomara un refresco y se marchara rápidamente (para dejar sitio a nuevos clientes), Starbucks puso sofás donde la gente puede sentarse cómodamente todo el tiempo que le apetezca. Las paredes estaban decoradas con cuadros como los que tenemos en casa para dar sensación de hospitalidad. Las luces no eran blancas y frías como las de los restaurantes de comida rápida, sino amarillentas y cálidas para que los clientes se sintieran bien recibidos. Una de las grandes ideas de Schultz fue ser de los primeros que puso wifi en todos sus locales. Recuerdo que cuando empezaba a conocerse el wifi pero en los hoteles aún no tenían, y yo llegaba de viaje a una ciudad que no conocía, lo primero que hacía era buscar un Starbucks para poder conectarme a internet. En aquel tiempo, a los bares y restaurantes normales no les gustaba tener wifi porque incentivaba a la gente a quedarse trabajando horas y horas sin tomar nada. Esto último era lo que no querían los propietarios. Pero Starbucks era distinto: como quería vender una experiencia y no una taza de café, poner wifi era una manera más de decir a todo el mundo que eran bienvenidos en aquella casa. De ahí que la imagen de Starbucks que todos tenemos en nuestras mentes sea la de un lugar cosmopolita donde hay personas trabajando con sus ordenadores o leyendo sus iPads.

Esta es, de hecho, la razón por la que las mesas son redondas: las mesas cuadradas como las que tienen en la mayor parte de los bares parecen diseñadas para acoger a cuatro personas, puesto que hay cuatro costados con cuatro sillas. Cuando una persona sola se sienta en una mesa cuadrada, las tres sillas vacías son un recordatorio constante de su soledad. Las mesas redondas, por el contrario, pueden acoger perfectamente a una, dos, tres, cuatro o a más personas, sin que nadie tenga la sensación de que falta gente o de que está solo. Las mesas redondas son el símbolo de la filosofía que ha llevado al éxito a Starbucks: nosotros no solo vendemos café, vendemos una experiencia para que todos los clientes se sientan cómodos y relajados... ¡también el cliente que está solo!

Es evidente que la transformación de Starbucks ha sido un éxito sensacional. Fijaos que, a diferencia de Zara o Ikea, que innovan para reducir costos y precios, el objetivo de la innovación de Starbucks no es abaratar precios, sino más bien lo contrario: puesto que no solo nos vende café, sino que también nos ofrece una experiencia para disfrutar de un rato agradable, Starbucks se puede permitir el lujo de cobrar casi el triple que los bares normales por un café con leche (al que, dicho sea de paso, no llaman café con leche sino *latte*; efectivamente es cursi, pero es lo que hay). Gracias a esto y al hecho de que hoy en día haya 22.551 locales repartidos por 65 países diferentes y que dan trabajo directo a 191.000 trabajadores que venden centenares de millones de cafés anualmente, Starbucks ingresa cada año más de 15.000 millones de euros y obtiene unos 2.000 millones de beneficios. Gracias a Starbucks, Howard Schultz se ha convertido en una de las personas más ricas del mundo, con una riqueza acumulada que se estima por encima de los 2.000 millones de euros. Y todo a raíz de aquel viaje que en 1982 hizo a Italia, donde quedó fascinado por el placer que experimentaban los italianos cada vez que visitaban un café.

Con el viaje a Milán, Schultz adquirió una perspectiva sobre el negocio que antes no tenía. Y esta es una característica de los innovadores: la búsqueda de perspectivas diferentes.

Para ver la importancia de las perspectivas, a menudo pienso en las ideas como si fueran dados. Imaginad que tenéis un dado, pero solo podéis verle una cara. Si veis la cara del 6 pensaréis que el objeto que tenéis delante es una especie de pared roja con seis puntos blancos. Pero alguien que lo mire por la cara del 2 pensará que un dado es una pared roja con dos puntos blancos. Fijaos que si os hacen describir el objeto, vosotros diríais que es una pared roja con seis puntos blancos y la otra persona dirá que es una pared roja con dos puntos blancos. Los dos observadores estaréis describiendo el mismo objeto diciendo de él cosas distintas. Y a pesar de ello, ambos tenéis razón... y, al mismo tiempo, ambos estaréis equivocados ya que ambos tendréis una visión incompleta de lo que, en realidad, es un dado. Si hablarais y os contarais vuestras diferentes perspectivas, seguramente acabaríais teniendo una visión mucho más completa del objeto. Pero incluso en este caso, la visión seguiría siendo incompleta. Para saber realmente qué es un dado, tendríamos que caminar alrededor del dado y observar la pared del 1 y la del 5 y la del 3 y la del 4, o hablar con alguien que estuviera viendo el dado desde estas otras perspectivas. Solo si ampliáis las perspectivas acabaréis viendo que el objeto es un dado con seis caras, cada una de ellas con un número diferente de puntos entre el 1 y el 6.

Pues bien, en cierto modo con las ideas ocurre lo mismo que con el dado y sus diferentes caras. Las ideas tienden a ser complejas y raramente las descubrimos por arte de magia. Primero surge una parte de la idea, una parte incompleta y parcial. A menudo, para depurar y ampliar la idea, el innovador habla con personas que ven las cosas desde otras perspectivas (como el dado rojo con puntitos blancos) o, si no, viaja por el mundo para adquirir experiencias que le permitan descubrir aspectos de la idea que nunca habría podido ver sin viajar. El innovador teje redes de personas diversas y de experiencias diferentes. Estas redes le permiten mejorar, sofisticar y depurar sus ideas originales hasta convertirlas en herramientas útiles para la innovación.

El Bulli: la importancia de la experimentación

En el mundo de la empresa moderna nadie representa mejor la capacidad de innovar que Ferran Adrià y su legendario equipo de chefs de El Bulli. Trabajando de lavaplatos en el hotel Playafels de Castelldefels, Ferran Adrià aprendió las técnicas y los platos esenciales de las cocinas catalana y española. Estos conocimientos básicos le sirvieron para cumplir el servicio militar en la cocina, donde continuó practicando y aprendiendo. Al acabar la mili, y después de haber trabajado en varios restaurantes, Ferran Adrià fue contratado como auxiliar de cocina en la Hacienda El Bulli, un restaurante situado en la cala Montjoi de Roses,[6] creado por los alemanes Hans y Marketa Schilling en el año 1961. El director del restaurante era Juli Soler[7] y el chef de cocina era el francés Jean Luis Neichel, de quien Adrià aprendió las técnicas de la cocina francesa. Cuando en 1987 Neichel se marchó para abrir un restaurante en Barcelona, Ferran Adrià fue ascendido a jefe de cocina. Más tarde, él y Juli Soler compraron el restaurante a Schilling. Y a partir de aquel momento El Bulli empezó una carrera ascendente que le llevó a ser el mejor restaurante del mundo durante cinco años (2002, 2006, 2007, 2008 y 2009), un hito que nunca nadie ha igualado.

El éxito de El Bulli se basó en la experimentación constante, en la búsqueda implacable de los límites de la cocina, convirtiendo en posible lo que parecía imposible. Ferran Adrià introdujo la creatividad en la cocina hasta convertirla en un arte equiparable a la pintura o la escultura. De hecho, en 2007 Ferran fue el primer chef de cocina invitado a participar en la muestra Documenta de arte contemporáneo, un honor hasta entonces restringido a artistas plásticos.

---

6. Roses es una ciudad situada en la zona más septentrional de Cataluña, muy cerca de la frontera francesa.

7. A su llegada, Juli Soler cambió el nombre del restaurante y le quitó la palabra «Hacienda» que tanto gustaba a los propietarios alemanes, pero que tan poco apropiada era para un restaurante catalán.

A fuerza de experimentar, Ferran Adrià no solo creó nuevos platos, sino que inventó nuevas técnicas que permitían crear miles de platos nuevos. Uno de los primeros inventos fueron las espumas, una técnica que permite dar textura de espuma sin tener que batir el producto, como sí se debe hacer, por ejemplo, con la nata o las *mousse* de chocolate. La técnica de Ferran Adrià permitía hacer espumas de casi todos los productos: mango, limón, caviar, *foie gras*, queso, *crème brûlée*, gin-tonic, mojito, patata, castaña o la legendaria espuma de humo de 1997. Inventada la técnica, el límite para la creación de nuevos platos era la imaginación.

A las espumas pronto se les añadieron las deconstrucciones. La deconstrucción es una técnica que consiste en crear platos nuevos a partir de otros tradicionales, pero cuyos ingredientes o componentes están separados («deconstruidos») y a los que se dan diferentes texturas o temperaturas. El resultado es un plato de aspecto diferente, pero con el sabor del original. Veamos, por ejemplo, la tortilla de patatas con cebolla. La deconstrucción consiste en hacer una espuma de patata, un sorbete de huevo y un caldo de cebolla. Los tres componentes se vuelven a «unir», por ejemplo, en un vaso de jerez y el cliente bebe el resultado como si fuera un chupito. Al mezclarse los tres componentes en el paladar el resultado es sorprendente, ya que uno tiene la sensación de que está bebiendo una tortilla de patatas. Eso sí, con una textura (y quizá una temperatura) muy diferente de la original. Con esta técnica, El Bulli creó y sirvió docenas de platos «deconstruidos»: desde un arroz a la cubana hasta una paella, pasando por un gazpacho o un tiramisú.

Otra técnica con la que los chefs de El Bulli experimentaron bastante y que representó un punto de inflexión en la alta gastronomía es la esferificación. Esta técnica (que, de hecho, fue descubierta por la empresa Unilever en los años cincuenta, pero no fue introducida en la alta cocina hasta que Ferran Adrià y su equipo la redescubrieron) presenta un alimento líquido —por ejemplo el jugo de la oliva o de la manzana— en forma de pequeñas esferas (de ahí su nombre). Al masticarlas, estas pequeñas bolitas estallan en la boca del comensal y suelta todo el líquido sin dejar ninguna piel ni ningún residuo sólido. ¡Como si fueran huevas de salmón! La grandeza de esta técnica es que permite «esferificar» cualquier líquido y, por lo tanto, abre la puerta a miles de posibles y sorprendentes combinaciones: desde caviar de melón o mango, hasta bolas de ravioli o las famosas falsas olivas que todavía hoy son el plato estrella del restaurante Tickets, cuyo chef es el hermano de Ferran, Albert Adrià.

Las innovaciones de El Bulli no se detienen aquí. También incorporó las gelatinas calientes, el aire, los helados no dulces y otras herramientas para experimentar y crear centenares de platos que hasta entonces nadie había podido imaginar. Dicen los expertos que el 90% de las innovaciones hechas en el mundo de la cocina desde 1990 se idearon en la cocina de El Bulli. Ferran Adrià y su magnífico equipo de chefs son el paradigma de la innovación a través de la experimentación constante.

Un día le pregunté a Ferran Adrià cuál era el secreto de su capacidad de crear e innovar, él me respondió: «Yo, a los veinticinco años, empecé a preguntarme el porqué de todo» (fijaos en el paralelismo con la necesidad de cuestionarse todo de Amancio Ortega). «Por ejemplo, me pregunté: "¿Por qué ponemos pan con mantequilla en la mesa?". Y al no encontrar una respuesta obvia, quitamos el pan de la mesa y lo incorporamos a cada uno de los platos. Cuando nosotros innovábamos, no teníamos fronteras. El objetivo era encontrar el límite. ¡Queríamos abrir caminos! Y sabíamos que lo habíamos encontrado cuando nos odiaban. La gente no odia un restaurante. Cuando dicen que lo odian, es que has traspasado alguna frontera.» Experimentar intentado traspasar todas las fronteras conocidas: este fue el gran secreto de Ferran Adrià.

Las empresas más innovadoras del mundo de hoy entienden la importancia de la experimentación en el proceso de creación e implementación de ideas, hasta el punto de que muchas han seguido el ejemplo de Google y dejan que sus trabajadores dediquen hasta un 20% de su tiempo a probar cosas nuevas, a experimentar. La mayor parte de estos experimentos acaban en fracaso. Pero los innovadores saben que sin fracaso no hay éxito. Y quien no intenta cosas nuevas, quien no tiene capacidad de fracasar, no aprende nunca.

Cirque du Soleil: la fuerza de la asociación de ideas

Otro de los secretos de los innovadores es su capacidad de asociar ideas aparentemente inconexas. El profesor de Harvard Martin Weitzman dice que casi todas las ideas surgen de la fusión de otras ideas. Las ideas se mezclan, se conectan, se combinan y se vuelven a combinar con otras ideas para formar ideas nuevas. En 1899, los hermanos Wright combinaron sus conocimientos sobre bicicletas, cometas y el nuevo motor de combustión interna para crear una nueva especie: el avión. Henry Ford adaptó la cadena de montaje que en aquel entonces se aplicaba a las carnicerías al mundo del automóvil, y revolucionó la industria.

Gracias al dinero de la familia Medici, en la Florencia del siglo XIV confluyeron centenares de poetas, filósofos, escultores, científicos, pintores y arquitectos. Allá, toda esta gente conectó, y gracias a estas conexiones tuvo lugar el que ha sido uno de los períodos más fértiles y creativos de la historia de la humanidad: el Renacimiento.

En el año 1979, un joven canadiense llamado Guy Laliberté perdió su trabajo en la planta hidroeléctrica en la que trabajaba y decidió no volver a buscar otro. En lugar de trabajar, se dedicó a tocar música y a hacer malabarismos por las calles de su pueblo, Baie-Saint-Paul, durante cuatro años. Vivía en una fonda albergue de artistas, Le Balcon Vert, regentada por su amigo Gilles Ste-Croix. En 1983, el gobierno de Quebec les pidió que organizaran un espectáculo para conmemorar el 450 aniversario del descubrimiento de Canadá. A Laliberté y Ste-Croix se les ocurrió hacer una especie de circo.

En aquella época, los circos estaban en crisis. Competían entre ellos por tener a las principales estrellas, a los payasos más famosos, a los malabaristas de más renombre, a las familias de trapecistas más conocidas, a los leones más fieros y a los elefantes mejor domesticados. Los mejores circos eran los que tenían más pistas, más y más artistas famosos. También competían por tener más animales domesticados: elefantes, tigres, leones, o leopardos. El problema era que aquella enorme cantidad de animales tenía unos costes extraordinariamente elevados y no contribuían a mejorar las finanzas del circo, ya que el público (cada vez más concienciado por el maltrato a los animales por parte de los humanos) se sentía cada vez menos atraído por unos espectáculos en los que unas pobres bestias inocentes eran obligadas a levantar la patita o a chutar un balón a una portería de fútbol. Es más, los salarios de los payasos «famosos», de los malabaristas «famosos» o de los trapecistas «famosos» eran ruinosos, ya que toda esta gente no era nada famosa fuera del ambiente circense. A diferencia de las estrellas de la televisión, el cine o los deportes, que eran conocidas mundialmente, a las supuestas estrellas del circo no las conocía nadie. Así pues, la gente no estaba dispuesta a pagar precios extravagantes para ver aquel tipo de espectáculo con animales humillados y famosos desconocidos. De ahí la crisis secular del sector del circo.

Cuando Laliberté y Ste-Croix recibieron el encargo del gobierno de Quebec, no tenían dinero para comprar animales o para pagar los salarios de las superestrellas de circo de la época. Por consiguiente, tuvieron que hacer algo diferente, algo nuevo, innovador. La innovación consistió en reunir los elementos esenciales del circo (malabaristas, payasos, trapecistas) y crear una historia como si de una obra de teatro se tratara. Dotaron el show de música y belleza estética como si fuera un espectáculo musical de Broadway. En lugar de contratar a superestrellas del circo, contrataron a los jóvenes que vivían con ellos en el albergue Le Balcon Vert y a jóvenes ex gimnastas olímpicos para que actuaran en su nuevo espectáculo.

Es decir, Guy Laliberté y Gilles Ste-Croix seleccionaron los mejores elementos del teatro musical, el circo y la gimnasia olímpica y crearon un género que no era ni teatro musical, ni circo, ni gimnasia olímpica sino lo mejor de los tres. Mezclando los tres conceptos crearon un género nuevo, un mercado nuevo. El espectáculo de los jóvenes canadienses se llamó «Le Grand Tour du Cirque du Soleil» y fue un éxito inmediato.

Fijaos que crearon este género nuevo por necesidad, ya que no tenían dinero para contratar lo que hasta entonces se consideraba que eran los activos principales de un circo: los animales y las superestrellas. Pero fue precisamente la necesidad lo que les obligó a ser creativos y a innovar. Con la nueva idea, no solo crearon un género que acabó cosechando un éxito sin precedentes, sino que, como el éxito no se basaba en una o dos familias de trapecistas famosos, podían hacer muchos espectáculos simultáneamente. Tanto es así que crearon una empresa que se llamó Cirque du Soleil y empezaron a diseñar espectáculos diferentes: el primer show apareció en 1988 y se llamó «Cirque Réinventé», en 1990 hicieron «Nouvelle Expérience», y en 1992, el primer gran éxito mundial «Saltimbanco». Después siguieron espectáculos emblemáticos: «Alegría», «Dralion», «Corteo» o «Varekai». En la actualidad, Cirque du Soleil tiene diecinueve shows por todo el mundo, emplea a más de 5.000 personas e ingresa más de 900 millones de euros anualmente. Una historia de éxito gracias a la conexión de tres ideas que acabaron salvando un sector que estaba a punto de morir.

Otro ejemplo famoso de asociación de ideas que se convierte en empresas famosas tuvo lugar en el año 1979. Un joven emprendedor californiano, propietario de una pequeña empresa de ordenadores, visitó el Palo Alto Research Center (PARC) que la empresa Xerox tenía en Palo Alto, California. El PARC era un centro de investigación donde un grupo de sabios investigaban todo tipo de productos de futuro. No buscaban necesariamente productos que pudieran ser implementados. Estaban más interesados en las posibilidades técnicas y científicas que en las salidas al mercado. Durante su visita al PARC, el joven californiano se detuvo ante un computador que estaba conectado a una cajita. Tened en cuenta que era el año 1979 y que, en aquellos tiempos, los ordenadores eran unas máquinas enormes (llamadas *mainframes*) conectadas a pantallas y teclados. Las pantallas eran negras y las letras, verdes. La manera de interaccionar con la máquina era única y exclusivamente a través del teclado. ¡Y cuando se ponía el símbolo «/» en lugar del «\» se producía un error que casi hacía explotar la máquina!

Pero el ordenador que vio el joven era un poco diferente. Además de una pantalla y un teclado, tenía una cajita conectada mediante un cable. Cuando la cajita se movía, una flecha de la pantalla se movía de manera sincrónica. Cuando se hacía clic en un botón de la cajita, en la pantalla se abría una pequeña ventana con dibujitos. Al parecer, debajo de la cajita había un complicado mecanismo de relojería que permitía sincronizar su movimiento con el de la pantalla. El problema era que aquel mecanismo era carísimo (costaba unos 400 dólares) y por este motivo Xerox no lo había podido sacar al mercado. El joven se quedó fascinado y salió corriendo. Llamó a sus socios, les dijo que dejaran todo y que se pusieran a pensar cómo construir aquella cajita mágica por 15 dólares: «¡Si conseguimos fabricar la cajita por un coste de 15 dólares cada una, habremos hecho el ordenador del futuro!».

Nada más salir del edificio del PARC, el joven fue a una farmacia de Mountain View que todavía hoy se encuentra en el cruce de las calles Grant y El Camino. Concretamente fue a la sección de desodorantes, donde compró todos los desodorantes *roll-on* que había. Los desodorantes *roll-on* son aquellos que tienen una pequeña esfera que distribuye el desodorante cuando lo frotas por la axila. Pensó que si conseguían poner aquella bola debajo de la cajita, al hacerla rodar podrían hacer que se comunicara con el ordenador. Y así lo hizo. Dos años más tarde, su empresa sacó un producto que revolucionó el mundo: el Macintosh. El joven se llamaba Steve Jobs, su empresa se llamaba Apple y la cajita era el ratón.[8]

8. Otras versiones de la misma historia sostienen que quien fue a la farmacia no fue Steve Jobs sino su ingeniero Dean Hovey.

Steve Jobs solía decir que la creatividad consiste en «conectar cosas». Y su primera gran revolución se basó en gran medida en la conexión de dos ideas: el ratón y la bola del desodorante *roll-on*.

Los grandes innovadores como Guy Laliberté y Steve Jobs son capaces de conectar ideas aparentemente desconectadas. Este es el quinto rasgo que caracteriza a los innovadores.

McDonald's: el papel clave de la implementación

Después de pelearse con los nazis para encontrar «el arca perdida», Indiana Jones consigue llevar la Santa Alianza a Estados Unidos. En la última escena de la película unos funcionarios guardan la caja con el preciado trofeo en los sótanos de un gran almacén, junto a miles de cajas similares. Esta escena final da un regusto amargo a la famosa película de George Lucas, ya que hace que todo el esfuerzo de Indiana Jones haya sido inútil.

Menciono esta última escena de *En busca del arca perdida* porque tengo la impresión de que el destino de millones de ideas que millones de ciudadanos y empresas han tenido a lo largo de la historia es similar al del arca: están enterradas en el almacén del olvido. La razón por la que muchas grandes ideas acaban siendo enterradas es que quienes las tuvieron no fueron lo bastante valientes o lo bastante capaces para implementarlas. Las ideas no implementadas son meras curiosidades intelectuales que habitan en el almacén de los olvidos de Indiana Jones, pero que no sirven para nada. La innovación no es posible si la idea no se acaba llevando a cabo. Los empresarios innovadores no son los que solamente son capaces de cuestionar, observar, buscar perspectivas diferentes, experimentar y asociar y, finalmente, tener ideas. Deben ser capaces, además, de implementar dichas ideas para convertirlas en nuevos productos o nuevas maneras de actuar.

En 1954, Ray Kroc, un joven vendedor de máquinas de hacer batidos, recibió un pedido de ocho máquinas proveniente de una pequeña hamburguesería de San Bernardino, en California. Sorprendido por el volumen del pedido, Kroc decidió visitar al cliente, que estaba cerca de un estadio de béisbol. En aquella época, en los estadios aún no había bares que vendieran bocadillos, de modo que los espectadores compraban el sándwich justo antes o justo después del partido. Esto provocaba que aquella pequeña hamburguesería tuviera que vender centenares de hamburguesas en muy poco tiempo a la gente que entraba o salía del estadio. A fin de satisfacer la ingente demanda en un plazo de tiempo tan corto, los propietarios habían decidido organizar una cadena de montaje: el cocinero se dedicaba a cocer las hamburguesas, otro cortaba los tomates, un tercero cortaba el pan, y otro ponía el queso y la hamburguesa al pan. Con esta división y especialización del trabajo conseguían una altísima productividad que les permitía hacer cientos de hamburguesas en muy poco tiempo. Tal como hemos explicado en el capítulo 1, la división del trabajo y la especialización aumentan la productividad de los trabajadores, que son capaces de producir más hamburguesas en menos tiempo.

Habiendo observado esto, Ray Kroc se preguntó si no se podría aprovechar esa productividad para hacer una cadena de restaurantes que sirvieran comida rápida y barata. Propuso la idea a los dos hermanos que regentaban el restaurante de San Bernardino, Richard y Maurice McDonald. En un primer momento, los hermanos McDonald aceptaron y los tres crearon una empresa común que tenía que abrir franquicias por todo Estados Unidos. Pero los hermanos se cansaron pronto. No les gustaba ir tan deprisa como a Ray Kroc quien, impaciente, compró a los hermanos McDonald sus partes de la empresa en 1961 y acabó creando el gran imperio que es hoy en día McDonald's: más de 36.000 franquicias en todo el mundo, más de 400.000 empleados, 26.000 millones de euros de ingresos y unos 5.000 millones de beneficio. La idea original la tuvieron los hermanos McDonald, pero quien se apresuró a implementarla (y quien se llevó los beneficios y la gloria) fue Ray Kroc. Cuando se habla de innovación, la implementación es tan importante o más que la idea misma.

Cabe decir que a menudo las ideas no se implementan por

culpa de la propia dinámica empresarial. En el inicio de este capítulo he explicado el caso de Nokia, el líder mundial en telefonía móvil del inicio del siglo XXI, que gastaba más que nadie en investigación y desarrollo. De hecho, con los miles de patentes que tenía en el año 2000, Nokia habría podido hacer un teléfono inteligente similar al iPhone. Pero nunca lo implementó y nunca lo sacó al mercado. ¿Por qué? Pues porque los altos ejecutivos de la empresa pensaron que el teléfono inteligente acabaría matando el negocio principal (*core business*) de teléfonos normales que tan bien le funcionaba a Nokia. Por eso guardaron las patentes en el gran almacén de Indiana Jones… y pocos años después, Apple se les adelantó. ¡A menudo lo que mata la innovación es el miedo de la propia empresa o de algunos altos cargos ejecutivos de la empresa que figura que innova!

La historia de los fracasos empresariales está llena de ideas que nunca se implementaron por culpa de directivos y ejecutivos cortos de miras. Asimismo, la historia de los éxitos también está llena de ejemplos de emprendedores que supieron implementar antes que nadie una idea que no habían tenido ellos. Aparte del caso de Ray Kroc y McDonald's, tenemos el caso que ya he explicado de Steve Jobs y el Macintosh: Steve Jobs salió deslumbrado de su visita al PARC de Xerox y fue corriendo a implementar la idea de ratón, la clave del éxito de Macintosh. La clave no fue la idea: fue su implementación.

Pep Guardiola

Todo esto nos lleva nuevamente a Pep Guardiola y a su innovación consistente en poner a Messi de falso delantero centro. Seguramente pensaréis que he explicado la historia de Pep el día antes del Real Madrid-Barça porque creo que la idea del falso 9 es un ejemplo de innovación. Pues no, no lo he hecho por esto. De hecho, el falso 9 no fue inventado por Pep Guardiola. Lo inventaron los húngaros en los años cincuenta. Alfredo Di Stéfano jugaba de falso 9. Michael Laudrup jugaba de falso 9 en el mismo equipo en el que Pep jugaba de centrocampista. Por lo tanto, si he explicado el episodio del día antes del 2 a 6 no es porque Pep sea el inventor del falso delantero centro. Entonces ¿por qué he hablado de aquel gran día?

¿Os acordáis de que os he preguntado qué pensabais que tienen en común Pep Guardiola, Zara, Ikea, Starbucks, El Bulli, Cirque du Soleil y McDonald's? Aquí hemos visto que todos ellos son ejemplos de grandes ideas empresariales y que ninguno de sus creadores era un investigador dedicado a la I+D que buscara una patente. También hemos visto que estos innovadores cuestionan todo, son buenos observadores, conectan ideas, buscan perspectivas alternativas, experimentan y son eficientes y rápidos en la implementación de sus ideas.

El último elemento característico es un rasgo que a menudo pasa inadvertido a los estudiosos y a los empresarios que intentan innovar. Es una característica que Pep Guardiola me hizo ver el día que le pregunté si era consciente de que en las escuelas de negocios se analizaban sus métodos y le ponían a él como uno de los grandes ejemplos de persona innovadora. Me miró extrañado y dijo: «¿Innovador? ¿Esto qué es? Mira, Xavier, el fútbol es un juego abierto que siempre genera problemas inesperados. Yo lo único que busco es la forma de solucionar estos problemas». Este es el último rasgo que caracteriza a los innovadores como Pep Guardiola: ¡no saben que son innovadores! Amancio Ortega me dijo lo mismo, ¿os acordáis?: «Yo no soy innovador. ¡Yo solo pregunto!».

Esto es muy importante porque a menudo hay empresarios que deciden sumarse a la moda de la innovación. Con este objetivo crean departamentos de innovación donde una serie de «creativos» se dedican a tener ideas (se sabe que son «creativos» porque pueden ir al trabajo sin corbata y algunos llegan a la oficina en patinete). Crean reuniones de *brainstorming* para generar ideas con PowerPoints y técnicas de innovación que los consultores les venden a cambio de honorarios millonarios. Todo esto acaba muchas veces en un gran fracaso. Porque la innovación no es algo que tenga que hacerse al margen de las operaciones de la empresa. La innovación es una manera de vivir. Es una manera de hacer las cosas. La innovación es entender que se tienen problemas —ya sea de productos, de marketing, de recursos humanos o de ganar partidos de fútbol— y que hay que buscar las soluciones haciendo las cosas de una manera nueva y diferente. Esta es la principal lección de Pep Guardiola el día que decidió poner a Messi en la posición de falso 9.

Naranja

4

¿Dónde están los niños de diciembre?

Educación

Empezaremos este capítulo analizando la lista de los jugadores que ganaron el segundo triplete de la historia del Barça. En el cuadro que viene a continuación (p. 130) está la lista con los nombres y los dorsales de cada jugador, además de la fecha de nacimiento. ¿Observáis algo extraño en esta lista?

Bien, a primera vista no parece que haya nada destacable, más allá del hecho de ser una lista de magníficos jugadores. En efecto, en la temporada 2014-2015, estos jugadores lograron algo que muy pocos equipos han conseguido en la historia del fútbol: la copa, la liga y la champions en una misma temporada.

Sin embargo, si analizamos sus fechas de nacimiento con un poco de detenimiento, observaremos un detalle muy curioso: el 75 % de los jugadores (dieciséis de veinticuatro) nacieron entre enero y junio. Entre los jugadores que han nacido en la segunda mitad del año, hay dos que no jugaron durante la temporada: Douglas, que es de agosto, y Vermaelen, que nació en noviembre. Si exceptuamos a estos dos jugadores, vemos que el 82 % nacieron en la primera mitad del año. Fijaos también que no hay ningún jugador nacido en el mes de diciembre (y, sin contar a Vermaelen, que no jugó, tampoco hay ninguno de noviembre). Es un detalle curioso, porque la gente normal tiene las mismas probabilidades de nacer en todos los meses del año. Por lo tanto, si los jugadores fueran gente normal, un 50 %, más o menos, deberían haber nacido en la primera mitad del año y el otro 50 % en la segunda mitad. Tam-

Lista de jugadores que ganaron el segundo triplete del Barça

DORSAL	NOMBRE	FECHA DE NACIMIENTO		
1	Ter Stegen	30	abril	1992
2	Montoya	14	abril	1991
3	Piqué	2	febrero	1987
4	Rakitić	10	marzo	1988
5	Busquets	16	julio	1988
6	Xavi	25	enero	1980
7	Pedro	28	julio	1987
8	Iniesta	11	mayo	1984
9	Suárez	24	enero	1987
10	Messi	24	junio	1987
11	Neymar	5	febrero	1992
12	Rafinha	12	febrero	1992
13	Claudio Bravo	13	abril	1983
14	Mascherano	8	junio	1984
15	Bartra	15	enero	1991
16	Douglas	6	agosto	1990
17	Jordi Alba	21	marzo	1989
18	Sergi Roberto	7	febrero	1992
19	Adriano	26	octubre	1984
20	Alves	6	mayo	1983
21	Vermaelen	14	noviembre	1985
22	Mathieu	29	octubre	1983
23	Jordi Masip	3	enero	1989
	Luis Enrique	8	mayo	1970

bién debería haber dos de diciembre y dos de noviembre. En cambio, los jugadores del Barça han nacido mayoritariamente entre enero y junio, ¡y ninguno lo ha hecho en los dos últimos meses del año!

Esto podría deberse simplemente a una casualidad estadística. Pero si buscamos las fechas de nacimiento de los jugadores del Barça a lo largo de la historia veremos que la mayoría son de la primera mitad del año. Ocurre lo mismo si analizamos a los jugadores de toda la primera división española o de las otras ligas importantes. De hecho, el 77 % de los futbolistas que jugaron el último mundial de Brasil habían nacido entre enero y junio.

Este fenómeno, llamado «efecto mes de nacimiento», fue descubierto por unos sociólogos canadienses (Barnsley, Thomson y Legault) en 1985, a partir de la constatación de que la mayor parte de los jugadores de hockey sobre hielo de la primera división canadiense habían nacido en la primera mitad del año. Desde entonces se han realizado múltiples estudios sobre el tema y se ha demostrado que el «efecto mes de nacimiento» se da en casi todos los deportes y en casi todos los países.

¿Por qué la mayor parte de los deportistas de élite han nacido en la primera mitad del año? Se podría proponer una explicación de índole astrológica: febrero es el mes de Marte, el dios de la guerra, y el deporte es una especie de guerra organizada. Esta justificación sería una solemne tontería. La explicación es mucho más simple y mucho más lógica: desde pequeños, los niños que practican deporte se agrupan por edades. Todos los niños nacidos en un mismo año, desde enero hasta diciembre, están en un mismo equipo. Naturalmente, los niños de enero son casi un año mayores que los de diciembre y, a los cinco, seis, siete u ocho años, es mucha diferencia. Los niños de enero son más altos, más fuertes, más rápidos y más hábiles que los niños de diciembre. En definitiva, juegan mucho mejor al fútbol. Esto tiene dos implicaciones. La primera es que como los entrenadores además de enseñar quieren ganar, en los momentos clave de los partidos tienden a poner en el campo a los mejores jugadores. Por lo tanto, los niños de enero tienen más oportunidades de jugar minutos importantes, de lanzar penaltis, de rematar saques de esquina y de ser decisivos. Todo esto hace que, poco a poco, vayan adquiriendo una experiencia que a los niños de diciembre se les niega. A medida que se hacen mayores, los niños de enero cada día son más buenos, mientras que los de diciembre se van quedando atrás. A los diecisiete o dieciocho años, las diferencias físicas entre los de enero y los de diciembre desaparecen... pero queda la experiencia acumulada. Los niños de enero han tenido tantas oportunidades de jugar que llegan a primera división, mientras que los de diciembre seguramente han dejado de jugar al fútbol.

La segunda implicación es que, al ser más altos, fuertes, rápidos, hábiles y, en definitiva, mejores, los niños de enero van adquiriendo autoconfianza. Los niños de diciembre, por el contrario, perciben que ellos no son de los buenos y empiezan a sentirse inferiores. Los padres, los entrenadores y el público aplauden las jugadas de los niños de enero y ello acaba por hacerles creer que son buenos, mientras que los niños de diciembre acaban creyendo que son malos. Pero no lo son. Simplemente son más pequeños, aunque nadie se lo explica. Al contrario. A los niños pequeñitos se les pide que dejen lanzar el penalti a los que son mejores. Se les ordena pasar el balón a los buenos y que ellos ya acabarán la jugada. Se les invita a apartarse y no molestar a los buenos cuando se lanza un córner. Poco a poco, tanto los mensajes positivos como los negativos van quedando grabados en los cerebros de los niños, hasta tal punto que, con toda la autoconfianza y la autoestima del mundo, los niños de enero acaban triunfando mientras que los de diciembre abandonan, convencidos de que no han nacido para jugar al fútbol.

De ahí se pueden extraer tres lecciones interesantes. La primera es que si queréis que vuestros hijos sean deportistas de élite, deberéis posponer el sexo hasta el mes de abril.

La segunda lección —esta ya más seria— es la que propone el periodista canadiense Malcolm Gladwell: para triunfar en la vida (y no solo en el deporte), se necesita adquirir mucha experiencia.

De hecho, Gladwell desarrolla la teoría de las 10.000 horas: para tener éxito en cualquier profesión, el individuo debe trabajar, entrenar y prepararse durante 10.000 horas. En su libro *Outliers*, Malcolm Gladwell nos da infinidad de ejemplos de ámbitos tan distintos como la música, los negocios, la medicina, la física, la informática o el fútbol, con los que sostiene que, para tener éxito, se debe trabajar y practicar una misma actividad durante 10.000 horas.

Antes de revolucionar el mundo de los computadores personales, Bill Gates, con tan solo quince años, estuvo programando durante 10.000 horas en los ordenadores de la Universidad de Washington. El pequeño Bill se escapaba de su casa después de la cena e iba a programar en la universidad durante toda la noche. No es casualidad que en 1975 Bill Gates liderara la revolución informática de los computadores personales: ¡era el joven de Estados Unidos que más había practicado!

En el año 1960, los Beatles fueron a Hamburgo a tocar en bares de mala muerte. ¡Tocaron ocho horas cada noche durante 1.200 noches! No ganaban mucho dinero, pero este trabajo en Alemania les proporcionó una experiencia que luego sería determinante para alcanzar el éxito.

Por cierto, el hecho de que para triunfar en cualquier actividad de la vida tengamos que dedicarle unas 10.000 horas tiene una implicación importante que todos los padres deberían tener en cuenta cuando sus hijos les preguntan qué carrera hacer, qué profesión seguir o qué camino tomar. Ante este tipo de preguntas, los padres tienden a aconsejar el camino que tiene «más salida en el mercado laboral». Pues bien, si la teoría de las 10.000 horas es correcta, este consejo es erróneo. El consejo correcto es: «Haz lo que más te guste y no mires si tiene o no salida profesional». Porque si los hijos optan por algo que no les gusta, nunca van a dedicarle 10.000 horas. Es imposible trabajar duro en algo que a uno no le gusta, en una actividad por la que no siente pasión. Por consiguiente, si los hijos no dedican horas, nunca serán buenos y, no solo no van a ganar dinero, sino que serán miserables e infelices, por mucho que otros digan que aquel camino tiene «muchas salidas». Cuando uno hace algo que le gusta, acaba siendo bueno. Y si acaba siendo bueno, tendrá una salida, ya sea en las matemáticas, en el deporte, en el violín o en las artes plásticas. ¡Más vale ser un buen pintor feliz que un mal abogado amargado!

La tercera lección que podemos inferir del «efecto mes del nacimiento» de los deportistas está contenida en la pregunta que encabeza este capítulo: ¿Dónde están los niños de diciembre? Es decir: ¿qué ha pasado con todos los niños que a los seis, siete y ocho años tenían talento, pero nunca tuvieron la oportunidad de desarrollarlo? En este capítulo intentaremos encontrar la respuesta y, de paso, haremos un viaje por el fascinante mundo del capital humano y la economía de la educación.

De nuevo, la innovación

El cambio tecnológico que hemos vivido a lo largo de los últimos siglos comporta retos importantes para los seres humanos. Uno de estos retos es que, para sobrevivir y ser competitivos, los ciudadanos deben ser capaces de tener ideas. Ya hemos visto en el capítulo 3 que una de las claves del progreso económico es la innovación, y que esta no procede en su mayor parte de los científicos ni de investigadores encerrados en sus laboratorios, sino que viene de la gente normal y corriente: trabajadores, estudiantes, saltimbanquis, poetas, profesores de secundaria y futbolistas. Para que un país sea competitivo e innovador hace falta que la gente normal y corriente sea capaz de tener ideas y de implementarlas en forma de proyectos empresariales. La pregunta es: ¿cómo se logra que la gente normal tenga ideas? Las ideas no caen del cielo ni aparecen por arte de magia. Unas personas son muy capaces de tener ideas y otras lo son menos. Unas personas son muy creativas y otras lo son menos. Ahora bien, la creatividad no es algo que venga de la nada sino que se fomenta, se cuida y se cultiva. Y esto se hace a lo largo del proceso educativo.

Otro reto importante que comporta el cambio tecnológico es el de las desigualdades. A diferencia de la primera y segunda revoluciones industriales, que básicamente beneficiaron a los trabajadores más pobres de las zonas rurales porque crearon puestos de trabajo mucho mejor pagados en las fábricas urbanas, la actual revolución tecnológica perjudica a mucha gente de la clase media. La competencia de los robots y los computadores provoca la desaparición de muchos puesto de trabajo que hasta ahora daban sueldos relativamente altos, lo que genera desigualdades económicas. No hace muchos años, cuando queríamos hacer un viaje íbamos a una agencia y unas chicas muy amables nos mostraban unos catálogos llenos de fotografías fantásticas, nos recomendaban los hoteles y los restaurantes, nos hacían las reservas e incluso nos entregaban los billetes de avión de papel escritos a mano. Hoy en día esto ha cambiado. Para organizar un viaje nos informamos a través de Google, entramos en TripAdvisor para ver las fotos reales de los hoteles y para leer las opiniones de la gente que realmente ha estado allí y que no cobra comisión para vendernos una habitación, y también accedemos directamente en las webs de las compañías aéreas para comprar los billetes nosotros mismos. Una gran parte del trabajo del agente de viajes ha desparecido y, con esto, miles de personas de todo el mundo están perdiendo un trabajo que, hasta hace poco, estaba relativamente bien pagado.[1]

También desaparecen muchos puestos de trabajo de contables (las máquinas cuentan mucho más rápidamente y sin cometer errores), de abogados (ya no se necesitan tantos ayudantes especializados en recordar jurisprudencia y artículos de códigos, ya que un solo abogado puede llevar toda la información en su teléfono inteligente y puede «googlear» cualquier pregunta y obtener la respuesta en cuestión de segundos), de bibliotecarios (llevamos los libros en el iPad y buscamos referencias en Google) o de pe-

---

1. Algunos agentes de viajes han sabido adaptarse y han evolucionado hacia otro tipo de servicio dentro del ámbito del turismo. Ya no hacen billetes de avión, sino que actúan como consultores en temas de viajes, por ejemplo.

riodistas (cada vez más, la gente no se entera de las noticias a través de los periódicos sino de las redes sociales como Twitter o Facebook). Además, toda la gente que hasta ahora formaba parte de cadenas de montaje (desde la producción de coches hasta los mataderos) está siendo sustituida por robots cada vez más sofisticados que llevan a cabo todas las tareas repetitivas de forma más rápida y eficiente. Es importante preparar a nuestros hijos para convivir con estas tecnologías. Y para hacerlo debemos entender que los humanos no podemos competir con los robots en memorización, en cálculos ni en tareas repetitivas, ya que ellos lo hacen mucho más rápido y mucho más eficientemente. Lo que debemos hacer es dedicarnos a preparar a nuestros hijos para que sepan hacer cosas que las máquinas no pueden hacer.

Hay dos cosas que los robots no pueden hacer: la primera de ellas es crear. Los ordenadores siguen órdenes pero no saben ser creativos. La segunda es ser críticos e inquisitivos. Las máquinas obedecen. No preguntan. No saben preguntar.

A la larga, esta revolución tecnológica será buena para la humanidad. Recordad: las mejoras de productividad comportan hacer lo mismo pero trabajando menos, que es lo que los humanos hemos hecho a lo largo de la historia. Como ha sucedido siempre, estas mejoras comportarán la aparición de nuevos trabajos, de nuevas profesiones. Los estudios nos muestran que la mitad de las profesiones que existen hoy en día no existían hace veinticinco años. Y esto continuará sucediendo en el futuro.

El problema es que todos estos cambios nos obligan a preparar a nuestros hijos para afrontar el reto, y la única manera de hacerlo es mediante la educación. Los niños que hoy empiezan a ir al colegio con tres o cuatro años entrarán en el mercado laboral entre 2025 y 2030, y trabajarán hasta 2080. ¿Alguien es capaz de prever cómo será el mundo de aquí a sesenta y cinco años? Para comprender la magnitud del cambio que se avecina, solo hay que pensar cómo era el mundo hace sesenta y cinco años, en 1950: la mayor parte de nosotros (o de nuestros padres) trabajábamos en el campo, aunque ya empezábamos a ir hacia las fábricas de las ciudades. Solo los ricos tenían coches o motos. En la mayor parte de los hogares no había televisores, y ninguno tenía mando a distancia (el mando era el hijo menor al que los padres decían que se levantara y cambiara el canal). El turismo casi no existía y solo cuatro ricos se habían subido a un avión. De hecho, volar en avión era algo tan exclusivo que a quienes lo hacían se les llamaba *jet set* (*jet* significa «avión»). Poca gente tenía teléfono en casa y los móviles no se habían inventado. Los tocadiscos reproducían discos de vinilo que se rayaban con extraordinaria facilidad. No existían ni los cedés, ni los DVD, ni los MP3, ni iTunes, ni Spotify. Tampoco existían los ordenadores personales, ni internet, ni los discos flexibles, ni Google, ni los periódicos digitales. Y como antes no existía nada de todo esto, los millones de personas que hoy en día trabajan para producir todos estos productos se dedicaban a hacer otras cosas. En los últimos sesenta y cinco años, pues, se han creado centenares de nuevas profesiones que no existían en 1950.

¿Cómo será el mundo en el año 2080? ¿Qué productos y tecnologías utilizaremos? ¿Quiénes y cómo los producirán? No lo sabemos. De hecho, no solo no lo sabemos, sino que ni siquiera lo podemos imaginar. Pese a todo, debemos preparar a los niños que hoy entran en el sistema educativo para que sean capaces de realizar todas estas profesiones que aún no existen y que ni tan siquiera podemos imaginar. En este sentido, la tarea de los educadores es gigantesca. Ni que decir tiene que si los entrenamos para las profesiones que existen hoy en día (como es el caso de la mayoría de nuestros colegios y universidades), la mitad de ellos acabarán en el paro porque estos trabajos habrán dejado de existir.

La conclusión de todo ello, en lo que concierne al sistema educativo, es que hoy en día los padres (y yo soy padre), los educadores (y yo soy educador) y los políticos (y yo no soy político) tenemos que educar a nuestros hijos para que sean innovadores, creativos y capaces de evolucionar y mejorar su propia formación más a allá del colegio y hasta que se jubilen, allá por el año 2080. La pregunta es: ¿el sistema educativo actual con el que educamos a nuestros hijos logra estos objetivos? Lamentablemente me parece que la respuesta es clara: ¡rotundamente no!

El colegio de hoy

¿Habéis observado cómo son las aulas de la mayoría de los colegios? ¿Habéis pensado cómo eran las aulas de la mayoría de los colegios de hace cien o doscientos años? En realidad, las aulas actuales y las de hace uno o dos siglos se parecen bastante: en ambas hay el mismo tipo de mesas, todas mirando en la misma dirección (hacia delante), las mismas sillas, la misma pizarra, las mismas tizas, el mismo tipo de borradores, la misma tarima... ¡Y en algunas, incluso el mismo profesor! Las aulas de nuestros colegios han cambiado muy poco en los últimos dos siglos. Quizá el único cambio significativo es que actualmente en algunas clases hay un ordenador con un proyector, y antes no lo había. Las aulas de los colegios han cambiado poco, y sin embargo el mundo donde viven los estudiantes que acuden a estos colegios ha cambiado radicalmente.

El año pasado por Navidad regalamos un libro a nuestra sobrinita de dos años. La niña lo abrió, lo miró, y de pronto empezó a «pulsar» las palabras. Al ver que no sucedía absolutamente nada, la niña llegó a la conclusión de que era un dispositivo inútil o que quizá se había estropeado, lo tiró al sofá y agarró el iPhone de su padre. Para nosotros los libros son el medio a través del que adquirimos mayoritariamente la información. Para nuestros niños, ¡los libros no son más que iPads estropeados! El mundo se ha transformado de manera radical desde que nosotros fuimos al colegio. Por el contrario, en términos generales, el colegio ha evolucionado poco.

Los cambios que ha habido en el mundo son tan importantes que incluso han dinamitado algunos de los pilares sobre los que se fundamenta nuestro colegio. Por ejemplo, han dinamitado la idea de que el profesor sabe más que el estudiante. No hay más que imaginar lo que sucede en cualquier aula del país cuando se estropea el computador, ¿quién es la persona menos cualificada de la clase para solucionar el problema? Respuesta: el profesor. ¿Y queréis saber algo más? Pues que esto lo sabe el profesor… ¡y también lo saben sus alumnos! Ahí está el problema. Los estudiantes piensan: «Si este señor es un inepto en uno de los aspectos más importantes de nuestra vida como es la tecnología, lo que pretende enseñarme no puede ser importante». Este razonamiento hace que los jóvenes pierdan el respeto intelectual por sus maestros y profesores. Entonces estos últimos se enfadan y envían cartas a los padres quejándose de que los alumnos no les tienen respeto. Pero el respeto no se impone. El respeto se gana. Una manera que tiene el profesor de ganarse el respeto de los alumnos es demostrándoles que entiende el mundo en el que viven y vivirán ellos, los niños a quienes se supone que está guiando. Y esto con demasiada frecuencia no ocurre en los colegios de hoy en día.

Don Quijote

En el año 1605, Miguel de Cervantes publicó su obra maestra: *El ingenioso hidalgo don Quixote de la Mancha*, conocido más comúnmente con el nombre de Don Quijote. La parte más interesante de esta obra es que don Quijote es un hombre que enloquece porque lee libros de caballerías. Muchas veces me paro a pensar de qué manera las ideas llegan al cerebro de las personas que las tienen. En el capítulo 3 hemos analizado cómo Pep Guardiola tuvo la idea de poner a Messi de falso 9; cómo Amancio Ortega tuvo la idea de Zara; Guy Laliberté, la de Cirque du Soleil; Jerry Baldwin, Zev Siegl y Gordon Bowker, la de Starbucks; Ingvar Kamprad, la idea de Ikea; Ray Krock, la de McDonald's, y Ferran Adrià, la de la nueva cocina molecular. ¿Cómo tuvo Cervantes la idea de un señor que se volvía loco de tanto leer libros de caballerías? La verdad es que no lo sé. Pero se me ocurre que, desde la perspectiva de un escritor de 1605, debía de ser fácil pensar que las personas que leían se volvían locas. Porque la mayor parte de la población de la época era analfabeta. Pongámonos por un momento en la piel de una persona analfabeta y visualicemos a alguien sentado bajo un árbol con la mirada fija sobre un libro durante cuatro horas. Si nos acercamos y analizamos el libro, veremos que es un conjunto de hojas blancas con unos garabatos negros incomprensibles. Por lo tanto, alguien que se pasa cuatro horas con la mirada puesta sobre aquellos garabatos nos parecerá por fuerza un loco. Pero la realidad no es que esté loco, la realidad es que nosotros, analfabetos, no entendemos el concepto de escritura o de libro.

Este es un fenómeno mucho más generalizado de lo que pensamos. Cuando yo era un niño, me pasaba el día mirando vídeos de películas en la tele. Soy de la época en la que aparecieron los videoclubes. Mis amigos y yo alquilábamos siete u ocho vídeos y nos pasábamos todo el fin de semana mirando películas (a menudo pirateadas por los propietarios de los videoclubes). Nuestros padres nos lo intentaban prohibir y nos decían que, de tanto mirar la tele, nos volveríamos locos. De hecho, este es también el mensaje que damos a nuestros hijos cuando se pasan horas jugando a la Playstation. Pero ni los niños de hoy están locos cuando juegan a los videojuegos, ni nosotros estábamos locos cuando mirábamos la tele. Lo que ocurre en ambos casos es lo que les ocurría a los analfabetos de 1605 cuando veían a don Quijote leer libros: no entendían la nueva tecnología.

Recientemente visité un hospital de oncología en New York y un médico, amigo mío, me mostró un aparato llamado ARES (de las siglas inglesas *Assembling Reconfiguring Endoluminal Surgical System*), que es un procedimiento quirúrgico para extraer tumores del estómago. En una primera fase, el cirujano escanea el cuerpo del paciente y con un ordenador simula que introduce una especie de cápsula de pocos centímetros por la boca del enfermo. Con los mandos del ordenador, hace viajar la cápsula por el esófago hacia el estómago. Una vez allí, esta se abre y aparecen tres bisturíes y tres cámaras que extirpan el tumor y, después del viaje de vuelta, lo sacan por la boca. Una vez se ha conseguido realizar la operación simulada sin errores, en una segunda fase se repite la operación en el paciente verdadero. ARES es pues una cirugía que permite extirpar tumores sin necesidad de hacer ninguna incisión al paciente. ARES no es el único robot que utilizan los cirujanos para hacer operaciones. Cada vez más robots ayudan a los médicos a realizar cirugías complicadas, con precisión y sin errores. La pregunta es: ¿quiénes creéis que serán los buenos cirujanos del futuro? La respuesta: ¡los niños que hoy juegan a la Playstation!

No, no estoy diciendo que los niños dejen de leer libros, y que estemos todo el día mirando la tele, y permitamos que los niños pasen horas delante de la pantalla de videojuegos[2] matando zombis, y les prohibamos leer libros (y aún menos que no les enseñemos a leer). Lo que digo es que, en un mundo donde las cosas cambian constantemente, los que hemos sido educados con las tecnologías anteriores debemos mantener la mente abierta a las novedades tecnológicas. Al fin y al cabo, el proceso educativo debe servir para que los niños sean capaces de sobrevivir y de ganarse la vida en el mundo donde vivirán ellos y no en el mundo donde vivimos sus padres y maestros. Y me da la impresión de que no entender esto y obligarlos a hacer lo mismo que hicimos nosotros es un error garrafal. El mundo evoluciona y nuestros colegios tienen que evolucionar con el mundo. Si nos quedamos atrás, quienes sufrirán las consecuencias serán nuestros hijos.

2. Dejando de lado la mejora en la destreza manual y la coordinación entre ojos y manos, se podría argumentar que los videojuegos son también una herramienta muy potente para aprender y practicar el método científico. Fijaos que los juegos nunca llevan instrucciones. Los jóvenes deben aprender, a base de plantear hipótesis sobre si uno debe disparar contra la señora vestida de rojo o no. Una vez planteada la hipótesis se prueba y, a veces, uno se equivoca. Jugando con la prueba y el error, van superando pantallas. Una vez lo consiguen, el siguiente nivel ofrece nuevos retos que los jóvenes deben afrontar también sin instrucciones. A base de poner en práctica lo aprendido en niveles anteriores y seguir probando, los jugadores acaban aprendiendo a jugar. Se pueden criticar los videojuegos todo lo que se quiera, pero debemos aceptar que el método utilizado es muy parecido a lo que les exigimos a los jóvenes cuando les enseñamos el método científico de experimentación y aprendizaje.

Universalidad

Una de las lecciones que hemos aprendido en el capítulo 3 es que una de las claves del progreso humano es la creación y la implementación de ideas, y que la mayor parte de las ideas no vienen de científicos sino de la gente normal. Si la innovación viniera de los científicos, para tener un país competitivo e innovador deberíamos seleccionar a los mejores niños del país. Los pondríamos en colegios especiales para niños con potencial para ser científicos y los entrenaríamos para la investigación y el desarrollo (I+D). Mientras tanto, el resto de la población podríamos ir al bar a esperar a que los niños prodigio inventaran cosas y nos sacaran las castañas del fuego. Pero esto no es así, resulta que las ideas no vienen de los científicos sino de los trabajadores, de los profesores de historia, de los poetas, de los malabaristas, de los futbolistas y de los estudiantes. Por lo tanto, lo que necesita un país para ser innovador es gente normal innovadora y no solo científicos. Esto no significa en modo alguno que debamos dejar de prestar atención a la I+D. Lo que quiere decir es que, sin dejar de investigar, debemos conseguir que la gente normal —¡toda la gente normal!— sea capaz de tener ideas y de implementarlas. Y para ello, el sistema educativo debe poner el énfasis en los niveles donde están todos los niños: en la enseñanza primaria y en la secundaria. Tenemos que conseguir que, ya de pequeños, nuestros niños tengan la capacidad de ser creativos y de tener ideas. La universalidad de la educación básica de calidad que ponga énfasis en la creatividad (en contraposición a los colegios de élite para niños superdotados) tiene que ser nuestro gran objetivo.

¡La clave es la curiosidad!

Para fomentar que nuestros niños, todos nuestros niños, sean capaces de tener ideas es importante entender que una idea consta de dos partes: una pregunta y una respuesta. Antes de responder, uno tiene que ser capaz de ver que hay algo que no funciona o que no existe o que hay problemas que requieren solución. Es decir, uno tiene que ser capaz de formular preguntas interesantes y relevantes. Recordad lo que hemos dicho de Amancio Ortega: afirma que él no sabe innovar. Él simplemente se limita a preguntar. Y fue gracias a esto que se preguntó por qué quienes diseñaban la ropa eran los grandes gurús de la moda y por qué se hacían dos colecciones al año en lugar de una cada semana, y tuvo la idea de crear Zara. Es decir, la clave de la innovación no radica tanto en las respuestas como en las preguntas.

El problema es que nuestro sistema educativo actual no solo no fomenta las preguntas sino que, a menudo, las penaliza. Los niños que empiezan a ir al colegio no paran de preguntar todo el día: papá, ¿por qué la luna no se cae? ¿Por qué la sangre es roja? ¿Por qué las flores son de colores? ¿Por qué los gusanos pueden respirar bajo tierra y nosotros no?¿Por qué el papel se rompe con el agua? ¿Por qué las plantas no caminan? Algunas de estas preguntas pueden parecer triviales, pero demuestran que el ser humano nace con una curiosidad superlativa.

Enfrentados a esta constante batería de preguntas, a veces los padres y los maestros se cansan de responder o no saben las respuestas y, en lugar de satisfacer la curiosidad de los niños, les mandan callar. Incluso me atrevería a decir que, cuando el niño hace demasiadas preguntas, se le castiga, los demás niños se burlan de él y los padres reciben una carta del profesor en la que les pide que su hijo haga el favor de dejar de interrumpir en clase. Poco a poco, los niños dejan de preguntar hasta el punto que, al ingresar en la universidad, cuando llegan a mi clase, muchos de ellos ya no se preguntan absolutamente nada. ¿Dónde ha ido a parar la curiosidad de cuando eran pequeños? Fijaos que el sistema educativo no solo no fomenta la curiosidad, sino que mata la curiosidad innata que tienen los niños cuando entran en el colegio. No es necesario que los maestros enseñen a los niños a ser más curiosos, ¡porque ya lo son! Lo único que hace falta es que no maten la curiosidad. Y mucho me temo que no lo consiguen.

Para conseguir un país con gente normal que sea innovadora, pues, se debe mantener viva esta curiosidad innata con la que nacen todos los seres humanos. Se debe incentivar a los niños para que no dejen de hacer preguntas. Porque sin preguntas no hay ideas. Y sin ideas no hay innovación.

La curiosidad no solo es importante a la hora de innovar: es uno de los regalos más valiosos que podemos hacer a nuestros hijos. Es una de las herramientas que les permitirá sobrevivir cuando salgan de la universidad. ¿Recordáis que hace un momento comentábamos que los niños que hoy entran en el colegio se jubilarán en el año 2080? ¿Y recordáis que decíamos que los profesores tenemos que educarlos, aun sin saber qué tipo de profesiones habrá de aquí a sesenta y cinco años? Pues una de las formas de hacerlo es manteniendo viva la llama de la curiosidad. Si los jóvenes que ya han acabado la educación formal continúan haciéndose preguntas constantemente, ellos mismos buscarán las respuestas. Hoy en día, todos llevamos aparatos en el bolsillo que nos permiten acceder a millones de libros, enciclopedias y documentos en internet en cuestión de segundos. La barrera más importante que nos impide acceder a toda esta información somos nosotros mismos si no apretamos el teclado y la buscamos. Y lo que nos llevará a buscar todas estas cosas es nuestra curiosidad.[3]

Así pues, tenemos que dar la vuelta al énfasis que hoy en día pone el sistema educativo en entrenar, básicamente, a los estudiantes para que solucionen los problemas que les plantean los profesores el día del examen. En el mundo de las ideas, la creatividad, la innovación y el progreso tecnológico constante, es preciso poner el mismo énfasis en la formulación de preguntas que en la búsqueda de soluciones.

---

3. Otra barrera radica en el hecho de que tenemos que aprender a separar lo importante de lo superfluo. En internet hay mucha información buena pero también la hay mala, y conviene saber distinguir entre los dos tipos de información. Esa debería ser otro de los objetivos del sistema educativo.

Observación: el papel del arte

Otra de las características que vimos que tenían los innovadores es que eran muy buenos observadores: el día que Pep Guardiola decidió poner a Leo Messi de falso 9, había observado que los defensas del Real Madrid se quedaban atrás cuando los del medio del campo iban hacia delante. El día que a los directivos de Ikea se les ocurrió diseñar muebles «empaquetados», habían observado como el fotógrafo sacaba las patas de una mesa para meterla en el coche. El día que Ray Kroc decidió crear McDonald's, había observado como en la pequeña hamburguesería de los hermanos McDonald se hacían las hamburguesas en una cadena de montaje. El día que Steve Jobs decidió acoplar el ratón al ordenador, había visto los ordenadores que estaban diseñando en el PARC de Xerox y había observado las bolas de los desodorantes *roll-on*. La observación es otra de las claves de la innovación y la creatividad.

La pregunta es: ¿nuestros colegios enseñan a los niños a observar? Veámoslo. Os reto a que dibujéis dos círculos negros, como los del dibujo siguiente. Imaginad que son dos ruedas. Y a partir de las dos ruedas, dibujad una bicicleta. Este es un ejercicio que hago a menudo con mis alumnos y con los participantes en conferencias y seminarios sobre innovación y creatividad. Os doy un par de minutos para hacerlo.

¿Qué? ¿Cómo ha ido? Seguramente os ha costado bastante. Y, basándome en la experiencia de mis alumnos y participantes en seminarios, supongo que lo primero que habréis hecho muchos de vosotros ha sido dibujar un tubo que une los ejes de las dos ruedas.

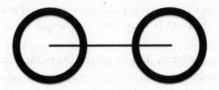

No hace falta pensar mucho para darse cuenta de que este tubo impediría que la rueda delantera pudiera girar a derecha e izquierda. Tal como la dibuja la mayoría de las personas, esta bicicleta sería inservible. He hecho esta prueba docenas de veces y siempre, sin excepción, la mayor parte de los estudiantes han sido incapaces de dibujar la bicicleta correctamente. No hace mucho hice esta prueba en un seminario y, al acabar la charla, se me acercó un chico y me dijo, avergonzado, que había sido incapaz de dibujar la bicicleta. Le intenté consolar diciéndole que la mayoría de la gente era incapaz de hacerlo. Entonces me dijo: «Sí, pero es que yo soy triatleta... ¡Y además tengo una tienda de bicicletas!».

Las bicicletas no tienen ningún tubo que una las dos ruedas, tienen un tubo que une el sillín con los pedales, otro tubo que une la rueda delantera con el manillar y un trapecio que une el manillar con los pedales, el sillín y la rueda trasera.

La pregunta es: ¿habéis visto alguna bicicleta en la vida? Seguro que sí. Más bien debería haber preguntado: ¿cuántas bicicletas habéis visto? ¿Cientos? ¿Miles? Y si habéis visto cientos o miles de bicicletas, ¿por qué no sois capaces de dibujar una? La respuesta es muy simple: ¡porque no os habéis fijado en ellas!

¿Qué hay que hacer para enseñar a los niños a fijarse en las cosas? La respuesta es, una vez más, muy simple: ¡dibujar! Una vez hayáis dibujado la bicicleta, seguro que la recordaréis siempre. La manera de enseñar a los niños a fijarse en los detalles es pintándolos. Uno de los ejemplos de observación más importantes y conocidos de la historia de la ciencia es Charles Darwin. Durante su famoso viaje de cinco años a bordo del *Beagle*, el joven geólogo y naturalista inglés se dedicó a coleccionar rocas, fósiles e insectos. También se dedicó a observar todos los animales que podía. Y para recordarlos, los dibujaba (en 1831 los teléfonos inteligentes y la fotografía digital que todos llevamos en el bolsillo actualmente, aún no existían). Uno de sus dibujos más famosos son los cuatro pinzones de las islas Galápagos. Los dibujos corresponden a cuatro pájaros de cuatro islas distintas. Si Darwin hubiese hecho fotos de los pájaros (o se hubiese hecho selfies con ellos) quizá no se habría dado cuenta, pero al dibujarlos se percató de que los picos de los cuatro ejemplares presentaban ciertas diferencias. En la isla donde había árboles habitaba el pájaro con el pico más estrecho y largo: lo utilizaba para comer los insectos que vivían en los orificios de los árboles. En la isla más árida habitaba el pájaro con el pico más grueso. El pico grueso es útil para picar granos desde tierra. Darwin no era ornitólogo, pero cuando regresó a Inglaterra y mostró los dibujos a un eminente experto, este le dijo que los cuatro pájaros pertenecían en realidad a la misma especie. Esto quería decir que el mismo pájaro había evolucionado de cuatro maneras diferentes y su pico se había adaptado a cada uno de los entornos.

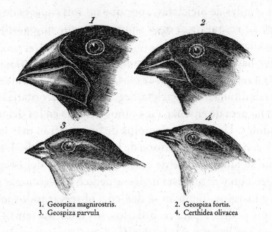

1. Geospiza magnirostris.   2. Geospiza fortis.
3. Geospiza parvula   4. Certhidea olivacea

La teoría de la evolución fue posible gracias a la capacidad de observar de un genio como Charles Darwin. Y en el centro de esta capacidad de observación, el dibujo. El arte, pues, debería ser una parte muy importante del currículo en el mundo de la innovación y la creatividad, donde la observación desempeña un papel fundamental. Esto es un problema, un problema grave, porque en el actual sistema educativo el arte es una de las asignaturas fáciles y poco importantes, y no le damos la importancia que debería tener. Es muy importante que esto cambie.

Inteligencias múltiples

En 1983, el psicólogo y profesor norteamericano de la Universidad de Harvard Howard Gardner publicó un libro titulado: *Estructura de la mente: la teoría de las inteligencias múltiples*. En este estudio, Gardner argumentó que la inteligencia humana no tiene una sola dimensión, sino muchas. En un principio, él destacó siete, aunque más tarde añadió la octava. Las ocho inteligencias de Gardner son las siguientes:

1. *La inteligencia lógico-matemática*. Es la que tiene que ver con la lógica, las abstracciones, el razonamiento, los números y el pensamiento crítico. Es la que utilizamos para resolver problemas de matemáticas y la que poseen los grandes científicos. Este tipo de inteligencia es la que tradicionalmente se ha considerado como la única inteligencia válida y la que suelen medir los test para determinar el coeficiente intelectual, junto con la inteligencia lingüística.

2. *La inteligencia lingüística*. Las personas con este tipo de inteligencia tienen facilidad de palabra y mucha capacidad para aprender idiomas. En general, son buenos leyendo, escribiendo, contando historias y memorizando palabras y datos. Es la inteligencia de los escritores, los poetas, los buenos periodistas y los columnistas.

3. *La inteligencia musical*. Tiene que ver con la sensibilidad por los sonidos, ritmos, tonos y música. Las personas con una alta inteligencia musical normalmente son capaces de cantar, de tocar instrumentos musicales y de componer música. Tienen sensibilidad por el ritmo, el tono, la métrica, la melodía o el timbre. Es la inteligencia de los cantantes, los compositores y los músicos.

4. *La inteligencia visual-espacial*. Esta área define la capacidad de visualizar los espacios en tres dimensiones. Es la inteligencia que poseen los arquitectos, los escultores, los decoradores, los pintores, los pilotos de avión o los marineros.

5. *La inteligencia corporal y cinestésica*. Los elementos esenciales de esta inteligencia son el control de los movimientos del cuerpo y la capacidad de manipular instrumentos con destreza. Es la inteligencia de los bailarines, los cirujanos, los deportistas y de algunos artistas de circo como los contorsionistas, los acróbatas, los trapecistas o los equilibristas.

6. *La inteligencia interpersonal*. Los individuos que tienen una inteligencia interpersonal alta se caracterizan por su sensibilidad a los estados de ánimo, los temperamentos, las motivaciones y los sentimientos de los demás, y por su capacidad de cooperar y trabajar en grupo. Las personas con alta inteligencia inter-

personal se comunican con eficacia, empatizan fácilmente con los demás y suele gustarles la discusión y el debate. Es la inteligencia de los políticos, los profesores y los psicólogos.

7. *La inteligencia intrapersonal.* Es la que tiene que ver con la introspección y la reflexión, con la capacidad de entenderse a uno mismo y de entender a los demás. Las personas con mucha inteligencia intrapersonal pueden prever sus propias reacciones o emociones ante situaciones insólitas. Es la inteligencia de los profesores, los médicos y los buenos vendedores.

8. *La inteligencia natural.* Esta inteligencia no formaba parte de las siete originales y fue añadida a la lista por el mismo Gardner en 1999. Es el saber observar, clasificar y ordenar la naturaleza. Esta inteligencia fue muy útil a biólogos y antropólogos para descubrir la evolución de las especies o de la geología terrenal. Es la inteligencia de los botánicos, los biólogos y los geólogos, y también... ¡de los chefs de cocina!

La clave de la teoría de las inteligencias múltiples es que todos los individuos tenemos algún tipo de inteligencia y casi nadie las tiene todas. De hecho, todos sabemos casos de grandes científicos que son incapaces de comunicar o de empatizar. O de importantes políticos que no saben solucionar problemas matemáticos sencillos. O de grandes músicos que no saben bailar y de grandes bailarines que no saben hablar.

Uno de los grandes educadores de la actualidad, el británico Ken Robinson, critica los sistemas educativos actuales de casi todos los países del mundo porque se concentran casi exclusivamente en las inteligencias lógico-matemática y lingüística, e ignoran todas las demás. Esto comporta un intento de uniformización de los jóvenes: los que tienen las inteligencias lógico-matemática o lingüística contra los que no las tienen, y son expulsados del sistema. Las capacidades musicales, corporales, interpersonales o intrapersonales han sido ignoradas totalmente a lo largo de la historia de la educación y continúan recibiendo un trato secundario y marginal en la mayoría de los colegios actuales.

Solo hay que ver los informes PISA que establecen un ranking de la calidad educativa en diferentes países del mundo. ¿Qué evalúan los exámenes PISA? Las matemáticas, la capacidad de solucionar problemas de ciencias, la comprensión lectora y la capacidad de escribir. En los exámenes PISA no se evalúa la danza, la música, la escultura, la capacidad de empatizar con los demás, la fluidez al hablar en público o la introspección. Todavía hoy, en todo el mundo premiamos a los niños que tienen inteligencia lógico-matemática o lingüística y castigamos a los que tienen cualquier otro tipo de inteligencia.

El talento creativo que tienen los niños que son castigados y expulsados del colegio por no tener el tipo de inteligencia que los profesores (o los ministros) consideran adecuado es un talento que se desperdicia. Pero en los tiempos de la innovación y la competitividad global, un país no puede permitirse el lujo de dilapidar talento. Como bien dice Ken Robinson, lo que se necesita no es una reforma del sistema educativo: ¡es una revolución! La revolución tiene que empezar tratando a cada niño como un individuo diferente de los demás. Y en lugar de intentar que todos los niños acaben en la universidad cursando carreras consideradas estrella (ingeniería, física, derecho, medicina, economía o matemáticas), es preciso crear el entorno idóneo para que cada niño pueda desarrollar el talento y la inteligencia que posee.

Lógicamente esto implica una educación prácticamente individualizada para cada niño.

La buena noticia es que las tecnologías actuales nos dan la posibilidad de hacerlo *online*. Cada día hay más profesores superestrella que ponen sus clases *online*. Podéis buscarlas vosotros mismos: Khan Academy, Crash Courses o Massive Open Online Courses. La disponibilidad de todo este material en internet permite lo que los pedagogos llaman «educación invertida». En la educación «normal» actual, el profesor explica la lección en el aula, pone deberes al niño y el niño se va a su casa a hacerlos. Al día siguiente el niño entrega los deberes al profesor y este se los corrige.

Puesto que todos los niños están en la misma aula, todos tienen que aprender lo mismo y al mismo ritmo. No solo esto; hay un despilfarro de horas de clase, ya que hay miles de profesores en todo el país que explican lo mismo. ¿Cuántos profesores en vuestro país explican el mismo teorema de Pitágoras en un año? ¿No podríamos quedarnos con el mejor de todos ellos y hacer que lo explicara a todos los niños a la vez? En el mundo antiguo esto no se podía hacer. Pero, con internet, hoy en día sí se puede. Podríamos intentar que, en lugar de dar la lección en el aula, los niños aprendieran la lección en internet, de la voz del mejor profesor del país. Cada niño podría seguir la lección a su ritmo, según sus capacidades. Una vez vista la clase online, el niño también podría hacer los deberes online, que contuvieran preguntas sobre lo acabado de aprender. Estas preguntas podrían estar diseñadas en forma de videojuego para aprovechar, por ejemplo, las ganas de pasar pantallas que los niños tienen cuando juegan a la Playstation. Hasta llegar al límite y quedarse saturado. Entonces el profesor, que tendría acceso a los programas utilizados por el niño, vería exactamente dónde se quedó parado y aparecería en aquel momento para ayudarlo. Fijaos que hemos invertido los papeles sobre lo que se debe hacer en casa y lo que se debe hacer en el colegio, y sobre lo que tiene que hacer el profesor tradicional. De ahí que en algunos países este método se llame «escuela invertida».[4]

No sé si la escuela invertida es la solución. No digo que lo sea. O no digo que sepamos con seguridad que lo es. Lo que estoy diciendo es que las tecnologías de hoy nos permiten dar una educación mucho más individualizada que potencia a cada uno de nuestros hijos el tipo de talento y la inteligencia que posee

4. La idea de la «escuela invertida» fue propuesta por Sal Khan (creador de la Khan Academy, una serie de clases en vídeo que han revolucionado internet desde 2011) y fascinó tanto a Bill Gates y a los creadores de Google (Sergei Brinn y Larry Page) que ambas compañías han decidido invertir millones de dólares en el proyecto de Khan.

de modo innato. Ya no hace falta «macdonalizar» a los niños como si fueran hamburguesas.

La conexión de ideas y la ultraespecialización

En el capítulo 3 hemos visto la importancia de la asociación de ideas como fuente de creación: Cirque du Soleil mezcló lo mejor del circo, el teatro musical y la gimnasia olímpica para crear un nuevo género de entretenimiento. Steve Jobs y la gente de Apple mezclaron el *roll-on* del desodorante con el ratón de Xerox para producir el ratón comercial que revolucionó la informática. Creatividad es conectar ideas. O, como dice el filósofo británico Mat Ridley: ¡las ideas practican el sexo! Todas las ideas son la combinación de otras ideas. McDonald's es la combinación de hamburguesas y cadena de montaje. Pizza Hut es la combinación de McDonald's y pizza.

Para obtener ideas hay que entrenarse a relacionar y conectar conceptos. Esto es importante a la hora de diseñar el sistema educativo. La educación actual se hizo pensando en el mundo industrial de los siglos XIX y XX: cuando se jubilaba un abogado de un banco, había que poder poner otro igual, sobre todo para que nada cambiara. Cuando se moría un ingeniero de la empresa de electricidad, había que poner otro igual para que la empresa continuara funcionando igual. Cada uno de nosotros tenía que ser una pieza intercambiable de la gran maquinaria industrial. Por esto todos teníamos que ser educados de la misma manera. Todos los abogados tenían que saber lo mismo. Todos los ingenieros tenían que aprobar los mismos exámenes. Cada uno de nosotros debía conocer muy bien su especialidad y no hacía falta que supiera nada del resto del mundo. Por esto a los niños, desde pequeños, se nos dividía por temas: los que harían letras, los que harían ciencias puras y los que harían ciencias sociales. Una vez acabado el bachillerato, se nos colocaba en facultades diferentes, aislados de las otras facultades, y se nos daba una educación ultraespecializada: los que estudiábamos economía no teníamos ni idea de lo que ocurría en las facultades de antropología, de medicina, de ingeniería o de ecología. Y al revés: los estudiantes de medicina no estudiaban sociología, economía ni matemáticas. Los matemáticos no estudiaban historia, música o química, y así sucesivamente. Todos éramos ultraespecialistas de aspectos muy pequeños del mundo y desconocedores de casi todo. Esto funcionaba muy bien... para el mundo industrial.

Sin embargo, en el mundo de la innovación esto no funciona. O no funciona tan bien. Si las ideas practican el sexo y son la combinación de otras ideas, es preciso que nuestros jóvenes aprendan múltiples disciplinas. Porque a menudo la solución a sus problemas de medicina les vendrá de la antropología o las matemáticas. Ahora bien, ¿cómo pueden combinar ideas de medicina y de antropología sin haber estudiado nunca antropología?

La ultraespecialización a la que hoy en día obligamos a nuestros niños puede ser contraproducente y debe ser repensada cuando diseñemos el sistema educativo del futuro.

Sputnik: atreverse a experimentar, ¡... y a fracasar!

El 4 de octubre de 1957, la Unión Soviética puso en órbita el primer satélite artificial construido por el hombre. Se trataba de una simple esfera metálica de 58 centímetros de diámetro y cuatro antenas de radio que emitían un pequeño «bip» cada pocos segundos. Un «bip» detectable desde la Tierra. Al día siguiente, la noticia fue portada de todos los periódicos del mundo.

En la cafetería del departamento de Física Aplicada de la Universidad Johns Hopkins de Maryland, en Estados Unidos, dos jóvenes estudiantes, William Guier y George Weiffenbach, leyeron la noticia y empezaron a discutir la posibilidad de oír la señal emitida por el satélite ruso.[5] La suya no era solo una curiosidad

5. Steven Johnson, *Where Good Ideas Come From: The Natural History of Innovation*, Riverhead Books, 2010, New York.

intelectual: sospechaban que la noticia del Sputnik podía ser un nuevo y elaborado engaño del aparato propagandístico soviético. Afortunadamente, Weiffenbach estaba haciendo el doctorado en electroscopia de microondas y tenía un receptor disponible en su despacho. Los dos jóvenes estudiantes se pusieron a estudiar y a media tarde ya estaban sentados en su despacho escuchando aquel sonido celestial. El Sputnik no era propaganda inventada, era totalmente real. Años más tarde, Weiffenbach escribió sus memorias y confesó que aquel sonido proveniente del espacio era «la música más bonita que jamás había escuchado».

Los dos estudiantes, conscientes de que estaban haciendo historia, decidieron grabar el sonido que llegaba del espacio, y se dieron cuenta de que podían usar el efecto Doppler (el efecto debido al cual el ruido que hacen los coches cuando se acercan es diferente que el que hacen cuando se alejan) para saber si el satélite ruso se acercaba o se alejaba de su laboratorio de Maryland. Dos meses más tarde y después de trabajar día y noche, Guier y Weiffenbach habían trazado un mapa perfecto de la órbita del Sputnik. Casi por casualidad, los dos jóvenes estudiantes descubrieron la manera de determinar la posición del satélite en el espacio solo escuchando las señales desde la Tierra.

Cuando el director del departamento de Física Aplicada, Frank McClure, supo a qué habían dedicado el tiempo los dos estudiantes, les llamó a su despacho. Pero en lugar de amonestarlos por no haber trabajado en sus respectivas tesis, les preguntó si eran capaces de solucionar el problema inverso, es decir, si en lugar de posicionar un objeto que emitiera *bips* desde el espacio, podrían posicionar un objeto en la Tierra si este emitiera *bips* que se oyeran desde un satélite. Aunque el profesor no les dijo por qué le interesaba aquella cuestión, la verdad es que McClure trabajaba para un programa secreto llamado Polaris, del ejército norteamericano. Los Polaris eran unos misiles nucleares que podían ser disparados desde submarinos. Cuando un misil se lanza desde una posición conocida, es fácil calcular la trayectoria necesaria para dar en la diana en Moscú. Por tanto, es fácil dar en la diana si el misil se lanza desde tierra. Pero el asunto se complica mucho más cuando el misil es lanzado desde un submarino, ya que la posición de un submarino que navega por el oceáno es desconocida. El hallazgo de Guier y Weiffenbach podía establecer la posición exacta de los submarinos del ejército y, de este modo, dar una ventaja tecnológica al ejército norteamericano. Los dos chicos se pusieron a pensar y al cabo de unos días vieron que saber la posición exacta de un objeto en la Tierra escuchando las señales que emite desde satélites era aún más fácil. Y así es como nació el GPS, un instrumento que hoy en día utilizamos todos para orientarnos cada vez que conducimos un automóvil. Un instrumento que nació gracias, por un lado, a que dos jóvenes estudiantes tuvieron la curiosidad necesaria para preguntarse si podrían oír el Sputnik, y, por otro lado, a la circunstancia de que la universidad donde estudiaban les permitió «perder el tiempo» experimentando.

Para ser innovador y creativo hace falta tener la posibilidad de experimentar. Los experimentos unas veces salen bien y otras veces salen mal. En 1987, la empresa Apple introdujo el Newton, una especie de agenda electrónica. El aparato fue un fracaso estrepitoso. Pero Apple sacó las conclusiones pertinentes y de las cenizas de aquel fracaso acabó creando uno de los mayores éxitos de su historia: el iPhone.

La empresa fotográfica Kodak quebró en 2012. Su negocio tradicional (la venta de película y de productos químicos para el revelado de fotografías tradicionales) había desaparecido por culpa de la irrupción de una nueva tecnología: la fotografía digital. Pero ¿sabéis quién inventó la fotografía digital? La respuesta es: ¡Kodak! En lugar de sacar el nuevo invento al mercado, Kodak intentó esconderlo porque sus ejecutivos creyeron que la nueva tecnología acabaría matando su negocio principal: la película y los productos para el revelado. Este intento absurdo de impedir que saliera la tecnología digital fracasó porque la competencia acabó introduciéndola, hecho que comportó la muerte de Kodak. Fijaos en el contraste: Apple lo intenta y fracasa, y lo vuelve a intentar. Kodak no lo intenta, también fracasa y acaba desapareciendo.

En el mundo de la innovación es muy importante probar, experimentar, ¡fracasar!, intentarlo, volver a intentarlo. De los fracasos se puede aprender cosas pero, para que esto ocurra, se debe tener una actitud positiva ante el fracaso. Una sociedad que criminaliza y castiga el fracaso es una sociedad llena de gente incapaz de experimentar y de arriesgarse y, en consecuencia, una sociedad condenada... ¡al fracaso!

Ahora pensad cómo trata nuestro sistema educativo a los niños que hacen las cosas mal: los riñe, los castiga y los humilla. La humillación pública más grande que puede sufrir un niño es que le separen del grupo de compañeros y amigos para ponerlo en el grupo de los pequeños, es decir, que le hagan repetir curso. Forzar a los niños a repetir curso es algo que en nuestro sistema educativo sucede con una facilidad extraordinaria (curiosamente nunca humillan con la misma intensidad al profesor que ha sido incapaz de lograr que aquel niño aprendiera lo que debía haber aprendido).

No digo que en los colegios no tenga que haber disciplina para los niños que se portan mal. Lo que digo es que un colegio que condena el fracaso acaba dando jóvenes con miedo a probar cosas diferentes, con pánico a experimentar. Sin libertad para fracasar con naturalidad no hay experimentación, y sin experimentación no hay creatividad ni innovación.

El ejemplo del nacimiento del GPS también nos muestra la importancia de la libertad en los colegios. Si los currículos son demasiado estrictos se convierten en camisas de fuerza que impiden la exploración para satisfacer la curiosidad. En el capítulo 2 hemos visto que China se quedó atrás cuando los mandarines diseñaron un complicadísimo sistema de exámenes para acceder a los codiciados puestos de funcionarios del emperador. Cuando las mejores mentes del país se dedican a memorizar temas para pasar oposiciones, en lugar de preguntarse si se pueden escuchar las señales de un satélite que orbita por el espacio, la decadencia intelectual está servida. Yo me pregunto si Europa o América Latina, con su rígido sistema de oposiciones a todos los niveles, no estará cayendo en la misma trampa en la que cayeron los chinos hace ochocientos años. Nuestro sistema educativo obsoleto podría estar condenándonos a la misma decadencia que sufrió China hace ochocientos años.

Resumiendo, tengo la impresión de que estamos excesivamente obsesionados en exámenes, oposiciones, rankings de PISA y memorizaciones de temas, y damos poca importancia a la experimentación, a la libertad y al aprendizaje a partir de los propios errores.

Interacción

Cuenta la leyenda que el filósofo y físico griego Arquímedes llenó la bañera para darse un baño y al meterse en el agua observó que el nivel subía. En aquel momento descubrió su famoso principio: «Un cuerpo insoluble total o parcialmente sumergido en un fluido en reposo recibe una fuerza de abajo hacia arriba igual al peso del volumen del fluido que desplaza». Se dice que cuando le vino la idea, gritó: ¡Eureka! (que significa «Ya lo he encontrado» en griego). La exclamación del famoso físico de Siracusa ha pasado a la historia y cada vez que alguien tiene una idea brillante se dice que ha tenido un «momento eureka».

Sin embargo, los momentos eureka como el de la leyenda raramente existen porque, normalmente, las ideas no aparecen de sopetón. Las ideas evolucionan poco a poco en la cabeza del pensador. Primero tiene un principio de idea. Pero no es perfecta, no acaba de funcionar. Después habla de ello con los compañeros del trabajo, que le hacen ver aspectos que él no había pensado. Lo piensa nuevamente. Lo vuelve a comentar con otros colegas, que le aportan un punto de vista diferente. Le da una vuelta más. Y, poco a poco, la idea va evolucionando y mejorando.

Normalmente esta mejora es el fruto de la interacción con otras personas que ven el mismo problema desde puntos de vista diferentes. Según los historiadores, el Renacimiento ocurrió en

Florencia porque allí coincidieron centenares de filósofos, pintores, escultores, arquitectos, matemáticos y pensadores que hablaban y discutían en los cafés de la ciudad. Dado que muchos de ellos fueron a Florencia atraídos por el dinero de una familia mecenas llamada Medici, la creación de ideas juntando gente de orígenes y sensibilidades diferentes se denomina «efecto Medici».

Los sociólogos se han preguntado en qué lugar concreto de la empresa aparecen las ideas. ¿En el despacho del director general? ¿En la sección de los innovadores? ¡No! Las ideas surgen en el bar y en las salas de reuniones, que son los lugares donde las personas se encuentran y hablan.

La interacción y la cooperación de gente diversa es un activo muy importante a la hora de crear, y tenemos que preguntarnos si nuestro sistema educativo promueve la interacción y la diversidad. Fijaos que los colegios exaltan la competencia entre los niños, individualmente. No hay más que observar cómo están dispuestas las mesas en el aula: todas mirando hacia delante (porque el protagonista es el profesor y no quien debería ser, el estudiante) con los niños separados para que no puedan hablar: solo pueden escuchar a quien figura que sabe la verdad. Y no hay más que ver cómo tratamos a los niños que preguntan a otros niños cuando tienen un problema: ¡los castigamos por copiar! Premiamos la competencia y la individualidad, no la cooperación ni la interacción.

Héroes

El resumen de todo lo que hemos visto hasta ahora es que el actual sistema educativo requiere una profunda reforma —o, utilizando las palabras de Ken Robinson, una revolución—, si queremos que sea útil para preparar a nuestros niños para los retos que se encontrarán a lo largo de sus vidas profesionales. Hay que decir que muchas de las cosas que he explicado en este capítulo son conocidas, e incluso compartidas, por muchos pedagogos de todo el mundo. Por esta razón hay una gran cantidad de maestros y directores de colegios que van mucho más allá de lo que les ordenan los ministerios y las autoridades políticas, e intentan educar a los niños utilizando los conceptos y las ideas de Gardner, Robinson y otros revolucionarios de la educación. De hecho, hay colegios (como la escuela Montserrat de Barcelona, algunas escuelas de Jesuitas o las escuelas Montessori de todo el mundo) que son pioneras y líderes mundiales respetados, estudiados y admirados en todo el mundo por sus técnicas de innovación educativa y la aplicación de las inteligencias múltiples y la primera escolarización. ¡Estos son los héroes de nuestro tiempo!

Digo que son héroes porque, de entrada, estos maestros y estos colegios tienen que hacer un trabajo adicional, ya que saben que, al final del proceso educativo, sus estudiantes serán evaluados con métodos tradicionales (se presentarán a las pruebas de acceso a la universidad o harán exámenes PISA, por ejemplo). Por lo tanto deben hacer dos trabajos: el tradicional y el innovador. También digo que son nuestros héroes porque lo hacen aun sabiendo que no recibirán ninguna recompensa por el esfuerzo adicional, más allá del premio que representa saber que se hacen las cosas bien. Por todo esto es preciso reconocer y aplaudir a todos los maestros que ven los problemas del sistema e intentan aportar soluciones.

Finalmente, en defensa de los pedagogos cabe decir que su tarea es enormemente complicada. En pedagogía es muy difícil saber cuáles son los métodos que funcionan y cuáles no. A diferencia de los médicos o los farmacéuticos, que pueden experimentar con los pacientes y obtener resultados con relativa inmediatez (a la mitad les dan el medicamento y a la otra mitad el placebo, y se mira qué grupo de pacientes se ha curado al cabo de seis meses), los pedagogos no pueden hacer experimentos con la misma facilidad. La razón por la que no pueden es que los resultados de un sistema educativo no se ven hasta que los niños acaban el colegio, empiezan a trabajar o, incluso, cuando llevan ya unos años trabajando y se puede ver si son capaces de adaptarse fácilmente al cambio. Aunque los educadores hicieran experimentos comparativos entre dos sistemas educativos, tardarían entre 20 y 30 años en ver los resultados. Y una vez los tuvieran, las conclusiones también serían cuestionables, ya que el mundo de hace 25 o 30 años sería diferente al de aquí 25 o 30 años. Es decir, los resultados de un posible experimento nos dirían qué es lo que habría funcionado hace 25 o 30 años, pero no lo que funcionaría en el momento futuro para el que se buscan los resultados.

En conclusión, la tarea de los pedagogos es muy difícil, y esto se debe tener en cuenta cuando se critica el sistema educativo.

¿Dónde están los niños de diciembre?

Hemos empezado este capítulo con una pregunta: ¿dónde están los niños de diciembre?

El problema de los niños de diciembre no es que las diferencias en el nacimiento se reflejen solo en el fútbol. Si fuera este el problema, no sería importante. Al fin y al cabo, que haya más o menos futbolistas buenos no cambiará demasiado nuestras vidas. Pero los pequeños detalles en los que nadie piensa también están presentes en la educación. Sin ir más lejos, hemos visto que una de las razones por las que los niños de diciembre no triunfaban tanto en el fútbol era que ellos veían que no era tan buenos como los de enero: no marcaban tantos goles, no corrían tan deprisa, no recibían tantos elogios, no tenían la confianza de los entrenadores y del público. Todo esto iba minando poco a poco su autoconfianza y su autoestima porque nadie les decía que, en realidad, ellos no son peores sino simplemente más pequeños. En las aulas ocurre un fenómeno similar. Los niños de diciembre no aprenden tan rápido (porque son un año más pequeños que los de enero), se hacen pipí encima cuando los demás ya no se lo hacen, son los últimos en dejar de llevar pañales en la guardería, son los que saben peor los números, los que dibujan peor o los últimos en aprender los nombres de los animales. Y si nadie les explica que todo esto pasa porque, en realidad, son mucho más pequeños, ellos también pueden ir perdiendo autoconfianza y autoestima. Esto también puede traer consecuencias a largo plazo. Por lo tanto, los niños pequeños[6] también salen peor parados en los colegios y, según varios estudios, esto acaba repercutiendo en las notas,[7] en los salarios[8] o en las posiciones de liderazgo en las empresas.[9]

Todo esto es cierto, pero cuando pregunto «¿dónde están los niños de diciembre?» no lo hago de un modo literal. Los niños de diciembre simbolizan todo el talento que nunca se materializó porque nadie se dio cuenta de que a los niños de la segunda mitad del año no se les daban las mismas oportunidades que a los de la primera mitad, y tampoco se les daba autoconfianza. Los niños de diciembre simbolizan todos los pequeños errores que pasan inadvertidos a los adultos, pero que tienen consecuencias devastadoras para los niños.

Cuando hablo de los niños de diciembre hablo de todos los niños que no han podido desarrollar su talento por culpa de un sistema educativo atrofiado. Los niños de diciembre son todos aquellos que no pueden estudiar igual de bien que los demás porque sus padres tienen problemas económicos, y su talento se pierde. Niños de diciembre son todos aquellos que están rodeados de

6. Digo «niños pequeños» y no «de diciembre» porque la fecha de corte en los colegios no es en todos los países el 1 de enero.

7. Bedhard y Dhuey, «The Persistence of Early Childhood Maturity: International Evidence of Long-Run Age Effects» (2006); Crawford, Dearden y Meghir, «When you are born, matters» (2008); Dhuey y Lipscomb, «Disabled or Young? Relative Age and Special Education Diagnoses in Schools» (2010).

8. Kawaguchi, «The Effect of Age at School Entry on Education and Income» (2006); Jurges y Sneider, «Relative Age Effect and Managerial Success» (2008); Hutchinson y Sharp, «A Lasting Legacy? The Persistance of Season of Birth Effects» (1999).

9. Kuhn y Weinberger, «What Makes a Leader? Relative Age and High School Leadership» (2006).

adultos que no valoran la educación y que no les dan oportunidades. Niños de diciembre son todos los que no han llegado a ser médicos porque tuvieron un mal profesor de biología o que no han llegado a ser ingenieros porque tuvieron un mal profesor de física. ¿Cuántos de vosotros tuvisteis un profesor que os hizo aborrecer una asignatura, y esto condicionó el resto de vuestra carrera?

Niños de diciembre son todos aquellos que no son pintores, músicos o bailarines porque fueron educados en un sistema cuya prioridad era el desarrollo de las inteligencias lógico-matemática y lingüística, ignorando los otros tipos de talento. Niños de diciembre son todos aquellos que, nacieran el mes que nacieran, perdieron su autoconfianza porque los maestros (o los padres) no los apoyaron y reconfortaron cuando los resultados no eran todo lo buenos que esperaban. Niños de diciembre son todos aquellos que dejaron de tener la curiosidad que tenían cuando entraron en el colegio porque se les ordenaba callar cuando hacían «demasiadas» preguntas, ya que el currículo pedía que se les enseñara a responder y no a preguntar.

Niños de diciembre son todos aquellos que han hecho caso a los profesores y a los padres y hoy están en el paro porque el sistema educativo atroz ha sido diseñado por unos políticos que se pelean y utilizan la enseñanza para marcarse puntos de cara a las elecciones (religión sí o religión no) y no se preocupan por la verdadera educación. Los líderes políticos dicen que el fracaso escolar son los niños que no completan el ciclo educativo. Se equivocan. El fracaso escolar son los niños que completan el ciclo educativo y se encuentran en el paro a pesar de que han hecho todo lo que de ellos han exigido los padres, los maestros y los ministros de educación. Ha llegado el momento de cambiar las cosas. Y de cambiarlas inmediatamente. Tenemos que dejar de desperdiciar talento. ¡No podemos dejar que en nuestro país haya un solo niño de diciembre más!

Amarillo

5

Un arma de destrucción masiva

El dinero

11 de noviembre de 1918. Finaliza la Primera Guerra Mundial y los aliados (Francia, Reino Unido y Rusia), vencedores, obligan a los perdedores (Alemania y el Imperio austrohúngaro, integrado por Austria, Hungría, Polonia, etc.) a firmar un tratado de paz en Versalles. Dicho tratado obliga a los perdedores a pagar los costes de la guerra a los vencedores. Un joven economista británico de nombre John Maynard Keynes escribe un libro en el que advierte del error que supone hacer pagar reparaciones de guerra, pero nadie le hace caso. Las economías de los imperios centrales han quedado totalmente destruidas y, por consiguiente, son incapaces de generar suficientes recursos fiscales. Dos años más tarde, los precios de las economías perdedoras empiezan a subir como nunca lo habían hecho. Es lo que se denomina la gran hiperinflación: en Alemania los precios aumentan un 3.000.000 % cada mes y, en general, los precios se doblan cada dos días. Algo parecido sucede en Polonia, Austria y Hungría. Como consecuencia, el dinero pierde su poder adquisitivo en cuestión de horas. Ante esta situación, la gente se preocupa más de gastar el dinero rápidamente (para no perder poder adquisitivo) que de trabajar. La hiperinflación, además, va acompañada de una crisis económica catastrófica.

Como pasa casi siempre que hay desastres económicos, los partidos políticos se llenan de demagogos, populistas y xenófobos que prometen la salvación fácil. El partido nazi gana les elecciones en Alemania y Hitler se convierte en canciller. Su política expansiva provoca la Segunda Guerra Mundial.

Al final de la segunda Gran Guerra los aliados entran en Alemania y encuentran un arma de destrucción masiva que los nazis habían creado, pero nunca llegaron a utilizar. Curiosamente, esta arma no se encontraba en ninguna fábrica de armamento ni en ningún almacén militar secreto, sino en el Reichsbank: el banco central de Alemania. ¿Cuál era esta arma de destrucción masiva?

El triángulo del intercambio

¿Os habéis preguntado alguna vez qué es el dinero? Muchos creen que el dinero sirve para almacenar la riqueza que se ahorra. Hay personas que guardan sus ahorros en forma de dinero bajo el colchón, dentro de un cerdito de cerámica o debajo de una baldosa «para el día de mañana». Esto es un error. El dinero es un mal instrumento para guardar los ahorros, ya que no da ningún rendimiento: ni intereses ni beneficios, absolutamente nada. Si vas a dormir con 100 euros bajo la almohada, cuando te despiertas al día siguiente tienes 100 euros. De aquí a un año tendrás 100 euros. ¡Y de aquí a veinte años continuarás teniendo 100 euros! Ahora bien, si hoy prestas los 100 euros a alguien al 3%, al cabo de un año tendrás 103 euros, al cabo de dos años tendrás 106,9 y al cabo de veinte, 180,6. Es decir, guardar los ahorros en forma de dinero es muy mala idea habiendo alternativas que generan interés, aunque sea pequeño.[1]

Ahora bien, si el dinero no sirve para guardar la riqueza, ¿para qué sirve? La respuesta es que el dinero es un invento fantástico que facilita el intercambio de productos. Ya hemos explicado en el capítulo 1 que, desde hace 100.000 años, tras experimentar

---

1. Otra cosa muy distinta es el caso de gente que no deposita el dinero en el banco por miedo a que las autoridades descubran que lo han obtenido de modo ilegal. Pero de esto ya nos ocuparemos en otro momento.

una revolución cognitiva la historia del progreso humano pasa por el comercio constante de productos y servicios: intercambio entre clanes, entre familias, entre individuos dentro de un pueblo o ciudad, entre pueblos, entre naciones o entre continentes (todavía no hemos podido realizar intercambios entre planetas, pero no os quepa la menor duda de que si un día encontramos gente en otro planeta, también comerciaremos con ellos).

Al principio, las tribus y los clanes intercambiaban productos directamente mediante el trueque: tú me das cinco kilos de trigo y yo te doy un conejo. A medida que las sociedades fueron progresando y los individuos especializándose en elaborar productos cada vez más sofisticados, surgió un problema: para poder intercambiar tus productos, no solo debías encontrar a alguien que los quisiera, sino que esta persona debía tener también lo que tú buscabas. Si yo viviera en una sociedad basada en el trueque, cuando tuviera ganas de tomar un café no solo tendría que encontrar un bar que sirviera cafés (hasta aquí es fácil), sino que, como mi actividad es dar clases de economía, debería encontrar un bar que sirviera cafés cuyo propietario tuviera ganas de escuchar una clase de economía. Y esto ya se me antoja mucho más complicado.

Para visualizar claramente el problema del trueque, imaginemos una sociedad simple con tres personas: un camarero que sirve café, un campesino que cultiva tomates y una pastelera que elabora pasteles

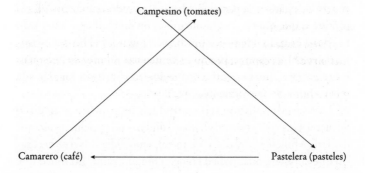

Supongamos que al camarero le gustan los tomates, pero no los pasteles. Que al campesino le gustan los pasteles, pero no el café. Y que a la pastelera le gusta el café, pero no los tomates. Fijaos que el camarero quiere los tomates del campesino, pero a este no le interesa para nada su café y, por lo tanto, no pueden intercambiar. El campesino quiere los pasteles de la pastelera, pero a ella no le gustan los tomates. Por lo tanto, el campesino y la pastelera tampoco pueden comerciar. Finalmente, la pastelera quiere café, pero al camarero no le gustan los pasteles, de modo que el camarero y la pastelera no pueden intercambiar sus productos. El resultado es que el trueque entre personas de esta sociedad es absolutamente imposible. Obviamente el asunto se complica todavía más en sociedades complejas como la nuestra, donde queremos consumir cada día no uno ni dos ni tres, ¡sino docenas o centenares de bienes y servicios diferentes! En este caso es imposible que haya comercio basado en el intercambio de productos.

Pero volvamos al ejemplo de las tres personas. Los integrantes de esta sociedad tan simple tienen dos soluciones. La primera sería reunirse los tres todos los jueves por la mañana siempre en un mismo lugar (un lugar al que podemos llamar «mercado del pueblo»), formar un corro y decidir que, a la de tres, cada uno pasa el producto a la persona que tiene a su izquierda. «Uno, dos, tres, ¡ahora!» Fijaos que, haciéndolo de esta manera, los tomates van a parar al camarero, los pasteles van a manos del campesino y el café va a parar a la pastelera. Todo el mundo acaba teniendo el producto que quería. Esta solución es un tanto chapucera y solo funciona cuando hay pocos productos. Figuraos el lío que se formaría si, en vez de tres, fuéramos centenares o miles de personas, y tuviéramos que encontrarnos todos en el mismo lugar y a la misma hora. Sería realmente complicado.

La segunda solución sería introducir un papelito o un disco de metal a los que podemos llamar «dinero» (al papelito podemos llamarlo «billete», y al disco de metal, «moneda»). No es necesario que el billete o la moneda tengan ningún valor. Lo único que hace falta es que los tres miembros de la sociedad lo acepten a cambio de su producto. Pongamos por caso que el papelito empieza en manos del camarero. El camarero da el papelito al campesino a cambio de los tomates. El camarero consigue el producto que quería, los tomates, y el dinero ha pasado a manos del campesino. El campesino se lo da a la pastelera a cambio de un pastel. El campesino consigue el producto que quería y el dinero está ahora en manos de la pastelera, que lo puede utilizar para dárselo al camarero a cambio de café. Observad que, a medida que el dinero circula por la economía, todos van consiguiendo los productos que desean. La gente no acepta el dinero por su valor intrínseco, lo acepta porque sabe que cuando lo necesite, podrá emplearlo para obtener los productos que realmente le gustan. El dinero, pues, sirve para facilitar el intercambio. Sin él, el intercambio sería muy difícil. Es cierto que durante miles de años los hombres comerciaron sin utilizar dinero; eran sociedades primitivas con muy pocos productos y los distintos clanes se encontraban un par de veces al año e intercambiaban lo poco que tenían. Pero en sociedades sofisticadas como la nuestra, con miles de millones de personas y millones de bienes y servicios, el comercio sería inconcebible sin la ayuda del dinero.

La conclusión es que el dinero tiene, de alguna manera, la propiedad mágica de transformar el café del camarero en tomates, los tomates en pasteles y los pasteles en café. En mi caso personal, el dinero transforma las clases de economía en comida para mí y para mi familia, en gasolina, en el alquiler de la casa, en electricidad, en agua, en gas, en libros, en camisas negras, en zapatos negros… ¡y en americanas de colores! ¡En efecto, la magia del dinero puede transformar una clase de economía en una chaqueta de color fucsia!

Aparte de transformar cosas, el dinero tiene otro poder curioso: promueve la cooperación entre personas que no se conocen de nada. Cada vez que compráis algo —lo que sea—, de alguna manera estáis haciendo que la persona que os la vende coopere con vosotros, en el sentido que os da algo que vosotros queréis a cambio de un papelito, el dinero. Esta persona no os da el producto y acepta el dinero por amor o por solidaridad. Lo hace pensando que utilizará este mismo dinero para obtener los productos que ella quiere. El hecho de que todos confiemos en la idea de que todo el mundo aceptará el dinero hace que personas que no se conocen de nada —o que incluso se odian— acaben cooperando y comerciando.

Historia del dinero: el patrón confianza

El dinero es una herramienta tan importante para el intercambio que sorprende que el hombre, que comercia desde hace 100.000 años, no lo inventara hasta apenas 3.000 años antes de Jesucristo. El dinero más antiguo apareció en Sumeria, y no tenía forma de papel (billetes) ni de disco de metal (monedas), sino de cereal: ¡era la cebada! Para hacer pagos, los sumerios utilizaban unos cuencos de cebada que contenían un litro de grano aproximadamente. Según los escritos de la época,[2] un obrero cobraba 60 cuencos cada mes. Si era mujer, cobraba solo 30 (¡la discriminación femenina viene de lejos!). En cambio, un capataz podía llegar a cobrar entre 1.200 y 5.000 cuencos de cebada mensuales. Lógicamente, ni el más hambriento de los capataces comía 5.000 litros de cebada cada mes. Pero aceptaba cobrar en cebada porque sabía que podría ir a la tienda y cambiar cuencos de cebada por cerdos, cabras o zapatos. Es decir, los asalariados no aceptaban el pago de su salario en forma de cebada porque pensaran consumirla sino que la aceptaban porque era un medio para comprar los productos que realmente consumían. La cebada, pues, era dinero. Era la primera forma de dinero de la historia.

2. Curiosamente, el dinero aparece más o menos al mismo tiempo que la escritura. Los primeros documentos escritos de la historia eran documentos de tipo contable: «Manuel me debe 500 cuencos de cebada» o «un trabajador normal cobra 60 cuencos al mes» y «un capataz cobra 1.200»:

El uso de la cebada como forma de dinero comportaba dos problemas. El primero era la dificultad de transporte. Imaginad el problema que suponía para el emperador pagar con cebada los salarios de los militares que luchaban para defender las fronteras a quinientos kilómetros. ¡Era incomodísimo! El segundo problema era que la cebada se estropea. ¡Si no la utilizabas para comprar, al cabo de pocos meses te quedabas sin ella! Para solucionar estos dos problemas, hacia el año 2500 a.C. apareció, también en Mesopotamia, el siclo de plata. Además de ser más fácil de transportar que la cebada, la plata no se estropeaba.

Conviene aclarar que el siclo de plata no era una moneda, sino simplemente una cierta cantidad de polvo de plata, concretamente 8,33 gramos. Cuando había que pagar 10 siclos de plata no significaba que hubiese que dar 10 monedas de plata, sino 83,3 gramos de plata. El uso del siclo de plata fue muy extendido, hasta el punto de que el Antiguo Testamento lo menciona en varias ocasiones. Uno de los pasajes más conocidos lo encontramos en la historia de Sansón y Dalila,[3] cuando los príncipes filisteos ofrecen a Dalila 1.100 siclos de plata a cambio de revelarles el secreto de la fuerza de Sansón. Esto significa que le ofrecieron algo más de ocho kilos de plata como incentivo para traicionar a su amante.

Es interesante destacar que, a diferencia de la cebada, la plata carece de cualquier utilidad directa: no es comestible y no es un metal útil para labrar la tierra o para fabricar espadas o lanzas (como lo son el hierro o el bronce) porque es demasiado blanda. Luego, si la gente aceptaba plata a cambio de sus productos y servicios, no es porque tuviera algún tipo de utilidad, sino porque sabían que podían usarla para comprar otros productos. Es decir, ¡la plata era dinero!

El siclo de plata fue muy utilizado durante la Antigüedad, pero también tenía un grave problema: cada vez que se compraba algo había que acarrear una balanza para pesarlo, y esto dificulta-

3. Libro de los Jueces, capítulo 16.

ba bastante el comercio. Además, enseguida aparecieron los espabilados que manipulaban las balanzas y los listos que mezclaban polvo de plata con el de otros metales más baratos, plomo o cobre, para engañar a los clientes. Por esta razón, en el año 640 a.C., en Lidia (Anatolia occidental), se inventó una de las cosas más útiles de la historia de la humanidad: la moneda. La moneda era un disco de plata u otro metal que llevaba el sello del rey, en este caso el del rey Aliates de Lidia. Con su sello, el rey garantizaba que aquel disco contenía exactamente los gramos de plata o de oro que correspondían. Y como que el rey tenía un enorme poder militar, podía castigar (y de hecho castigaba) a los espabilados que intentaran falsificar o manipular el peso o el contenido metálico de aquellas monedas. De este modo, los comerciantes podían comprar y vender productos a cambio de aquellas monedas, sin tener que trajinar una balanza todo el santo día, y sin necesidad de contar con expertos en metales para analizar si una moneda de plata contenía plata realmente o llevaba algún otro metal más barato.

Aquel invento fue tan importante que todavía hoy, después de casi 2.700 años, continuamos utilizando monedas. Todas las monedas de la historia han sido herederas de aquella moneda lidia y han funcionado de la misma manera: detrás de cada una ha habido una autoridad que decía: «Yo, gran emperador Pepito, garantizo que en este pequeño disco de metal hay tantos gramos de plata. Si alguien tiene la osadía de falsificar esta moneda estará falsificando mi propia firma, y será castigado con tortura o con la pena de muerte». Por lo tanto, la clave del éxito de la moneda era la fuerza de la autoridad que la emitía.[4]

Y no hubo autoridad con más fuerza en el mundo de la Antigüedad que Roma. Los emperadores romanos crearon el primer

---

4. De hecho, para evitar que los espabilados limaran los cantos de la moneda y se quedaran con el polvo de plata resultante, los cantos estaban llenos de marcas y dibujos que sellaban cualquier intento de serrar o raspar una parte. Si miráis los cantos de las monedas actuales (sean euros, dólares o pesos) todavía veréis unos dibujitos. Son la reliquia histórica que hoy carece de utilidad pero que es un recordatorio del origen histórico de nuestras monedas.

sistema monetario realmente global, un sistema basado en monedas de oro y plata. Aunque muchos emperadores cambiaron los nombres de sus monedas, las dos más importantes fueron el áureo de oro y el denario de plata. En las transacciones menores también se utilizaban monedas de un cuarto de denario, los sestercios, que todos recordamos de los famosos libros de Astérix. Inicialmente los primeros sestercios eran de plata, pero acabaron siendo de latón.

Dado que todo el mundo antiguo creía en la autoridad del emperador romano, todo el mundo utilizaba denarios, incluso fuera de los dominios de Roma. Los indios tenían tanta confianza en Roma que, cuando sus príncipes hicieron moneda propia, la copiaron exactamente del denario... ¡e incluso le pusieron la imagen del emperador de Roma!

De hecho, la palabra «dinero» viene directamente del popular denario romano. La arabización del término «denario» por parte de los califas musulmanes dio lugar al nombre que todavía hoy tienen países como Túnez, Jordania, Irak, Macedonia y Serbia: el dinar.

La dominación romana hizo que el dinero metálico basado en el oro y la plata se extendiera por todo el mundo y se convirtiera en el primer dinero global. A lo largo de la historia, pueblos que han estado constantemente en guerra, que no tienen nada en común y que no comparten ninguna creencia, solo se han puesto de acuerdo en una cosa: aceptar el oro y la plata como medio para comprar y vender productos. Dicho de otro modo, el oro y la plata han sido lo único que ha unido civilizaciones tan contrapuestas como, por ejemplo, la musulmana y la cristiana. Esta es una de las magias del dinero.

¿Cómo consiguieron los romanos que el oro y la plata acabaran siendo las formas de dinero más universales? Fue gracias al poder económico que tenía Roma en la Antigüedad... y a la ley de la oferta y la demanda. Es decir, la ley de la oferta y la demanda hace que si una región poderosa como Roma valora el oro y la plata y comercia con pueblos de fuera del imperio, estos acaben atribuyendo valor a los mismos metales. ¿Por qué? Pues imaginad que en Persia el oro y la plata carecen absolutamente de valor porque son metales demasiado blandos y, por lo tanto, inútiles para producir armamento o utensilios para la agricultura. Como la gente de Persia no valora estos metales, su precio es de casi cero. ¡Como si fuera arena de la playa! Cuando empieza a haber comercio entre Roma y Persia, los mercaderes romanos observan que en Persia el oro es mucho más barato que en Roma. Estos mercaderes intentan comprar todo el oro que pueden en Persia para llevarlo a Roma y especular comprando barato (en Persia) y vendiendo caro (en Roma). Eso hace aumentar la demanda de oro en Persia y provoca un aumento del precio del oro en ese país. Los persas, que hasta ese momento pensaban que el oro no tenía valor alguno, de pronto se dan cuenta de que sí lo tiene, porque lo pueden vender a los mercaderes romanos. Ellos seguramente no entienden por qué los romanos quieren comprar oro. De hecho, no tienen por qué entenderlo. Lo único que saben es que los romanos quieren comprar oro y que el precio de ese inútil metal amarillo cada día está más alto. De este modo, el oro pasa a ser un metal valorado y deseado en Persia. Este fenómeno se repite en otros lugares, y el oro y la plata pasan a ser deseados y utilizados como moneda en toda Europa, Asia y África. El culto al oro se extiende por todo el mundo. Y lo mismo pasa con la plata.

La religión del oro y la plata iniciada por Roma es tan poderosa que perdura siglos después de la caída del imperio. Cuando los españoles llegaron a América, lo primero que hicieron fue saquear las joyas de los indígenas. Aun siendo abundante en América, ni los incas ni los mayas ni los aztecas utilizaban el oro y la plata como dinero. El dinero para ellos eran las semillas de cacao. El oro y la plata eran metales utilizados en la joyería y la ornamentación. Al ver que los indígenas estaban cargados de joyas de oro y plata, los conquistadores pensaron que por allí tenía que haber gigantescas minas de metales preciosos. Empezó la leyenda de «El Dorado». Los invasores esclavizaron a los nativos para obtener su oro y su plata. Los pobres indios no comprendían la obsesión enfermiza de aquellos extranjeros por unas simples piedras. Se cuenta que los aztecas preguntaron a Hernán Cortés a qué se debía aquella fascinación por el oro, una obsesión que le hacía estar hablando del metal amarillo todo el día. Cuenta la leyenda que él respondió que los europeos padecían una enfermedad en el corazón que solo se podía curar con oro. Sea como fuere, lo que acabó sucediendo fue que los españoles introdujeron el evangelio del oro en América y, con ello, se completó el círculo monetario mundial que había empezado con el Imperio romano: el oro y la plata acabaron convirtiéndose en las dos primeras formas de dinero verdaderamente universales.

Una vez inventadas las monedas, la siguiente gran idea de la historia del dinero fueron los billetes.[5] Esto no sucedió hasta el año 1000 d.C. en China, ¡3.700 años después de la introducción de la moneda en Lidia! Los chinos utilizaban monedas con un orificio central cuadrado por el que se pasaba un cordón que servía para llevarlas formando un collar. Y, claro, la gente rica acababa llevando unos collares extraordinariamente pesados e incómodos. Para resolver el problema, los ricos dejaban los collares de dinero en una especie de banco del Estado y, a cambio, el banco les daba unos certificados de papel (hecho con corcho de morera) que garantizaban que aquellas personas eran propietarias de unas monedas que estaban depositadas en el banco. En ese papel-certificado —que se llamaba *jiaozi*— figuraba una inscripción que de-

---

5. A lo largo de la historia, diferentes sociedades han utilizado diferentes productos como dinero: pechinas blancas o cauris (usados en África, en el sudeste asiático y en Oceanía), ladrillos de té (en Mongolia), bloques de sal (en diferentes islas del Pacífico), semillas de cacao (en Latinoamérica), camellos, ovejas, cabras (en Oriente Medio), brazaletes de pelo de elefante o de cristal (en África Central) o discos de piedra (en Togo). Se dice que en los campos de concentración nazis, los prisioneros utilizaban cigarrillos de tabaco para comprar y vender. Es decir, a través de los tiempos y en todo el mundo, los humanos hemos utilizado todo tipo de productos y materiales como dinero, con el objetivo de facilitar el intercambio. Pero los materiales más usados a lo largo de la historia para hacer el dinero han sido, sin lugar a dudas, los metales preciosos y muy particularmente el oro y la plata.

cía que el banco entregaría las monedas a la persona que presentara el certificado (¡y también decía que si alguien osaba falsificar aquel papel sería decapitado!). Así pues, la persona podía ir con su certificado a comprar, y a cambio de las mercancías no daba monedas, sino que entregaba el papel. El vendedor se lo quedaba y, cuando quería, podía ir al banco a recuperar las monedas.

Los comerciantes no tardaron en darse cuenta de que no hacía falta ir al banco a recuperar las monedas. Simplemente podían utilizar el certificado para comprar otros productos. Los vendedores que aceptaban el certificado, a su vez, también podían utilizarlo para comprar. Y así sucesivamente, los mercaderes iban comprando y vendiendo cosas a cambio de aquellos certificados de papel. Nadie quería recuperar las monedas y lo único que se utilizaba para realizar las compras y las ventas eran los certificados de papel. De esta manera el papel se convirtió en una nueva forma de dinero.

Cuando Marco Polo escribió sobre el mundo fantástico que había visto en sus viajes a China, una de las maravillas que describe es, precisamente, que los chinos compraban y vendían productos a cambio de papeles. Marco Polo, que creía en aquel «evangelio del oro» que dominaba su Europa medieval, veía el uso del papel moneda como si los chinos hubiesen encontrado la manera de fabricar oro. En su libro, Marco Polo escribe: «Es como si todos aquellos pedazos de papel, emitidos con la mayor solemnidad y autoridad, fueran oro puro o plata. En todos los territorios del Gran Kan se pueden encontrar estos papelitos, exactamente igual que si fueran oro puro».

Mucha gente cree que el sistema monetario basado en monedas y billetes que tenemos en la actualidad funciona igual que el sistema chino que acabo de describir: detrás de cada billete hay una pequeña cantidad de oro guardada en el banco central. Dicho de otra manera, mucha gente cree que los billetes de papel que usamos están avalados por oro, plata u otro metal precioso que el Banco Central guarda en sus cajas fuertes. En realidad, el sistema funcionó así hasta hace poco. Era lo que se llamaba «sistema patrón oro». Los ciudadanos comprábamos y vendíamos productos con unos billetes de papel que fabricaba el Banco Central (en España se llamaba «Banco de España», en Estados Unidos «Banco de la Reserva Federal», en Colombia «Banco de la República», en Chile «Banco de Chile» o en México «Banco de México»), pero sabíamos que detrás de cada billete había una cantidad de oro que lo avalaba. El oro era una especie de garantía que daba seguridad y confianza a los consumidores del país. Digo que daba seguridad porque, en todo momento, cualquier ciudadano interesado podía ir al Banco Central y obtener el oro que le correspondía.

Eso quería decir que todos los bancos centrales del mundo estaban obligados a tener unas reservas de oro por si acaso los ciudadanos lo querían. Fijaos que esto quería decir, de hecho, que el Banco Central no podía imprimir billetes sin antes haber obtenido la correspondiente cantidad de oro. De ahí que el sistema monetario recibiera el nombre de «patrón oro».

Aunque la gente tenía derecho a cambiar sus billetes de papel por oro, la realidad es que nadie lo hacía. ¿Por qué? ¡Pues porque no valía la pena! ¿De qué servía almacenar oro en casa? ¡De nada! Era mucho mejor disponer de billetes de papel que podían ser utilizados para comprar y vender productos. Y, claro, cuando los líderes políticos vieron que la gente raramente iba a pedir el oro, cayeron en la tentación de imprimir más billetes sin tener la correspondiente cantidad de oro. Quien más sucumbió a esta tentación fue el gobierno de Estados Unidos de los años sesenta. En aquella época el país estaba embarcado en la impopular guerra de Vietnam y, para financiarla, el gobierno pidió a su Banco Central que imprimiera dólares y los entregara al presidente. Con estos dólares, el gobierno podía comprar armas sin necesidad de subir los impuestos.

Supongo que el gobernador de la Reserva Federal en un principio debió de negarse, argumentado que si aumentaban la cantidad de papel moneda sin tener la correspondiente cantidad de oro se podría dar el caso de que los ciudadanos decidieran ir a los bancos a buscar el oro que les pertenecía y si esto sucedía no habría suficiente oro para todos. Y también supongo que el presidente de Estados Unidos le debió de responder: «Sí, pero ¿qué probabilidad hay de que una gran cantidad de ciudadanos vengan a buscar el oro todos al mismo tiempo?». A lo que el gobernador de la reserva federal debió de responder: «Tiene usted razón, señor presidente, la probabilidad es muy baja». Sea como fuere, la realidad es que el gobernador del Banco Central de Estados Unidos se puso a imprimir dólares sin tener el respaldo de nuevas reservas de oro, pensando que nadie iba a presentarse en la ventanilla a cambiar papelitos por lingotes de oro. Pero se equivocó, porque en julio de 1971, el presidente de Francia, Georges Pompidou, se presentó en New York con 191 millones en dólares para reclamar el oro correspondiente. Sospechaba que los americanos estaban imprimiendo dólares sin el necesario respaldo del oro y no quería que Francia tuviera «papelitos de dólar» sin valor. Un par de días más tarde el gobierno de Suiza también se presentó con 50 millones de dólares adicionales. El presidente de Estados Unidos, Richard Nixon, pensó que si daba el oro a los franceses y a los suizos, otros países y otros inversores harían lo propio y el Banco Central de Estados Unidos se quedaría sin oro en pocos días. Ante el miedo de quedarse sin reservas de oro, Nixon decidió que a partir de aquel momento, en Estados Unidos los papeles de dólar no iban a estar avalados por oro. Al cabo de unos días, el resto de países del mundo hicieron lo mismo. El sistema de «patrón oro» había muerto.

Los economistas que creían en el evangelio del oro como moneda universal temieron que la economía mundial se desplomara después de que los americanos abandonaran el patrón oro. Sin embargo, la economía no se colapsó. La gente continuó utilizando los billetes de papel como si no hubiera pasado nada. ¿Cómo? ¿Que la gente que vendía productos valiosos aceptaba billetes de papel no avalados por un metal precioso como el oro? ¿Acaso se habían vuelto locos? ¡Pues no! No se habían vuelto locos. Aceptaban el papel moneda sin estar respaldado por el oro porque entendían que el valor del dinero no reside en si están avalados por algún metal precioso. Su valor reside en la confianza que tenemos en el hecho de que los otros miembros de nuestra sociedad lo aceptarán cuando nosotros vayamos a comprar productos. Si yo confío en que la pastelera me dará pasteles, en que el camarero me dará café y en que el campesino me dará tomates a cambio de unos billetes de papel, yo aceptaré que me paguen el salario por hacer clases de economía con dichos papelitos. La gran lección de la historia del dinero es que ¡la clave de su valor es la confianza y no los metales preciosos que pueden estar almacenados en el Banco Central! Podríamos decir que vivimos en un sistema monetario denominado «patrón confianza».

Pero la historia del dinero no se acaba con los billetes de papel. Hoy en día, una gran parte del comercio y el intercambio de bienes y servicios se llevan a cabo con un dinero que nadie ve: el dinero electrónico. En la actualidad nuestro salario es «ingresado» en una cuenta de un banco, que está registrada en un computador cuya localización desconocemos por completo. Cuando queremos utilizar los frutos de nuestro trabajo, vamos a la tienda y gastamos 50 dólares. Entonces entregamos una tarjeta de plástico, los ordenadores hacen cambiar los números de nuestra cuenta corriente y restan 50 dólares del total, y los añaden a la cuenta del tendero. Nosotros no vemos cómo sucede. Lo único que sabemos es que cuando vamos al banco a consultar, ya sea físicamente o por internet, nuestra cuenta muestra una reducción de 50 dólares. La razón por la que aceptamos cobrar nuestro salario con una transferencia que no vemos es, una vez más, la confianza en que podremos utilizar los números contenidos en aquel computador cada vez que queramos comprar algo.[6] El dinero ha pasado

---

6. Últimamente han aparecido nuevas formas de dinero electrónico encriptado, como el bitcoin. Es posible que en un futuro no demasiado lejano el bitcoin se utilice para comprar y vender productos. Pero de momento solo es un activo especulativo de precio muy inestable, que casi nadie utiliza para comprar y vender. Dado que el dinero es lo que se utiliza para intercambiar, el bitcoin aún no se puede considerar una forma de dinero, aunque esto no significa que no acabe siéndolo en el futuro.

a ser simples anotaciones electrónicas almacenadas en computadoras que ni siquiera sabemos dónde están. Y todos aceptamos ser pagados electrónicamente porque pensamos que otros van a hacer lo mismo cuando seamos nosotros los que vayamos a comprar. Hoy en día vivimos, pues, en la versión electrónica del mismo sistema «patrón confianza».

Vemos, pues, que el dinero es tan importante a la hora de facilitar el intercambio, que a lo largo de la historia los humanos hemos inventado distintas formas de dinero: desde los cuencos de cebada hasta las cifras en computadoras desconocidas, pasando por los billetes de papel, por la plata, el oro, el bronce, los cauris, el cacao, la sal, el té o los pelos de elefante. La característica común a todos los tipos de dinero de la historia es que los vendedores los han aceptado porque tenían confianza en que los podrían utilizar cuando ellos quisieran comprar algo. En principio, la confianza era saber que el dinero tenía valor en sí mismo (la cebada), más tarde la confianza se basó en el poder del rey o del emperador que acuñaba las monedas. Luego la confianza se fundamentó en la creencia de que el propietario podía recuperar el oro o la plata que garantizaban los papelitos. Finalmente, la confianza estriba en el hecho de que todos nos hemos acostumbrado a ir a los comercios y que acepten monedas, billetes o tarjetas de crédito. Sea cual sea su origen, la realidad es que la confianza es, y siempre ha sido, la clave del valor del dinero.

La otra cara de la moneda: los precios, el IPC y la inflación

Que el dinero sea uno de los inventos más importantes de la historia no significa que cuanto más dinero haya en la economía, mejor vayan las cosas a todo el mundo. De hecho, tener o producir demasiado dinero puede causar problemas económicos importantes. Porque la otra cara de la moneda es que, cuando compramos cosas a cambio de dinero, debemos saber cuánto dinero tenemos que dar para cada cosa. Es decir, tenemos que saber su precio. El precio de un café es la cantidad de dinero que debemos dar a cambio de un café (por ejemplo, un euro). De la misma manera, el precio del tomate o del pastel es la cantidad de dinero que hemos de pagar por un tomate o un pastel.

Una pregunta que a menudo nos interesa formular es si los precios de la economía en su conjunto son más altos ahora que hace un año. Para responder a esta pregunta tenemos dos alternativas: la primera es hacer un largo listado con todos los precios de la economía y decir, uno por uno, si han subido o han bajado durante el último año: el café ha subido un 3 %, los tomates han bajado un 0,5 %, los pasteles se han encarecido un 5 %, y así hasta completar una lista de miles y miles de productos, que son los que hoy en día podemos encontrar en nuestra economía.

La segunda alternativa es resumir todos los precios a un solo número como sería la media aritmética de todos los bienes y servicios de nuestra economía. El problema de sacar la media pura y simple es que no todos los productos tienen la misma importancia para los consumidores de un país. Así, si la gasolina se encarece el 10%, todos tenemos un problema porque gastamos mucha gasolina. Pero si las coles de Bruselas se encarecen el 10 %, no sucede prácticamente nada porque las coles de Bruselas no son la base de nuestra alimentación. Es decir, tendríamos que preocuparnos mucho si el precio que aumenta es el de un producto que todos utilizamos mucho, y no deberíamos preocuparnos demasiado si lo que se encarece es un producto que prácticamente no usamos.

Para capturar este fenómeno, los economistas hemos ideado un truco. Se trata de un instrumento que sale en las noticias de todos los periódicos, todas las radios y todas las televisiones del país una vez al mes, pero cuyo funcionamiento muy poca gente entiende: el IPC, o índice de precios al consumo. Para construir el IPC lo primero que debemos hacer es preguntar a los ciudadanos del país en qué gastan su dinero. Por ejemplo, calculemos el IPC de España. Cuando hacemos encuestas, los ciudadanos de España nos dicen que gastan el 18,98 % de su dinero en alimentación y bebidas no alcohólicas, el 15,45 % en transporte, el 12,68 % en vivienda, el 11,31 % en hoteles y restaurantes, el 7,62 % en ropa y calzado, el 7,08 % en ocio y cultura, y así sucesivamente. Dentro de cada grupo preguntamos cuánto se gastan en cada producto por separado. Es decir, en la partida de los alimentos, cuánto se gastan en huevos, en leche, en pan, etc. Con todo esto se crea la llamada «cesta de la compra»: el 18,98 % de la cesta son alimentos y bebidas, el 15,45 % es transporte, etc. Y, finalmente, calculamos cuánto costaría comprar toda una cesta. El resultado es lo que denominamos índice de precios al consumo, o IPC. El IPC español de 2015 es, pues, el precio medio de todos los productos que compran los españoles en el año 2015. Ahora bien, no es la media directa, sino una media ponderada en la que los productos más importantes para los españoles (los productos en que los españoles gastan más) tienen una importancia superior.

Una vez calculado el IPC de 2015, podemos compararlo con el de 2014 y ver si ha subido o ha bajado. Si ha aumentado significa que, de media, los bienes y servicios comprados por los españoles se han encarecido durante el último año y entonces se dice que hay inflación. Cuando el IPC baja se dice que hay deflación.

La pérdida de poder adquisitivo

Can Culleretes es el restaurante activo más antiguo de Barcelona. Fue inaugurado en 1786. Si lo visitáis, veréis que en las paredes tienen colgados los menús originales de diferentes épocas. Destacan los menús de principios del siglo xx en los que se ofrecían cenas completas con dos platos, postres, pan, vino, café y una copita de champán. El coste: ¡5 pesetas! Cinco pesetas equivalen a lo que hoy son 3 céntimos de euro.

Si vuestros abuelos hubieran guardado 5 pesetas de aquella época en una cajita y os lo hubieran dado, hoy tendríais 3 céntimos de euro. Unas monedas que hace un siglo podían comprar una cena entera, hoy en día no compran ni las migas de un panecillo. Es decir, el dinero ha perdido casi todo su poder adquisitivo. ¿Por qué? Pues porque los precios han subido. A principios del siglo xx, los tomates, el pan, la sopa, el pollo, el vino y el café eran tan baratos que el propietario de Can Culleretes podía ofrecer un menú por 5 pesetas. Hoy ningún restaurador puede confeccionar un menú por 3 céntimos de euro, ya que los precios de los ingredientes han aumentado desorbitadamente desde entonces.

Por ejemplo, solo desde 1970 hasta ahora, España ha tenido una inflación anual del 7,3 % de media. Durante los años setenta y ochenta, los precios subieron muy rápidamente y ahora suben más lentamente. Pero, de media, han subido un 7,3 % cada año. Esto significa que entre el año 1970 y hoy, en España el dinero ha perdido el 97% de su poder de compra. Es decir, en 1970 con 1.000 pesetas vuestros padres podían comprar 167 litros de leche (un litro costaba 6 pesetas) o 200 barras de cuarto de kilo de pan (cada barra costaba 5 pesetas). Si en vez de comprar pan o leche en 1970 hubiesen guardado las 1.000 pesetas, en el año 2000 se las habrían cambiado por 6 euros. Con estos 6 euros, hoy vosotros solo podéis comprar cuatro litros y medio de leche (ahora vale 1,35 euros el litro) o siete barras de pan (ahora la barra vale 85 céntimos). Por consiguiente, si hubiésemos guardado las 1.000 pesetas, habríamos perdido 163 de los 167 litros de leche y 193 de las 200 barras de pan a causa de la inflación.

La situación es peor para la mayor parte de los países de América Latina. La inflación media en Colombia desde 1970 ha sido del 16 %, en México del 24 %, en Venezuela del 27 %, en Uruguay del 39 %, en Argentina del 228 % y en Perú del 374 % anual. En Bolivia, solo en el año 1985 la inflación superó el 25.000 % anual. Es decir, si en 1970 alguien hubiera guardado un billete debajo de la almohada en cualquiera de estos países, ese dinero tendría hoy en día un valor de, esencialmente, cero. Es decir, con aquel billete no podríais comprar absolutamente nada. La inflación es una enfermedad corrosiva que devora el poder adquisitivo de nuestro dinero.

Las causas de la inflación

Llegados a este punto, la pregunta es: ¿por qué suben los precios? Es decir, ¿cuáles son las causas de la inflación?

Curiosamente, el primero que intuyó la respuesta fue un monje escolástico de Salamanca, en España, que se llamaba Martín de Azpilcueta. En su libro *Comentario Resolutorio de Cambios* escrito en 1554, Azpilcueta escribía:

> En las tierras do ay gran falta de dinero, todas las otras cosas vendibles, y aun las manos y trabajos de los hombres se dan por menos dinero que do ay abundancia del; como por la experiencia se vee que en Francia, do ay menos dinero que en España, valen mucho menos el pan, vino, paños, manos, y trabajos; y aun en España, el tiempo, que avia menos dinero, por mucho menos se davan las cosas vendibles, las manos y los trabajos de los hombres, que despues que las Indias descubiertas la cubrieron de oro y plata. La causa de lo qual es, que el dinero vale mas donde y quando ay falta del, que donde y quando ay abundancia.

Azpilcueta observó que el aumento de precios que se vivía en España en el siglo XVI era consecuencia de la plata proveniente de América (fijaos que escribía justo después de la conquista de América por parte de los españoles). Por un lado se dio cuenta de que en Francia, donde no llegaba la plata de los conquistadores, las cosas eran más baratas. Por otro lado vio que cuando a España todavía no habían llegado el oro y la plata de América, las cosas eran más baratas. Azpilcueta, pues, vio una relación entre el aumento de los precios con el aumento de la cantidad de dinero que circula por la economía, en aquel caso el oro y la plata.

Esto mismo que vio Martín de Azpilcueta también lo habían notado otros observadores de todo el mundo. ¿Recordáis el viaje de peregrinación del Mansa Mussa a la Meca? ¿Recordáis que allí por donde pasaba regalaba ingentes cantidades de oro? Pues resulta que los poetas de Alejandría escribieron que pocos meses después del paso de la rica comitiva de Mali, Egipto había experimentado un aumento generalizado de los precios. ¿Recordáis que los chinos del siglo XI inventaron el papel moneda? Pues resulta que una vez los ciudadanos se acostumbraron a pagar con papeles y no con monedas de metal, el emperador se permitió el lujo de empezar a imprimir papeles y a comprar cosas con ellos. ¿La consecuencia? ¡Pues que allí también hubo grandes aumentos de los precios! ¿Y recordáis la hiperinflación alemana de los años veinte que he explicado en la introducción? Pues resulta que el Tratado de Versalles que se firmó después de la Primera Guerra Mundial, al obligar a los alemanes a pagar los gastos de la guerra, esencialmente los forzaba a imprimir marcos (su economía estaba destruida y no tenían recursos para pagar a los vencedores, de modo que no les quedó más opción que imprimir dinero). Y al aumentar la cantidad de dinero apareció la gran inflación.

Por lo tanto, parece que hay una relación entre la inflación y los aumentos de la cantidad de dinero, ya sea fruto del saqueo de América, de las donaciones del Mansa Mussa, de la impresión de papeles de los emperadores chinos, o de la impresión de marcos en la Alemania de los años veinte. La pregunta es: ¿Por qué aumentan los precios cuando hay más dinero?

Para ver la relación entre la cantidad de dinero y el nivel de precios, pensad qué ocurriría si de pronto el Banco Central doblara la cantidad de billetes en circulación y los repartiera entre los ciudadanos. Ocurriría que cada uno de nosotros creería que es más rico, iría a la tienda y compraría más cosas: más pan, más tomates, más pasteles, más café. La demanda de todos los productos de la economía aumentaría. Ante el aumento de la demanda los empresarios subirían los precios. Quizá en un primer momento, en lugar de aumentar precios algunos empresarios decidirían producir más, pero eso haría aumentar la demanda de la tierra, de fertilizantes, de azúcar y de otros elementos necesarios para producir bienes y servicios. Esto encarecería los costes de producción y provocaría que, a la larga, todos los empresarios subieran los precios de sus productos. El resultado final es que, tanto si los empresarios aumentan el precio directamente como si deciden aumentar la producción, el aumento de la cantidad de dinero comportará, en última instancia, un aumento proporcional del nivel general de precios. Y esto es precisamente lo que los observadores económicos de todo el mundo han observado desde los tiempos de Azpilcueta: la consecuencia principal de los aumentos de la cantidad de dinero ha sido el aumento de los precios.

El impuesto inflacionario

Llegados a este punto, muchos de vosotros os preguntaréis por qué existe la inflación. Es decir, si la causa última de los aumentos de precios es que el gobierno (a través de su banco central) imprime dinero, eliminar la inflación debería ser muy sencillo: ¡bastaría con que el Estado dejara de imprimir dinero! La pregunta es: ¿Y por qué los estados no dejan de imprimir? La respuesta es que, para el Estado, imprimir dinero representa una manera de recaudar fondos porque, en realidad, la inflación es como un impuesto. De hecho, muchos economistas lo llaman «el impuesto inflacionario».

Mi primer trabajo de economista fue en Bolivia. Corría el año 1985 y Bolivia vivía una inflación enorme. Los precios aumentaban a un ritmo del 25.000 % anual. Yo formaba parte de un equipo de economistas encabezado por el profesor de Harvard Jeffrey Sachs, encargado de asesorar al gobierno de Víctor Paz Estenssoro sobre cómo reducir aquella desbocada inflación. La solución al problema era muy fácil, solo había que remitirse a la lección que Martín de Azpilcueta había aprendido hacía 450 años: ¡había que dejar de imprimir dinero! El problema es que el gobierno de Bolivia se había acostumbrado a pagar salarios y a comprar bienes públicos con el dinero que imprimía. Si dejaba de imprimir, o bien tenía que dejar de gastar o bien tenía que encontrar otras maneras de recaudar impuestos de los contribuyentes. Y esto no es fácil.

La verdad es que el gobierno de Bolivia intentó ambas cosas. Introdujo nuevos impuestos y dejó de gastar. Para ello, bajó salarios y eliminó pagas dobles para los funcionarios. Y en noviembre de 1985 los precios dejaron de subir. Sin embargo, una vez estabilizada la inflación, recuerdo que tuve una conversación muy curiosa con el entonces ministro del Interior, Fernando Barthelemy. Resulta que los mineros de Potosí reclamaban un aumento salarial y, para presionar, habían convocado una huelga y una macromanifestación en la capital del país, La Paz. El ministro del Interior, encargado de impedir que hubiera alborotos, vino a verme y me dijo: «A ver, Xavier, si los mineros hacen huelga porque quieren más pesos y nosotros tenemos un Banco Central que puede imprimir pesos, ¿por qué no imprimimos pesos y yo me evito tener que sacar a la policía para atajar las manifestaciones? ¿No será lo mejor para todos?».

Intenté explicar al señor ministro que, si se imprimían pesos, Bolivia iba a correr el riesgo de que la inflación se reavivara. Obviamente, él ya lo sabía, porque cualquiera que ha vivido una hiperinflación sabe que su causa es que el Banco Central está imprimiendo demasiado dinero. Lo sabían los alemanes en los años veinte y lo sabían lo bolivianos en 1985. Pero lo interesante es observar que su reclamo reflejaba un fenómeno universal: ¡cuando un gobierno tiene problemas económicos, el Estado tiene la tentación de poner en marcha la máquina de hacer dinero para obtener recursos fácilmente! Al fin y al cabo, cuando el Estado imprime dinero, puede realizar una serie de gastos sin tener que subir impuestos. Pero aunque no lo parezca, imprimir dinero es una manera de poner impuestos a los ciudadanos que, como digo, se llama «impuesto inflacionario».

¿Por qué imprimir dinero es como un impuesto? Veamos. Los impuestos poseen dos características: la primera es que el Estado cobra y la segunda es que hay alguien que paga. Claramente cuando el Banco Central imprime 1.000 pesos y se los da al gobierno tiene la capacidad de comprar productos. Si compra galletas y las galletas valen 1 peso cada una, con los 1.000 pesos que le ha dado el Banco Central, el gobierno puede apropiarse de 1.000 galletas. Por lo tanto, el gran beneficiado del impuesto inflacionario es, claramente, el

Estado. Pero ¿y quién paga esas galletas? Sigamos pensando. Cuando el gobierno va a la tienda y compra galletas, suben los precios. Por ejemplo, imaginemos que las galletas pasan de costar 1 peso a 1,1 peso cada una. Imaginad que vosotros tenéis un billete de 10 pesos. Antes de la operación del gobierno, con esos 10 pesos podéis comprar 10 galletas. Una vez el gobierno ha impreso dinero, solamente podéis comprar 9 galletas. Es decir, cuando el Estado imprime dinero, vosotros perdéis una galleta. De hecho, todos los ciudadanos que tengan un billete de 10 pesos perderán una galleta. Y la suma de todas las galletas que pierde la gente son exactamente las galletas que consigue el gobierno. A base de imprimir dinero, pues, el Estado consigue apropiarse de una gran cantidad de galletas que hasta entonces estaban en poder de los ciudadanos. El gobierno sale ganando y los ciudadanos salen perdiendo.

Fijaos que quien paga el impuesto inflacionario no son todos los ciudadanos, sino solo los que tenían dinero en el bolsillo. Si en vez de ir a dormir con el billete de 10 pesos hubierais comprado galletas y hubierais dormido con ellas, habríais podido comprar 10 y hoy tendríais 10 galletas (aplastadas, eso sí) y no 9. Por consiguiente, si en lugar de tener dinero vosotros hubierais tenido galletas no hubierais perdido nada y no habríais pagado el impuesto inflacionario. Por consiguiente, quienes pagan el impuesto inflacionario son solamente aquellos ciudadanos que tienen dinero en efectivo. Y los que más pagan son aquellos que tienen más dinero en efectivo.

El grupo de gente que más dinero en efectivo tiende a tener es el que se dedica a las actividades ilegales (economía sumergida, prostitución, venta de drogas, etc.). La razón es que para utilizar dinero en efectivo uno no debe hacer constar su nombre en ninguna parte. La única manera de lograr que toda la gente que se dedica a actividades ilegales contribuya un poco a Hacienda es, seguramente, hacer que pague el impuesto inflacionario. Esta es una buena razón para que el Banco Central imprima dinero cada año, aunque esto comporte un poco de inflación. Si los precios aumentan un 2 % cada año, es como si los delincuentes pagaran un impuesto del 2 %. Ya sé que no es el 21 % de IVA que pagamos la gente legal, ¡pero algo es algo!

Hay una diferencia importante entre el impuesto inflacionario y otros impuestos como el IRPF, los impuestos al consumo, el IVA o los impuestos a los beneficios de las empresas (impuestos de sociedades): mientras todos estos impuestos deben ser votados por el Parlamento, el impuesto inflacionario lo deciden las autoridades del Banco Central en reuniones secretas en las que los ciudadanos no tienen ni voz ni voto. En Europa, por ejemplo, quien decide actualmente si se imprimen euros es Mario Draghi, y no los parlamentos alemán, español, francés o italiano. Esto convierte el impuesto inflacionario en el menos democrático de todos los impuestos. Quizá por esto, imprimir es una tentación constante para los gobiernos de todo el mundo ya que es una manera de recaudar impuestos sin necesidad de pedir permiso al Parlamento para implementarlo. La facilidad de obtener recursos a base de imprimir hace que el impuesto inflacionario sea una especie de droga que crea adicción a los gobiernos, una adicción de la que a menudo es difícil quitarse.

De hecho, a lo largo de la historia son muchos los gobernantes que han acabado cayendo en la tentación de imprimir dinero. Obviamente, los países que utilizaban billetes de papel lo tenían (y tienen) muy fácil a la hora de crear dinero: lo único que deben hacer es dar órdenes a unos operarios que ponen unos papeles blancos en las impresoras y estas los transforman en billetes. Pero incluso cuando el dinero no era papel sino monedas de oro y plata, las autoridades encontraban la forma de «hacer dinero» para cobrar el impuesto inflacionario.

Los romanos, por ejemplo, encontraron dos maneras de hacerlo. La primera era producir monedas cada vez más pequeñas. Esto es lo que hicieron con su moneda de oro, el áureo. Cuando Julio César introdujo el áureo, hacia el año 50 a.C., la moneda contenía 8,18 gramos de oro puro. Un siglo más tarde, en la época de Nerón, el mismo áureo seguía siendo de oro puro, pero solo pesaba 7,27 gramos. Cien años más tarde, con Marco Aurelio, el áureo pesaba 6,5 gramos y en 285 d.C., con Diocleciano, 5,45 gramos. ¿Por qué la misma moneda iba perdiendo peso? Pues porque cada vez que se proclamaba un emperador nuevo, este pedía a los ciudadanos que, durante unos días, le dieran las monedas de oro acuñadas por el emperador anterior. Entonces fundía las monedas y las acuñaba de nuevo, pero con un poco menos de oro. Una vez acuñadas, devolvía las monedas que había pedido a los ciudadanos y él se quedaba con la diferencia.

La segunda manera que encontraron los romanos fue mezclar el metal precioso de la moneda con metales más baratos y menos nobles. Esto es lo que hicieron con los denarios y los sestercios. El denario fue introducido en Roma durante la República en el año 268 a.C. y era plata en un 90 % (4,54 gramos de plata). Con el paso del tiempo, las autoridades fueron fundiendo las monedas y acuñando una cantidad superior mezclando la misma plata con cobre. Un siglo después de haber sido introducido, el denario ya solo contenía un 80 % de plata. En el año 200 d.C. el denario contenía un 70 % de plata y, a partir de aquí, el porcentaje de plata cayó en picado: en el año 350 solo contenía un 5 % de plata y ya casi no valía nada. Con los sestercios ocurrió lo mismo: empezó siendo una moneda de plata, como el denario, pero en poco tiempo pasó a ser de bronce y acabó siendo de latón.

En definitiva, a pesar de que el dinero de papel es mucho más fácil de imprimir que el oro o la plata, los gobernantes a lo largo de la historia han encontrado maneras de «crear» dinero, incluso cuando este ha sido de oro o de plata. Esta es la gran tentación que causa el impuesto inflacionario.

La Operación Bernhard

Todo lo explicado nos lleva a la pregunta que ha motivado este capítulo: ¿Cuál era el arma de destrucción masiva que encontraron las tropas aliadas cuando entraron en Alemania al acabar la Segunda Guerra Mundial?

Los alemanes, escarmentados por el caos que la inflación había causado en su economía durante los años veinte, pensaron que, si creaban un caos económico similar en Inglaterra, podrían acabar ganando la guerra. Sabían perfectamente, porque lo habían vivido y sufrido en sus propias carnes, que para generar inflación en Inglaterra hacía falta que la cantidad de dinero inglés aumentara. Pero ¿cómo podían imprimir dinero inglés? El oficial mayor de la SS, Bernhard Krüger, tuvo la idea de reclutar a los mejores falsificadores, impresores, calígrafos y tipógrafos judíos de los campos de concentración, los reunió en ciento cuarenta y dos equipos distintos y los puso a falsificar libras esterlinas. La operación, bautizada en honor de su ideólogo con el nombre de Operación Bernhard, consiguió realizar falsificaciones tan perfectas que los mejores expertos de bancos suizos no podían distinguirlas de las libras verdaderas: la misma tinta, el mismo papel, los mismos colores, las mismas firmas. ¡Perfecto! Los falsificadores alemanes llegaron a producir 9 millones de billetes de 5, 10, 20 y 50 por un valor de 134 millones de libras. La idea del oficial Bernhard Krüger era poner todos estos billetes en aviones de la Luftwaffe y lanzarlos desde el aire sobre Inglaterra para crear allí el mismo caos hiperinflacionario que habían vivido los alemanes unos años antes.

El arma de destrucción masiva, pues, no eran bombas nucleares ni misiles de larga distancia para bombardear Londres: ¡era simplemente una cantidad ingente de dinero falsificado!

La principal lección de este capítulo es que el dinero, como el vino, es bueno si se toma con moderación. De hecho, el dinero es un instrumento absolutamente imprescindible para intercambiar en sociedades modernas y sofisticadas. Ahora bien, cuando se imprimen excesivas cantidades de dinero, este puede ser extraordinariamente perjudicial para la economía porque causa inflación. El problema es que, como el vino, el dinero puede ser adictivo para los gobernantes que lo controlan. Solo las sociedades que consiguen controlar a sus dirigentes para que no caigan en la tentación de imprimir dinero fácil consiguen evitar que el Estado transforme ese dinero que es bueno para comerciar en un arma de destrucción masiva.

Rosa

6

El mono adiestrado

Las finanzas

En 1544 el embajador austríaco en Turquía regresa a casa y trae consigo unas flores muy apreciadas que los emperadores otomanos emplean para decorar sus trajes: se llaman tulipanes. Son flores tan extrañas y tan bonitas que enseguida pasan a formar parte de los jardines imperiales de Viena. Cincuenta años más tarde, en 1593, uno de los cuidadores del jardín imperial acepta una cátedra de floricultura en Holanda y se lleva varios bulbos de tulipán. Las tierras arenosas de los Países Bajos les son propicias. Aun siendo flores caras, y a pesar de que son inodoras y que solo florecen durante un par de semanas al año, los tulipanes son un éxito inmediato entre los holandeses. Cada año un color se convierte en el más popular (el color «de moda», por así decirlo) y acaba siendo el más caro. Con el ánimo de aprovecharse de la diferencia de precios, aparecen una serie de especuladores que intentan adelantarse a la moda y adivinar cuál será el color que los holandeses van a preferir el año siguiente y compran miles de bulbos de tulipán de aquel color con la esperanza de que podrán vender las flores más caras al cabo de un año.

A principios del siglo XVII las flores holandesas se contagian de un virus benigno llamado «virus mosaico» que provoca dibujos en forma de llama de dos o más colores en los pétalos. Esto incrementa aún más el interés por los bulbos de tulipán y hace que los precios aumenten. Los especuladores, que ganan dinero comprando y vendiendo bulbos de tulipán, empiezan a enriquecerse.

Al ver que hay gente que gana dinero fácilmente con la compraventa de tulipanes, otros se apuntan a hacer lo mismo. Empiezan a participar banqueros, empresarios y nobles, y no tardan en sumarse a ellos comerciantes, herreros, carniceros, maestros de escuela, médicos, mayordomos, y hasta deshollinadores. Todo el mundo se dedica a especular. Los más osados piden préstamos e hipotecan las joyas, los carruajes e incluso las casas para poder especular y hacerse ricos. Las masas, codiciosas, enloquecen en un intento de ganar dinero fácil. Los que no especulan con los tulipanes acaban pensando que son tontos porque ven que amigos, vecinos y familiares se enriquecen. Al final, también sucumben a la tentación de ganar dinero sin trabajar. Y cuanta más gente se dedica a comprar bulbos, más aumenta su precio, más ganan los especuladores y más gente quiere entrar en el negocio. La espiral parece no tener fin.

El 5 de febrero de 1637, el precio de un bulbo de tulipán llega al nivel más alto de su historia: el equivalente al salario de diez años de un artesano no cualificado. A precios de hoy, serían unos 275.000 dólares. La gente paga esa barbaridad de dinero por un bulbo de tulipán porque está convencida de que en una semana podrá vender estos mismos bulbos por un precio todavía más extravagante.

Pero el día 6 de febrero, los bulbos que llegan al mercado no encuentran comprador. La razón es que, una vez todos los holandeses están especulando, ya no queda nadie que quiera entrar en el negocio de los tulipanes. Los vendedores, preocupados, intentan vender a un precio más bajo pero no lo consiguen (al no haber demanda nueva, los precios empiezan a caer). Esto causa el pánico entre las personas que justo 24 horas antes habían pagado diez salarios anuales por un bulbo pensando que lo podrían vender a un precio superior. Pero nadie quiere comprar a precio superior. Ni siquiera quiere comprar al mismo precio de ayer. ¡Ni a un precio un poco menor! ¡De hecho, nadie quiere comprar a ningún precio! Los propietarios intentan sacarse de encima todos los bulbos acumulados pero no pueden. En cuestión de horas, los precios caen en picado: la burbuja de los tulipanes se colapsa, y el resultado es un océano de gente absolutamente arruinada. Los que se han hipotecado para comprar tulipanes no solo pierden su dinero sino que pierden la casa, los carruajes y las joyas que habían empeñado para poder especular. Al cabo de pocos días, los otrora preciados bulbos acaban teniendo el mismo precio que una cebolla común para la ensalada.

Burbujas especulativas

El episodio de los tulipanes holandeses en el siglo XVII es uno de los primeros ejemplos y uno de los más famosos de lo que los economistas actuales denominan «burbujas especulativas». Pero no es el último. En los años veinte del siglo XX hubo la burbuja especulativa en la bolsa de New York, que desembocó en el famoso Crac del 29 y la gran depresión. En los años noventa del siglo pasado, los inversores de todo el mundo enloquecieron comprando acciones de empresas de internet a precios extravagantes (¿recordáis las acciones de Terra?), una locura que acabó con un colapso en las bolsas de todo el mundo, conocido con el nombre de «burbuja de las puntocom». Más recientemente la locura de las masas llevó a millones de ciudadanos españoles, embaucados por la falsa idea de que «el precio de la vivienda no podría bajar nunca», a comprar casas, pisos y terrenos, deslumbrados por las ganancias que obtenían sus amigos y conocidos. Todos sabéis que la burbuja inmobiliaria acabó estallando y dando pie a la que ha sido la crisis económica más larga y profunda desde la Gran Depresión.

Todos estos episodios de especulación masiva y patológica tienen los mismos rasgos comunes: hay un activo financiero (acciones, casas, viviendas o tulipanes) que, por el motivo que sea, empieza a aumentar de precio. A menudo aparece una teoría más o menos creíble que explica que los precios de aquel activo no pararán nunca de subir. En el caso de la burbuja inmobiliaria, la teoría era que «el ladrillo nunca baja». En el caso de las acciones «puntocom» era que «las empresas de internet son el futuro de la economía y ganarán cantidades ingentes de dinero en un futuro inmediato a pesar de que en la actualidad todavía no den beneficios». Nadie sabía cómo funcionaría el negocio de internet pero todos sospechaban que la nueva tecnología era una especie de «el Dorado» que iba a cubrir de oro a quien fuera propietario de acciones de empresas «puntocom». Pues bien, el caso es que algunas personas se creen esta teoría y empiezan a comprar para hacerse ricas. La demanda creada por esta gente provoca un aumento inicial de los precios, lo cual aparentemente «demuestra» que la teoría era correcta: el ladrillo no solo no baja, sino que sube. Las acciones de las empresas de internet suben a pesar de que en la actualidad no dan (todavía) beneficios. La codicia humana y la tentación de ganar dinero fácil hace el resto: al ver que vecinos, conocidos y familiares ganan dinero sin trabajar, más gente se dedica a comprar viviendas, tulipanes o acciones «puntocom». Y cuanta más gente compra para especular, más hace subir el precio y más se «confirma» la teoría. El mercado entra en un círculo vicioso en el que los precios aumentan porque cada día hay más gente que compra, y cada día hay más gente que compra porque los precios suben.

Hasta que llega el día que ya no queda nadie más para entrar a comprar. Sin demanda adicional los precios no suben y las supuestas ganancias desaparecen. Los especuladores empiezan a sospechar que la teoría quizá no era correcta e intentan vender. Pero a estas alturas ya nadie compra y los precios caen en picado. Son muchos los que se quedan con acciones, viviendas o tulipanes pagados a precio de oro, pero con un valor próximo a cero. ¡Están arruinados!

Estos episodios recurrentes de la historia de las finanzas reciben el nombre de «burbujas especulativas» porque los precios se comportan como burbujas de jabón: al igual que las burbujas de jabón, las burbujas financieras son frágiles, insustanciales, están vacías por dentro, solo aumentan de tamaño mientras haya alguien que siga soplando (en este caso comprando) y siempre, siempre llega un momento (que nadie sabe cuándo es) en que se desintegran y no queda absolutamente nada.

La importancia del sistema financiero

La existencia de burbujas especulativas es uno de los motivos por los que el mundo de las finanzas, las bolsas y los bancos tiene mala reputación entre el común de los mortales. Cada vez que hay una crisis, se alzan voces en contra de los bancos, de las bolsas y del «capitalismo financiero y especulativo», y a favor de los pequeños empresarios (a los que llaman «emprendedores») que producen «cosas reales». El problema es que, a pesar de que de vez en cuando la especulación provoca burbujas, el mundo de las finanzas es fundamental para que la economía real funcione. Pero ¿qué es y para qué sirve el sistema financiero?

Intermediario entre ahorro e inversión

Alejandra es una chica muy lista que ha trabajado muchos años en los mejores restaurantes de Girona. Desde hace mucho tiempo se dedica a preparar los postres y últimamente ha sido la chef de pastelería del restaurante. Su especialidad son los helados. Hace tiempo que piensa que quiere irse del restaurante para abrir su propia heladería en Roses. Alejandra sabe hacer helados, sabe gestionar el personal —ya que ha dirigido a un grupo de pasteleros en el restaurante donde trabajaba— y sabe llevar el negocio. Solo tiene un problema: ¡no tiene dinero! Necesita comprar neveras, cocinas, mostradores, cajas registradoras, mesas, sillas y las materias primas para elaborar los primeros helados. También debe alquilar un local y decorarlo, además de pagar los salarios de sus primeros trabajadores. Tiene unos 100.000 euros ahorrados, pero calcula que para empezar y poder llevar el negocio hasta el punto de que sea autosuficiente va a necesitar 500.000 euros más. Ella sabe que si consigue estos 500.000 euros abrirá una heladería moderna que dará un altísimo rendimiento. Según sus estimaciones, conseguirá unos beneficios del 30% cada año. Pero sin los 500.000 euros no puede hacer absolutamente nada y tendrá que seguir trabajando en el restaurante de Girona.

Lionel es un futbolista que gana bastante dinero. Es una persona inteligente que sabe que la vida de futbolista es muy corta y que los ingresos que cobra ahora pronto se acabarán. Por consiguiente, sabe que debe ahorrar si no quiere pasar penurias cuando se retire del fútbol. Ahora mismo Lionel tiene 500.000 euros ahorrados, pero tiene un problema: no sabe qué hacer con ese dinero. Si lo pone en la hucha o lo esconde debajo del colchón, no obtendrá ningún rendimiento. De hecho, como ha leído el capítulo 5 de este libro, sabe que si pone el dinero en el cerdito de cerámica perderá poder adquisitivo debido a la inflación. ¡Lionel no sabe qué hacer!

El mundo está lleno de chicas como Alejandra, de gente que necesita que alguien le deje dinero. Ahora bien, no todos los que quieren que les presten dinero son emprendedores como ella. Están las grandes empresas ya establecidas que necesitan ampliar la fábrica o comprar maquinaria. O también las familias que quieren comprar una vivienda, pero que ahora mismo no disponen de suficiente dinero para hacerlo (han calculado que si ahorran el 30 % de sus ingresos mensuales tendrán que esperar veinte años para comprar la casa, pero ellos la quieren ahora mismo; piensan que si alguien les prestara el dinero hoy, podrían obtener la casa inmediatamente y utilizar el 30 % de sus ingresos mensuales para pagar la hipoteca). Finalmente, están los gobiernos de todo el mundo que quieren mantener un déficit fiscal, es decir, quieren gastar más de lo que recaudan con los impuestos. Y para gastar más de lo que ingresan necesitan que alguien les preste la diferencia.

El mundo también está lleno de personas como Lionel: gente que ahorra y quiere que sus ahorros tengan un rendimiento. No todos son jugadores de fútbol conscientes de que su vida laboral será muy corta. Hay gente que ahorra porque quieren tener dinero cuando les llegue la jubilación. Unos ahorran por prudencia, porque no quieren quedarse desprotegidos en caso de tener que afrontar algún gasto inesperado (accidente de tráfico, enfermedad, pérdida de puesto de trabajo). Otros ahorran porque quieren dejar una herencia a sus descendientes, o bien quieren pagar la educación de sus hijos en las mejores universidades del mundo.

En un mismo país coexisten personas como Alejandra y Lionel, gente que ahorra dinero y que desearía obtener un retorno por él, y gente que necesita que alguien le preste dinero para empezar un negocio o para ampliarlo, para comprar pisos o para mantener déficits fiscales. Sería muy importante y beneficioso para todos ellos que existiese una manera de canalizar el dinero desde quien lo tiene ahorrado hasta quien lo quiere utilizar para hacer negocio o comprar una vivienda. Es decir, sería muy importante y beneficioso que alguien hiciera de intermediario entre quienes tienen dinero y quienes lo necesitan. Pues bien, afortunadamente estos intermediarios existen y se llaman «sistema financiero».

El sistema financiero ha desarrollado diferentes mecanismos para que el dinero de Lionel vaya a parar al negocio de Alejandra. Veamos algunos de los más importantes. El primer mecanismo sería que Lionel prestara 500.000 euros directamente a Alejandra. Como ella cree que su negocio le dará un retorno del 30 % anual, se puede comprometer a devolver el dinero a Lionel en 10 años y, además, a pagarle unos intereses del 8 %. Fijaos que de esta manera, Alejandra podrá abrir el negocio y a la vez obtener beneficios, y Lionel recibirá un retorno del 8 % por sus ahorros, un retorno que no habría obtenido de haber guardado el dinero debajo del colchón. Ambos salen ganando.

Una segunda manera de canalizar el dinero que ha ahorrado Lionel hacia el negocio de Alejandra sería que, en lugar de pedir un 8 % a cambio, Lionel le diera los 500.0000 euros a cambio de, por ejemplo, el 40 % de la heladería. Esto no le daría un «rendimiento fijo» del 8 %, sino un «rendimiento variable», ya que el 40 % de la heladería le daría derecho a cobrar el 40 % de los beneficios. Si la heladería gana mucho dinero, Lionel cobrará el 40 % de todas esas ganancias y si la heladería no gana nada, Lionel no cobrará nada. Además de cobrar el 40 % de los beneficios, al ser co-propietario de la empresa, Lionel podrá tomar decisiones sobre su funcionamiento.

Para Lionel el problema de canalizar sus ahorros a Alejandra a través de un préstamo directo o a través de la venta de una parte de la empresa es que no sabe prácticamente nada heladerías, ni de planes de negocio, ni de retornos, ni de contratos de crédito, ni de propiedades empresariales. ¡Él sabe de fútbol! Es más, él ni siquiera ha estado nunca en Roses y no sabe si una heladería en esta ciudad de la Costa Brava es una buena idea de negocio.

Para solucionar este problema, tenemos la tercera gran institución (o tercer mecanismo) del sistema financiero: los bancos. Los bancos son empresas que toman el dinero de los ahorradores como Lionel (los depositantes) y les pagan un tipo de interés pequeñito. A continuación prestan este dinero a gente como Alejandra a un tipo de interés más elevado. Estas empresas bancarias cuentan con trabajadores expertos en evaluación de planes de negocio de todo tipo de empresas y, por tanto, saben mejor que Lionel si la heladería de Alejandra es viable y rentable. De este modo, gracias a los bancos, el dinero de Lionel puede llegar a la empresa de Alejandra sin necesidad de que él tenga que saber nada de helados, de empresas o de planes de negocio. De hecho, los bancos pueden canalizar el dinero de Lionel hacia Alejandra ¡sin que ellos deban ni siquiera conocerse!

Los bancos, el préstamo directo y la compra de una parte de la empresa son los tres instrumentos más importantes del sistema financiero que tenemos hoy en día y que nos ayudan a canalizar los ahorros hacia la inversión. Gracias al sistema financiero, los ahorradores pueden obtener un retorno de sus ahorros, las empresas pueden obtener financiación para poner en marcha o ampliar sus negocios, las familias que no tienen bastante dinero pueden comprar casas y los gobiernos que quieren gastar más de lo que ingresan pueden endeudarse. Hoy en día, sin el sistema financiero, el resto de la economía no podría funcionar.

Riesgo y diversificación

Aparte de canalizar dinero desde los ahorradores hacia los inversores, el sistema financiero cumple una segunda función importante: nos ayuda a diversificar el riesgo.

Imaginad que, por casualidad, Lionel acabara conociendo a Alejandra en una fiesta y decidiera prestarle todos sus ahorros, 500.000 euros, para poner en marcha la heladería a un tipo de interés del 8%. Seguro que, una vez en casa, empezaría a preocuparse y pensaría: ¿Y si el negocio de los helados en Roses es una mala idea y la heladería no funciona? ¿Y si Alejandra es una holgazana y en el fondo no le gusta trabajar? ¿Y si los tres próximos veranos llueve cada día en Roses, la gente no consume helados y el negocio de Alejandra no genera suficiente dinero para devolverme el crédito? La posibilidad de que no te devuelvan el dinero, o no te lo devuelvan todo, o te lo devuelvan con unos intereses inferiores a los pactados, es un riesgo que todos los inversores deben correr.

Fuera del mundo de las finanzas, la vida también está llena de riesgos. Si comemos en un restaurante, nos puede dar una salmonelosis. Si comemos en casa, podemos quemarnos cocinando. Si vamos a trabajar en coche, podemos sufrir un accidente. Si vamos en tren, puede descarrilar. Si no trabajamos, podemos morir de hambre. Si vamos de vacaciones, podemos ser atracados, secuestrados o asesinados. Si nos quedamos en casa, también. Si ponemos la calefacción, podemos provocar un incendio. Si no la ponemos, podemos contraer una pulmonía. Hagamos lo que hagamos, siempre existe la posibilidad de que nos ocurra alguna desgracia. La vida está llena de riesgos, esta es una verdad que debemos aceptar: es imposible vivir sin asumir ningún tipo de riesgo.

Hecha esta reflexión, está claro que cada actividad comporta un grado diferente de riesgo. Viajar en motocicleta comporta más peligro de accidente que hacerlo en automóvil, y viajar en automóvil es más arriesgado que hacerlo en avión. Comer en un bar sucio comporta una probabilidad más alta de que se nos contagie algún tipo de enfermedad que si comemos en un restaurante limpio. Es decir, los humanos podemos reducir el riesgo que asumimos con nuestras decisiones. En algunos casos puede resultar muy fácil, por ejemplo dejar de comer en bares poco higiénicos no cuesta demasiado. Pero en otros casos es más difícil, por ejemplo dejar de ir a trabajar en moto cuando el tráfico es demasiado denso para ir en coche. Incluso puede darse el caso de que para unos sea fácil dejar de arriesgarse y, por el contrario, para otros no lo sea. Por ejemplo, dejar de tirarse en paracaídas puede representar un sacrificio enorme para los amantes de este deporte, y no representa ninguna renuncia para la gente como yo, que no acabo de entender el placer de lanzarse al vacío. En el mundo de las finanzas uno de los riesgos más importantes es la posibilidad de que el retorno que nos da una inversión sea diferente del esperado. Igual que en el mundo real, es imposible invertir sin riesgo. No hay ninguna inversión segura. Si prestamos dinero a un amigo, corremos el riesgo de que no nos lo devuelva. Si depositamos el dinero en un banco, corremos el riesgo de que quiebre. Si compramos acciones de Microsoft, corremos el riesgo de que el valor de su cotización baje o que la empresa acabe cerrando. Incluso escondiendo el dinero en el escondrijo más seguro del mundo, corremos el riesgo de perder poder adquisitivo si se dispara la inflación, tal como hemos visto en el capítulo anterior.

Todas las inversiones comportan riesgo. Y, como pasa con todos los riesgos de la vida, no todas las inversiones son igualmente arriesgadas. Prestar dinero a Alejandra es más arriesgado que prestarlo a Microsoft o al gobierno de Estado Unidos o de Alemania.

En general los inversores detestan la inseguridad. Es decir, tienen aversión a las situaciones de riesgo. Por esta razón solo aceptarán inversiones arriesgadas si se les da una compensación en forma de retorno más elevado. Los inversores que prestan dinero a la empresa desconocida exigirán un tipo de interés superior al que exigirían si prestaran el dinero al gobierno de Estados Unidos. Esta es una de las leyes fundamentales más importantes y olvidadas de la teoría de las finanzas: *el retorno, o premio, de una inversión está directamente relacionado con el riesgo que comporta.* Si una inversión da un retorno muy elevado, es porque la inversión conlleva un riesgo muy elevado. Dicho a la manera de las abuelitas: ¡cuando los periódicos anuncien una nueva inversión que paga unos retornos extraordinariamente altos, cuidado porque seguro que se trata de una inversión muy arriesgada! Todos deberíamos recordar los anuncios de Nueva Rumasa, Gescartera o Fórum Filatélico, anuncios que prometían unos intereses extravagantes. Los pobres ahorradores que invirtieron en estas empresas, encandilados por las promesas de retornos extraordinarios, acabaron perdiendo su dinero. ¡Ignorar las leyes fundamentales de la economía puede costar muy caro!

Otro grupo de ahorradores que ignoraron la ley del riesgo fueron los compradores de participaciones preferentes de bancos y cajas españoles durante la primera década de 2000. Prometían un retorno muy superior al de los depósitos bancarios. Naturalmente, por mucho que los directores de la sucursal bancaria afirmaran que eran una inversión segura, la ley fundamental de las finanzas dice que este retorno superior reflejaba que tenían un riesgo superior. Y el riesgo acabó produciéndose en forma de pérdidas masivas de dinero por parte de los ahorradores. En el mundo de las finanzas, si una inversión parece demasiado buena para ser real, desconfiad de ella, porque normalmente no es tan buena como aparenta. ¡Apuntadlo bien apuntado!

Dicho esto, igual que ocurre en la vida real, algunos tipos de riesgo se pueden reducir mediante una simple estrategia: la diversificación. Si ponemos todos los huevos en una misma cesta y la cesta se cae al suelo, todos los huevos se rompen. En cambio, si los repartimos en dos cestas, solo se rompen la mitad. Y si los repartimos en cien cestas y se cae una, solo perdemos el 1% de los huevos. Para ver cómo funciona la diversificación como mecanismo de reducción del riesgo, volvamos al caso de Lionel y Alejandra. Recordad que Lionel dudaba sobre si era prudente prestar todos sus ahorros a Alejandra porque consideraba que era arriesgado poner todos los huevos en la misma cesta. Después de darle muchas vueltas, Lionel decide prestar a Alejandra solo 250.000 euros. Los otros 250.000 decide prestarlos a la tienda de paraguas de Roses. Lionel piensa que si el negocio de Alejandra no funciona porque tiene la mala fortuna de que llueva tres veranos seguidos, la tienda de paraguas va a ganar mucho dinero. Es decir, Lionel piensa que si invierte la mitad del dinero en un negocio que va bien cuando hace sol y la otra mitad del dinero en un negocio que funciona cuando llueve, la mitad de su dinero dará rendimiento tanto si llueve como si hace sol. Cuando el negocio de los helados vaya mal, el de los paraguas irá bien, y viceversa. ¡Esto es la diversificación!

De hecho, la verdadera diversificación no sería invertir la mitad de los ahorros en una empresa y la otra mitad en otra empresa, sino invertir un 1% de los ahorros en cien empresas diferentes: unas que vayan bien cuando llueve, otras que vayan bien cuando hace sol, otras que vayan bien cuando la economía europea va bien, otras que vayan bien cuando la economía europea va mal, y así sucesivamente.

La herramienta que permite hacer esta diversificación también es el sistema financiero. El sistema financiero facilita la compra de «pequeñas porciones» de muchas empresas (estas porciones se llaman «acciones» de las que hablaremos más adelante). También da la libertad de prestar pequeñas cantidades a muchas empresas, familias o gobiernos diferentes (estos pequeños préstamos se llaman «bonos», y de ellos también hablaremos más adelante) y permite simplemente depositar el dinero en el banco, que se encarga de invertirlos de manera diversificada.

En resumen, el sistema financiero cumple dos funciones fundamentales en los sistemas económicos modernos. Por un lado, canaliza el dinero ahorrado por las familias hacia las empresas, los gobiernos o las familias que lo necesitan. Por otro lado, permite que los ahorradores diversifiquen sus inversiones con el objetivo de compartir el riesgo que asumen.

Bonos y deuda

El modo más fácil de canalizar el dinero de los ahorradores hacia las empresas, familias o gobiernos que lo necesitan es el crédito directo. Es decir, la persona que tiene 1.000 euros ahorrados los da a la empresa, familia o gobierno que lo necesita. A cambio, esta empresa, familia o gobierno le da un papelito firmado con el que se compromete a devolvérselo en un plazo predeterminado (tres meses, un año, diez años o el período que acuerden) y a pagarle anualmente unos intereses determinados. El papelito firmado recibe el nombre de «bono».

En el mundo moderno los principales emisores de bonos son las empresas y los gobiernos. Las empresas emiten bonos para financiar proyectos, ampliaciones de negocio, la construcción de una fábrica nueva o la compra de maquinaria. Los gobiernos emiten bonos para financiar su déficit fiscal, es decir, para poder gastar más de lo que recaudan mediante los impuestos. Cuando una empresa o un gobierno emiten deuda en realidad están pidiendo dinero prestado: reciben dinero ahora y prometen devolverlo en un futuro. Y puesto que el emisor de un bono se endeuda con el comprador del bono, a menudo los bonos reciben el nombre de «deuda». Los bonos o deuda de los gobiernos reciben los calificativos de «bonos soberanos» o «bonos del Estado».

La característica importante de los bonos es que prometen pagar una cantidad fija o predeterminada de dinero durante un tiempo fijo. Por ejemplo, una empresa emite un bono de 1.000 euros (vende al comprador un papel por el que recibe 1.000 euros) y, a cambio, promete pagar al comprador la cantidad de 50 euros al año durante 10 años. Los 1.000 euros son el valor nominal del bono. El pago anual, los 50 euros, se llama «cupón». El plazo que tiene la empresa para devolver el dinero, 10 años, se llama «período de maduración». Transcurrido este tiempo, la empresa devuelve los 1.000 euros al comprador. Lógicamente, la cantidad de dinero que la empresa acaba devolviendo al propietario del bono (los 1.000 euros más los pagos anuales de 50 euros) es superior a la cantidad que recibe prestada. Es decir, la empresa paga intereses por recibir el préstamo. En este caso, los «intereses» son del 5% (50 dividido entre 1.000). Dado que se paga una cantidad fija de dinero cada año, los bonos también se denominan «activos de renta fija».

Los períodos de maduración son muy variables, y van de unos días hasta decenas de años.

El hecho de que los bonos prometan pagar una cantidad fija durante un número predeterminado de años no quiere decir que sean una inversión carente de riesgo. Dicho de otra manera, que los bonos sean títulos de renta fija no significa que sean de renta segura. Al fin y al cabo, a veces las empresas o los gobiernos no cumplen sus promesas. Las empresas pueden quebrar. Cuando esto ocurre, el derecho concursal dicta cómo se venderán los activos que quedan y qué horquillas de deuda tienen prioridad para cobrar. Si el ahorrador no tiene un tipo de bonos que la ley considere prioritario, puede quedarse sin cobrar.

Los gobiernos, por su parte, pueden no recaudar suficiente para pagar los intereses, o incluso para devolver el dinero a todos sus acreedores. Esto es lo que le pasó al gobierno de Grecia en el año 2012, por ejemplo. Cuando esto ocurre se dice que el gobierno es insolvente. A diferencia de una empresa, un gobierno no se puede cerrar y los activos de un país no pueden ser vendidos para pagar a los acreedores. Cuando un gobierno es insolvente, debe solucionar sus problemas financieros pagando unos cupones menores a los pactados, alargando el período de maduración más allá de lo establecido en el contrato o reembolsando una cantidad inferior al valor nominal. Las pérdidas sufridas por los tenedores de los bonos se llaman «quita».

Por todo esto, los ahorradores que compran bonos, ya sean de empresa o públicos, siempre corren el riesgo de no cobrar. Unas veces este riesgo es muy pequeño, y otras es muy grande. Por ejemplo, se dice que los gobiernos de Estados Unidos y de Alemania son (aparentemente) solventes porque la probabilidad de impago es relativamente baja: sus economías son muy grandes y poderosas, y se supone que sus contribuyentes tienen bastante dinero para poder devolver las deudas que han contraído los gobiernos. En cambio, los gobiernos de Grecia o Portugal tienen una probabilidad de impago un poco mayor, ya que sus economías son mucho menos robustas y los gobiernos griego y portugués podrían no ser capaces de recaudar lo suficiente para pagar a los acreedores. Dado que, como ya hemos visto, el retorno es una recompensa por el riesgo, el tipo de interés que paga un bono del gobierno griego es superior al tipo de interés que paga un bono del gobierno alemán. La diferencia entre el tipo de interés que tienen que pagar los griegos y el que tienen que pagar los alemanes se conoce con el nombre de «prima de riesgo».

Los bonos de las empresas o los gobiernos que tienen una elevadísima probabilidad de impago se llaman «bonos basura» o «bonos tóxicos». Dichos bonos comportan una enorme tasa de interés, que compensa el desmesurado riesgo de impago. Aunque parezca mentira, hay inversores con poca aversión al riesgo que compran bonos tóxicos. Son los paracaidistas de las finanzas a los que les gusta el riesgo: es gente que sabe que la probabilidad de cobrar es muy baja, pero que, si cobra, el premio será elevadísimo. Es algo parecido a apostar en la ruleta: normalmente pierdes, pero cuando te toca, ganas treinta y seis veces lo que habías invertido. Un gran retorno para un gran riesgo.

¿Qué sucede si un ahorrador ha prestado 1.000 euros a 10 años a una empresa o a un gobierno y necesita el dinero antes de que finalice el período de maduración? ¿Está obligado a quedarse con el papelito hasta que hayan transcurrido los 10 años? La respuesta es no. El sector financiero ha desarrollado un mercado —llamado «mercado secundario»— donde el ahorrador puede vender su bono en el momento que lo desee. Lo más probable es que, si tiene prisa por recuperar el dinero, no le paguen los 1.000 euros que le costó el bono sino un poco menos. Y si intenta vender el bono porque ha descubierto que el deudor tiene problemas (por ejemplo, porque ha leído en el periódico que el gobierno de Grecia no puede afrontar sus deudas), entonces el precio de la venta será todavía más bajo. La persona que compre el bono en el mercado secundario tendrá derecho a recibir los 50 euros de cupones y a cobrar el valor nominal original del bono, 1.000 euros, al final del período de maduración, independientemente de lo que haya pagado por él. Por ejemplo, imaginemos que alguien compra un bono de 1.000 euros a 10 años con cupones anuales de 50 en el mercado secundario, pero lo consigue comprar por sólo 500 euros. Este comprador tendrá derecho a continuar cobrando 50 euros anuales, y, asimismo, continuará teniendo derecho a que la empresa o el gobierno emisores del bono le devuelvan 1.000, a pesar de que solo haya pagado 500 euros por él. Fijaos que para el inversor original el retorno de la inversión era el 5% anual (cobro de 50 euros con una inversión de 1.000). Pero para el nuevo propietario de la acción, el retorno es de más del 10% anual: continúa cobrando 50, habiendo invertido solo 500. ¡Una buena ganga!

Agencias de rating

En el mundo de los bonos, la clave para los ahorradores estriba en el riesgo de no cobrar. Así pues, para poder invertir de manera inteligente necesitamos información sobre la solvencia de la empresa o el gobierno a los que prestamos el dinero. Y, lógicamente, para los ahorradores normales como vosotros o como yo, analizar las cuentas de todas las empresas y de todos los gobiernos del mundo es una tarea imposible. Afortunadamente, el sistema financiero ha desarrollado otra institución para solucionar este problema: unas empresas especializadas en evaluar los riesgos de todos los préstamos a todas las empresas y todos los gobiernos. Son las llamadas «agencias de rating».

Las tres agencias de rating más importantes del mundo son Standard & Poor's (creada en 1860), Moody's (1909) y Fitch (1913). Durante más de un siglo, estas agencias han evaluado la solvencia de todas las empresas y todos los gobiernos del mundo, y les ha puesto una nota en forma de letra que corresponde a la probabilidad que les dan de una posible bancarrota. Para Standard & Poor's la nota más alta es la AAA, seguida de la AA, la A, la BBB, la BB, la B, la CCC, la CC, la C, la R, la SD y la D. Moody's y Fitch utilizan otra escala (con letras mayúsculas y minúsculas y con símbolos + y –), aunque es bastante parecida. Cada nota está asociada a la probabilidad de que la empresa o el gobierno evaluado acaben siendo insolventes. Por ejemplo, se estima que las empresas o gobiernos con AAA tienen una probabilidad de bancarrota inferior al 0,2 %. La probabilidad de impago de las empresas o gobiernos con una nota BBB aumenta hasta el 2 %. Con una nota de BB la probabilidad de impago es del 8 %, y con la B, la probabilidad se dispara hasta el 33 %.

Como ya sabemos que el retorno está asociado al riesgo, cuando las agencias de rating rebajan la nota de una empresa o un gobierno porque consideran que el riesgo de impago aumenta, inmediatamente los inversores le exigen unos intereses superiores por sus créditos. La evaluación de las empresas de rating ayuda a los inversores a saber el riesgo que asumen comprando bonos de diferentes compañías o gobiernos y, por tanto, a saber si el tipo de interés que esta empresa o gobierno exigen es acorde con el riesgo.

La longevidad es la prueba más fehaciente de la importancia de las agencias de rating en el mundo de la economía. Pocas empresas a lo largo de la historia han sobrevivido más de un siglo. El problema surge cuando quiebran empresas a las que las agencias de rating habían catalogado como seguras. Por ejemplo, solo unos días antes de que Lehman Brothers desapareciera, las agencias de rating le daban la nota AAA. Es decir, una semana antes de quebrar, las empresas de rating estimaban que la probabilidad de que Lehman Brothers quebrara era de cerca del 0,2 %. Un error garrafal que tuvo consecuencias nefastas para todos los inversores que confiaron en los análisis de esas agencias. También tenían la nota AAA la mayor parte de los bonos tóxicos construidos por los bancos norteamericanos con las hipotecas *subprime*. Y poco antes de que Islandia cayera en la bancarrota, las agencias cualificaban su deuda con una valoración AAA. Debido a estos errores catastróficos, al empezar la crisis financiera de 2007 las agencias de rating perdieron buena parte de la credibilidad acumulada durante décadas y se convirtieron en el centro de la crítica, el escarnio y la mofa mundial. Es evidente que las agencias de rating hicieron las cosas muy mal durante los años que precedieron a la crisis financiera de 2007, y por culpa de su excesiva benevolencia al poner notas muchos ahorradores invirtieron dinero en empresas y gobiernos que comportaban un riesgo de impago altísimo, un riesgo que las empresas de rating no fueron capaces de detectar. De una manera u otra las agencias se dejaron arrastrar por el optimismo generalizado que reinaba en el mundo desarrollado entre los años 2001 y 2006, y no advirtieron el riesgo que corríamos todos. Hay quien dice que lo hicieron porque tenían incentivos para no molestar a los clientes para los que trabajaban a menudo: los bancos. Si esto se acaba demostrando, habría que pensar maneras de regular estas empresas para evitar que tengan conflictos de intereses y nos digan la verdad sobre los riesgos de comprar deuda de cada empresa o país.

Las agencias volvieron a situarse en el ojo del huracán cuando rebajaron la nota a las deudas de Grecia, Irlanda, Portugal, España e Italia en el año 2012. Las autoridades de estos países y las de la Unión Europea se molestaron con las agencias de rating porque dicha rebaja en las notas obligó a los países implicados a pagar unos intereses más altos para emitir deuda y así poder financiar sus monumentales déficits fiscales. Los políticos las acusaron de no ayudarles a salir de la crisis, ya que los obligaban a pagar unos intereses superiores, y a consecuencia de ello empeoraba su situación. En cierto modo, estas críticas por parte de los gobiernos no eran del todo justas. Al fin y al cabo, la misión de las agencias de rating no es sacar a los países de la crisis, sino advertir a los ahorradores de los riesgos que comporta prestar dinero a los gobiernos. Y si los gobiernos de Grecia, Irlanda, Portugal, España o Italia corrían el riesgo de ser insolventes, la obligación de las agencias de rating era advertir a los inversores.

Los bancos y Mary Poppins

Si los bonos son la primera gran institución del sistema financiero, la segunda son los bancos. Los bancos permiten a los ahorradores recibir un retorno sin necesidad de tener grandes conocimientos sobre qué significa la diversificación o cuáles son las empresas más rentables. Los bancos, en un principio, cuentan con expertos capaces de analizar las rentabilidades de las empresas, de las familias o de los gobiernos a quienes prestan el dinero. Y por esto nosotros acabamos depositando el dinero en el banco y nos olvidamos del resto: el banco hace trabajar el dinero por nosotros. Cabe decir que la comodidad de no tener que hacer nada tiene un precio: el retorno que el banco nos da por nuestros depósitos es a menudo ridículamente pequeño. Por lo menos si lo comparamos con los retornos que obtendríamos comprando bonos o acciones (hablaremos de las acciones en la próxima sección).

El problema de la intermediación bancaria es que hay un pequeño elemento que hace que los bancos sean inestables. Para entender el problema, imaginad que Alberto, por ejemplo, deposita 500 euros en el banco. Lógicamente el banco no guarda este dinero en un cajón, sino que guarda 100 euros y los otros 400 los presta, por ejemplo, a una carnicera. La carnicera compra un mostrador de 400 euros a Berta. Berta toma el dinero y lo deposita en el banco. El banco guarda 100 euros y presta los 300 restantes a la pastelera, que los destina a pagar lo que debía a Carlos. Carlos toma los 300 euros y los deposita en el banco. El banco se queda 100 y presta 200 al propietario del bar, que los destina a pagar al proveedor, que se llama David quien, al recibirlos, los deposita en el banco. De estos 200, el banco se guarda 100 y los otros 100 los presta al ferretero, que los necesita para pagar a Esteban. Esteban cobra el dinero y lo deposita en el banco.

Hasta aquí todo es muy simple y normal. Fijaos que el banco tiene 500 euros guardados: los 100 que ha guardado cuando Alberto ha hecho su depósito, los 100 que ha guardado del depósito de Berta, los 100 de Carlos, los 100 de David y los 100 de Esteban. En total suman 500 euros.

Por otro lado, Alberto tiene una cartilla en la que pone que él tiene 500 euros depositados en el banco. Berta tiene 400; Carlos, 300; David, 200, y Esteban, 100. ¡La suma total de dinero que, entre todos, tienen depositado en el banco es de 1.500 euros! Fijaos que si alguno de los clientes acude al banco a buscar su dinero, el banco lo tendrá: si va Alberto, que tiene 500 euros depositados y los quiere retirar, el banco se lo podrá dar ya que tiene 500 euros. Lo mismo pasa si cada uno de los clientes va por separado al banco. Ahora bien, el banco tiene un gran problema si de pronto todos los clientes van a buscar su dinero al mismo tiempo, porque entre todos querrían retirar 1.500 euros y ya hemos dicho que el banco solo dispone de 500 en su caja fuerte. Si todos los clientes acudieran a la vez a reclamar su dinero, el banco no podría devolverlo a todos.

Naturalmente, los bancos creen que es altamente improbable que todos los clientes vayan a recuperar sus depósitos a la vez al mismo tiempo. De hecho, he puesto un ejemplo con cinco personas para facilitar la explicación, pero en la vida real los bancos tienen miles o incluso millones de clientes, y la probabilidad de que todos vayan a la vez es nula, ¿no?

¡Pues no! A lo largo de la historia se han producido situaciones que se denominan «pánicos bancarios» en las que los clientes acuden todos a la vez al banco a retirar su dinero. Tal como ilustra el ejemplo anterior, si todos los depositantes fueran al banco a recuperar el dinero depositado, ¡el banco no podría devolver el dinero porque no lo tiene! Y no lo tiene porque, precisamente, el negocio del banco es tomar el dinero de los depositantes (a quienes paga unos intereses bajos) y ponerlo a trabajar prestándolo a empresas, familias o gobiernos (a unos tipos de interés altos). Si el banco no presta, no hace negocio. Y si no hiciera negocio, debería cerrar.

¿Por qué se producen los pánicos bancarios? Muy frecuentemente porque aparecen noticias negativas sobre el propio banco:

el banco sufre y esto induce a los clientes a pensar que no tiene suficiente dinero. Los clientes, preocupados, se apresuran a ir al banco a buscar sus depósitos y resulta que, efectivamente, el banco no los tiene.

En algunas ocasiones los pánicos bancarios tienen fundamento en el sentido de que el banco efectivamente tiene problemas. Pero otras veces son rumores infundados que acaban teniendo las mismas consecuencias nefastas para los bancos porque, como ya hemos explicado, los bancos no tienen suficiente dinero para devolver todos los depósitos a todos los clientes si estos acuden a recuperar su dinero al mismo tiempo. Hay una escena de la película *Mary Poppins* que describe un pánico bancario sin fundamento. El asunto empieza cuando el niño al que cuida Mary Poppins (Michael Banks) decide gastar un penique comprando alimento para los pájaros. Al enterarse, el propietario del banco le dice al pequeño Michael que esto es tirar el dinero y que sería mucho mejor ahorrarlo y depositarlo en su banco. El niño se niega. Está convencido de que lo mejor es alimentar a los pájaros. El banquero se irrita con la intransigencia del pequeño hasta el punto de que intenta quitarle el penique de las manos. En este momento el niño, enfadado, grita: «¡Devuélveme el dinero!». La gente que está haciendo cola en las ventanillas del banco no sabe qué está pasando pero piensa que hay alguien que quiere retirar su dinero y, al no poder hacerlo grita «¡devuélveme el dinero!». Inmediatamente deduce que el banco no tiene dinero… y eso desata el pánico. En la escena siguiente, centenares de clientes corren hacia los cajeros para intentar retirar sus depósitos, sin éxito. Al final el banco se ve obligado a cerrar. El grito de un niño que quería comprar comida para pájaros acaba desatando un pánico bancario. Es un ejemplo de pánico causado por un rumor infundado.

Tanto si el rumor está fundamentado como si no lo está, la realidad es que si todos los depositantes van al banco a la vez a buscar dinero, ningún banco se lo podrá pagar. Los bancos, pues, viven bajo la amenaza constante de los pánicos bancarios. Eso siempre ha sido así. Al fin y al cabo, la naturaleza del negocio bancario es canalizar el dinero de los ahorradores para invertirlo en proyectos empresariales, familiares o públicos. Por consiguiente, la pregunta interesante no es por qué hay pánicos bancarios, sino por qué son tan poco frecuentes. Al fin y al cabo, si es cierto que ningún banco tiene bastante como para pagar a los depositantes el dinero que creen tener, ¿por qué la gente no desconfía de los bancos cada día?

La respuesta es que en el siglo XIX y a principios del XX, cuando los pánicos bancarios causados por rumores sin fundamento eran muy frecuentes, los sistemas financieros inventaron dos instituciones protectoras. La primera es el Fondo de Garantía de Depósitos (FGD). La idea es que todos los bancos de un país depositen una parte de su dinero en un fondo común llamado FGD, un fondo que será utilizado para convencer a los depositantes escépticos de que, en realidad, el banco sí tiene todo su dinero. Imaginemos que corre el rumor infundado de que el banco X tiene problemas y no puede devolver el dinero a sus depositantes. Los depositantes, amedrentados, van al banco a comprobar si el rumor es cierto e intentan retirar su dinero. Al ver que hay muchos depositantes con miedo, el banco llama al FGD que acude raudo con sus miles de millones de euros, dólares o pesos. El banco empieza a devolver el dinero a todos sus clientes. Al ver que el banco sí tiene dinero, los depositantes escépticos se convencen de que el rumor es falso y dejan su dinero en el banco. El pánico se apaga y todo el dinero vuelve al FGD a esperar la llegada de otro pánico. De hecho, la mera existencia del FGD hace que los depositantes sientan que su dinero está seguro en el banco y nunca hagan caso de los rumores infundados. Así se evita la creación de pánicos bancarios.

La segunda institución creada a lo largo del siglo XX es el Banco Central, un banco que tiene la capacidad de imprimir ingentes cantidades de dinero. El Banco Central puede desempeñar un papel parecido al del FGD: cuando aparece un rumor sobre la posible insolvencia del banco X, el Banco Central envía camiones cargados de dinero a ese banco para que todos los clientes que lo

deseen puedan retirar sus ahorros. Al ver que el banco efectivamente tiene el dinero de los depositantes, los clientes escépticos
se convencen de que el rumor es falso y se calman. Una vez desa-
parece el pánico, los camiones devuelven el dinero al Banco Central y se recupera la normalidad.

Los pánicos bancarios causados por rumores infundados eran
muy comunes durante el siglo xix y principios del siglo xx. Gracias a los Fondos de Garantía de Depósitos y a los bancos centrales, los pánicos bancarios (casi) son un fenómeno del pasado.

Acciones y bolsa

Después de los bonos —o deuda— y los bancos, el tercer gran
instrumento del sistema financiero son las acciones. Recordad,
Lionel puede dar los 500.000 a Alejandra a cambio de que ella le
dé un porcentaje de la empresa. El instrumento que utilizarían en
este caso serían unos papelitos que dan el derecho a ser propietario de una parte. Es decir, al montar la heladería, Alejandra pre-
pararía 100 papelitos en los que pondría «quien compre este papelito será propietario del 1 % de mi heladería» y vendería 40
papelitos a Lionel por un precio total de 500.000 euros. Estos
papelitos se llaman «acciones».

Las acciones fueron inventadas por los ingleses en el año
1600. A diferencia de los españoles, que intentaron gestionar las
enormes riquezas provenientes de las Américas a través de la
Casa Real, tanto ingleses como holandeses intentaron hacerlo a
través de empresas privadas. Es decir, los barcos españoles que
zarpaban hacia América cargados de conquistadores en busca de
El Dorado estaban financiados con dinero de los reyes de España. En cambio, los barcos ingleses y holandeses que iban a hacer
lo mismo (a América o a las Indias Orientales) estaban financiados con capital privado de inversores que esperaban poder quedarse con una parte del botín obtenido por las expediciones in-
tercontinentales.

Lógicamente este tipo de viajes conllevaban mucho riesgo: el barco podía hundirse por culpa de los huracanes caribeños o al chocar contra las rocas. La expedición podía ir a parar a una región sin minas de oro o plata o, incluso si encontraba los deseados metales preciosos, estos podían ser robados por piratas o bucaneros. Para diversificar el riesgo, los ingleses y los holandeses tuvieron la idea de dividir la empresa en partes muy pequeñas y venderlas a distintos inversores. De esta manera, no era una única persona la que corría todo el riesgo, sino que este quedaba repartido entre muchos inversores. El objetivo de crear un instrumento que ayudara a repartir el riesgo era que muchos inversores que no se hubieran atrevido a financiar expediciones enteras sí se atrevieran a financiar una parte. De esa manera, los expedicionarios encontraban mucho más capital para financiar sus aventuras.

Las primeras empresas que fueron divididas entre muchos propietarios por medio de acciones fueron la East India Company inglesa, creada en el año 1600, y la Dutch East India Company holandesa, creada en 1602.[1]

Puesto que las acciones son papelitos que representan la propiedad de una pequeña parte de una empresa, quien posee una acción tiene los dos principales derechos que tienen los propietarios de la empresa: el derecho a cobrar una parte de los beneficios y el derecho a tomar decisiones.

Si sois poseedores de una acción que representa el 1 % de la empresa de Alejandra, tendréis derecho a cobrar el 1 % de los beneficios que genere la heladería. Si sois poseedores del 50 % de las acciones, podréis quedaros con el 50 % de los beneficios. Este es el atractivo principal de una acción: el derecho a cobrar una parte proporcional de los dividendos de la empresa.

---

1. Durante la República romana, el Estado contrataba empresas de servicios públicos llamadas *societas publicanorum*, cuya propiedad estaba compartida por diferentes propietarios o accionistas. Los historiadores, no obstante, consideran que la primera sociedad empresarial con acciones fue la East India Company inglesa.

El otro derecho que genera una acción es el de mandar. Los propietarios de las empresas son quienes toman las decisiones importantes. Deciden, por ejemplo, las líneas maestras del negocio o quiénes tienen que ser sus directores generales y sus administradores. En las empresas divididas en acciones, estas decisiones las toman los propietarios de dichas acciones. En lugar de ser una democracia, en la que cada persona tiene un voto, en las empresas cada acción tiene un voto. Si una persona tiene el 10 % de las acciones, cuenta con el 10 % de los votos. Y si tiene el 51 % de las acciones, cuenta con el 51 % de los votos. Es decir, tiene la mayoría y hace lo que le da la gana.

Resumiendo: las acciones son unos papelitos que dan derecho a cobrar una parte proporcional de los beneficios y a tomar decisiones.

Pero ¿qué ocurre cuando un inversor se cansa de ser propietario de su trocito de empresa? Pues debe intentar vender sus acciones. De hecho, tanto los holandeses como los ingleses enseguida se dieron cuenta de que era más fácil atraer inversores si se les daba la posibilidad de vender sus acciones cuando aquella empresa ya no les interesaba. Para que esto fuera posible, crearon unos mercados donde se compraban y se vendían las acciones. A estos mercados se les llama «bolsas» o «mercados de valores». La primera bolsa del mundo fue la bolsa de Amsterdam, creada en el año 1602.

La bolsa, pues, es un mercado donde, en vez de comprar y vender pescado, carne o ropa interior, se compran y se venden acciones. Esto es muy importante, porque acto seguido nos preguntaremos: ¿por qué sube y baja la bolsa? La respuesta es fácil de entender si tenemos claro que la bolsa es un mercado como cualquier otro.

Igual que pasa con los mercados de ropa interior, de libros o de comida, hoy en día hay dos tipos de bolsa: las físicas y las electrónicas. Las primeras se parecen a los mercados de toda la vida, con compradores y vendedores gritando e intercambiándose papelitos y dinero en un aparente caos difícil de comprender. El segundo tipo de mercados, los electrónicos, se han desarrollado durante las últimas décadas. En las bolsas electrónicas los compradores y los vendedores intercambian acciones directamente a través de transacciones electrónicas. La mayor bolsa electrónica del mundo es el NASDAQ, cuya sede se encuentra en la ciudad de New York. Pero no en Wall Street, sino en Times Square. En el NASDAQ cotizan unas tres mil empresas (igual que en el mercado de Wall Street), entre las que destacan Microsoft, Google, Facebook, Yahoo, Garmin, eBay o TripAdvisor. Una gran mayoría de las empresas del NASDAQ son tecnológicas, aunque algunas, como Starbucks o Kraft Foods, no lo son.

Los índices bursátiles: Dow Jones, Ibex35, Nikkei...

El 28 de octubre de 1929 pasó a la historia como «jueves negro»: el índice Dow Jones de la bolsa de New York experimentó una caída del 12,82 %, lo que supuso el principio de la Gran Depresión, la crisis económica global más profunda del siglo xx. Pero ¿qué es el índice Dow Jones y qué significa que cayera el 12,82 %? En la bolsa de New York se venden acciones de miles de empresas (en la actualidad unas 3.000). Cada día la cotización —o precio— de cada una de estas empresas puede subir, bajar o quedarse igual. Los analistas, inversores y gente interesada en asuntos financieros pueden querer saber en cada momento si el conjunto de las acciones sube o baja. De hecho, uno de los analistas que estaba interesado en saber cómo iban el conjunto de acciones que cotizaban en la bolsa de New York era Charles Dow, el editor del *Wall Street Journal*, principal periódico estadounidense especializado en temas de economía y finanzas. Parece que en 1884, Charles Dow preguntó a su socio y experto en estadística Edward Jones cómo hacerlo y este le explicó que existen tres maneras de saber si un conjunto de acciones sube o baja. La primera es pedir una lista de todas esas acciones y mirar, una por una, si sus acciones suben o bajan. Esto sería complicado, tedioso y a menudo poco revelador porque unas acciones suben y otras bajan.

La segunda opción sería obtener la media de todos los precios de todas las empresas. Los libros de estadística dicen que un buen resumen de un conjunto de números como son las cotizaciones de las acciones de empresas es la media de todas ellas. El problema de la media es que daría la misma importancia a las empresas gigantes, que representan una parte importante de la economía, que a las empresas pequeñas.

Para resolver el problema se puede utilizar una tercera alternativa: una media ponderada en la que las empresas de más valor tengan más peso. Y esa es la manera que el estadístico Edward Jones recomendó a Charles Dow para hacer un resumen rápido del comportamiento de la bolsa. Esta media ponderada es lo que los economistas denominan índice bursátil. En la bolsa de New York esta media ponderada pasó a llamarse el índice Dow Jones en honor a sus dos creadores, Charles Dow y Edward Jones.

Aunque originalmente Dow y Jones calcularon la media ponderada de las 30 empresas industriales, en la actualidad el índice Dow Jones calcula la media ponderada de las 30 empresas más importantes de la bolsa de New York, sean industriales, financieras, comerciales, tecnológicas o de servicios:[2] las empresas que actualmente componen el Dow Jones van desde American Express hasta Wallmart pasando por Coca-Cola, McDonald's, Microsoft o Nike. En enero de 2016, la empresa de más peso en el índice Dow Jones era Goldman Sachs con el 6,72 %, seguida de 3M (6,28 %), Home Depot (5,23 %) IBM (5,19 %), McDonald's (5,15 %) y Boeing (5,00 %). La empresa que menos peso tiene es Cisco (0,99 %), seguida de General Electric (1,21 %), Pfizer (1,27 %) e Intel (1,29 %). Cuando se dice que «el Dow Jones ha subido un 2,5 %», pues, lo que se está diciendo es que, de media, los precios de las acciones de estas 30 grandes empresas han subido un 2,5 %.

Otros países también han desarrollado índices bursátiles. En

2. A pesar de que el Dow Jones ya no refleja las cotizaciones de empresas industriales solamente, oficialmente el índice todavía se llama «Dow Jones Industrial Average».

España, por ejemplo, el Ibex35 refleja la media ponderada de las cotizaciones de las 35 empresas más importantes de la bolsa de Madrid, que van desde Abengoa hasta Telefónica pasando por Banco Santander, Gas Natural o Grifols. Igual que ocurre con el Dow Jones Industrial Average, el Ibex35 otorga más importancia a las empresas de más valor. Así, la que más peso tiene en el Ibex35 es el Banco Santander, con un 16,42 %. Le siguen Telefónica e Inditex (la empresa matriz de Zara), con el 12,38 % y el 10,64 %, respectivamente. Las empresas de menos peso en el Ibex35 son Sacyr Vallehermoso con el 0,30 % y Obrascón Huarte Lain con el 0,22 %.

El Nikkei es el índice de la bolsa de Tokio y es la media ponderada del precio de las acciones de 225 compañías que cotizan en esta bolsa. El DAX es la media ponderada de 30 compañías que cotizan en la bolsa de Frankfurt (Alemania), el FTSE es la media de 100 empresas que cotizan en Londres (Reino Unido), el COLCAP es la media de 20 empresas de Colombia, el IPC (Índice de Precios y Cotizaciones) es la media de 35 empresas mexicanas, y el índice Bovespa, el de 50 compañías que cotizan en São Paulo (Brasil). Así, todas las bolsas del mundo tienen un índice, que es la media ponderada de las acciones de las empresas que cotizan en ella.

Los índices son una buena manera de obtener un resumen rápido de los precios o cotizaciones de diferentes tipos de empresas en diferentes países del mundo. Por eso los noticiarios de todo el mundo nos muestran estos resúmenes. Y cuando dicen que el índice X ha subido un 2 % lo que nos están diciendo es que, de media, las 25 o 30 empresas que forman este grupo han visto como los precios de sus acciones aumentaban un 2 %. Así de simple. La pregunta que se plantea a continuación es: ¿Qué es lo que hace que el precio de las acciones aumente o disminuya?

¿Por qué la bolsa sube y baja?: (I) Valor fundamental

Aunque en principio la pregunta de por qué sube o baja la bolsa puede parecer complicada, la respuesta a esta pregunta es bastante sencilla: los precios de las acciones suben o bajan por las mismas razones que suben o bajan los precios de cualquier otro producto, llámese pescado, ropa o verdura: la oferta y la demanda.

Los productos «normales» que se compran en los mercados «normales» (como las manzanas o las naranjas) son adquiridos por los consumidores porque su consumo les produce placer. El caso de las acciones es un poco diferente. La gente no las compra por el placer que experimenta «consumiéndolas», sino por el rendimiento financiero que pueden generar. Es decir, las acciones no son un bien de consumo sino un producto de inversión, cuya demanda y, por tanto, su precio, dependerá del retorno que generen.

Dado que da derecho a cobrar la parte proporcional de los beneficios que distribuye la empresa, el principal retorno de una acción es el dividendo o beneficio que repartirá en el futuro. Por lo tanto, los inversores querrán poseer acciones de empresas que den muchos beneficios y querrán quitarse de encima acciones de empresas que den pérdidas.

Imaginemos que los expertos analistas estiman o esperan que a lo largo de su vida Telefónica acabará distribuyendo unos dividendos que, todos sumados, tienen un valor que equivale a 37 euros por cada acción. Por cierto, el valor equivalente de la suma de todos los dividendos que se espera que la empresa reparta en el futuro se llama «valor intrínseco» o «valor fundamental» de la acción.

¿Qué precio creéis que tendrá una acción de Telefónica si su valor intrínseco es de 37 euros? Veámoslo. Si el precio de esta acción fuese de 20 euros, los inversores verían que pueden comprar por 20 una acción que tiene un valor de 37. ¡Una ganga! Los inversores inteligentes se lanzarían a comprar esta ganga y al hacerlo, aumentarían la demanda de esa acción y eso haría aumentar su precio. Es decir, si el precio estuviera por debajo del valor fundamental, la demanda se dispararía y el precio subiría. De hecho, los inversores continuarían comprando (y el precio continuaría subiendo) mientras la cotización fuera inferior al valor fundamental de 37 euros.

¿Qué ocurriría si, por el contrario, el precio fuera superior a 37, digamos 50 euros? Pues, en este caso, los que ya son propietarios de acciones de Telefónica verían que poseen un activo cuyo valor intrínseco es de solo 37 pero que pueden vender a 50 euros. Los que actuaran con inteligencia se apresurarían a vender (¿no venderíais vosotros por 50 euros una cosa que vosotros sabéis que solamente vale 37?). Esto haría aumentar la oferta de acciones de Telefónica en la bolsa y su precio empezaría a caer hasta al alcanzar los 37.

Vemos pues que si el precio es inferior al valor fundamental, los inversores se sienten atraídos por esta ganga, la demanda de acciones aumenta y su precio tiende a subir hasta que acaba coincidiendo con el valor fundamental. Por el contrario, si el precio es superior al valor fundamental, los inversores se quieren sacar de encima esa patata, aumenta la oferta de acciones en el mercado y cae el precio hasta que coincide con el valor fundamental. Las fuerzas de la oferta y la demanda hacen que, al final, el precio sea exactamente igual al valor fundamental (que, recordad, es el valor de todos los dividendos o beneficios que esa acción se espera que reparta a lo largo de toda la vida).

Los economistas que creen que el precio de las acciones acabará siendo igual a su valor intrínseco o fundamental reciben el nombre de «fundamentalistas». No porque sean talibanes de la economía, sino porque creen que los mercados acaban provocando que el precio sea igual al valor fundamental.

El problema es que el valor fundamental de una acción es igual a la suma de los dividendos o beneficios futuros de la empresa. Por lo tanto, para saber el valor fundamental es preciso «saber» cuáles serán los beneficios futuros. No los beneficios presentes (que se pueden estimar con relativa facilidad), ¡sino los futuros! Ahí es donde esos economistas empiezan a tener problemas.

Por definición nadie, ni siquiera los inversores más listos, conoce con absoluta certeza lo que va a pasar en el futuro. Por esto, para saber si una acción es barata o cara, y si merece la pena comprarla o es preferible venderla, los inversores deben formarse una idea de qué beneficios va a generar en el futuro. Pero los beneficios futuros de Telefónica, por ejemplo, dependerán del marco macroeconómico del país en el que opera la empresa (cuando un país está en recesión, los clientes gastan menos y las empresas ven reducidos sus beneficios), de las perspectivas tecnológicas del sector en el que opera la empresa (si aparecen nuevas tecnologías para llamar gratis a través de internet los beneficios futuros de Telefónica bajarán) o de si las empresas de la competencia ofrecen productos tecnológicamente superiores (si Vodafone saca una nueva tecnología que permite bajar datos de internet más rápidamente, Telefónica perderá clientes y, por tanto, beneficios).

Por todo esto, los inversores fundamentalistas profesionales contratan a docenas de economistas, con sus trajes y sus corbatas, que recopilan y analizan todas y cada una de las noticias económicas del mundo y, sirviéndose de sofisticados modelos matemáticos, intentan estimar las implicaciones que cada una de estas noticias puede tener en los posibles beneficios futuros para cada una de las empresas del mundo. Una vez calculados los «beneficios futuros esperados», estiman los valores fundamentales y los comparan con los precios: si el precio de una empresa es inferior al valor fundamental, compran. Y, si no, venden.

El problema es que todas estas previsiones de beneficios futuros se realizan basándose en modelos matemáticos imperfectos y, sobre todo, en información sobre el futuro que, en verdad, nadie tiene. Todos podemos saber cuál es la situación económica hoy de una empresa, de un sector o de un país. Pero nadie sabe con total certeza cuál va a ser su situación en el futuro y, lamentablemente, para saber el valor fundamental de una acción es necesario saber sus beneficios futuros. Por esto cualquier noticia que afecte a las expectativas sobre la rentabilidad futura de una empresa puede hacer caer su cotización en picado. Porque la percepción que una persona puede tener de los beneficios de una empresa puede cambiar en muy poco tiempo a causa de alteraciones macroeconómicas, tecnológicas o de decisiones (acertadas o erróneas) tomadas por la dirección de la empresa o de la competencia. A medida que cambian estas expectativas, también lo hace el precio de sus acciones.

La bolsa como bola de cristal

Ya hemos visto que los inversores compran o venden acciones intentando estimar los beneficios que las empresas tendrán en el futuro. Es decir, cuando compran acciones es señal de que creen que los beneficios serán altos en el futuro. Si no, no comprarían. Y los beneficios futuros solo pueden ser altos cuando la economía va bien. Por esto muchos analistas utilizan el comportamiento de la bolsa para predecir el futuro de la economía: cuando la bolsa empieza a subir, es señal de que los inversores están comprando, y lo hacen porque piensan que la economía mejorará. Y, al contrario, cuando la bolsa empieza a bajar, es señal de que los analistas están nerviosos y sospechan que la economía está a punto de empeorar. Para muchos, la bolsa es un termómetro del futuro, una bola de cristal gigante que augura el futuro de la economía.

Pero esto sería verdad solamente si los inversores fueran capaces de vaticinar el futuro a la perfección. Pero nadie, ni siquiera el inversor más avispado, es adivino y, como sucede con el resto de los mortales, a veces sus predicciones están equivocadas.

Tenemos un ejemplo reciente y significativo en la bolsa española de 2009. A raíz del estallido de la burbuja inmobiliaria, España entró en recesión y la bolsa cayó cerca del 60 % durante el año 2008 (pasó de 15.890 en octubre de 2007 a 6.817 en marzo de 2009). A partir de aquel momento, el Ibex35 subió un vertiginoso 75 % hasta recuperar los 12.000 puntos a finales de 2009. Esta subida tan espectacular no podía más que presagiar el final de la crisis. ¿No? ¡Pues no! Todos sabemos que la crisis española continuó durante 2010, 2011, 2012 (año en que España pidió un rescate a Europa para poder salvar su sistema bancario) y la primera mitad de 2013. Al parecer, la subida que el Ibex35 experimentó durante 2009 no anticipó correctamente la salida de la crisis. Porque, a diferencia de los druidas, los magos y los adivinos, los inversores no tienen bolas de cristal.

Por qué la bolsa sube y baja (II): «Los grafiqueros»

En el primer capítulo de la serie televisiva *The Big Bang Theory*, la protagonista femenina, Penny, se presenta a sus nuevos vecinos, Sheldon Cooper y Leonard Hofstader, diciéndoles: «Soy sagitario, y esto seguramente os dice más de lo que necesitáis saber». Sorprendido, Sheldon, físico teórico de la universidad de Caltech, le responde: «Efectivamente, esto nos dice que participas en el masivo delirio cultural que consiste en creer que la posición aparente del sol en el momento de tu nacimiento en relación con unas constelaciones arbitrariamente definidas afecta, de alguna manera, a tu personalidad».

El escepticismo de Sheldon es comprensible. Al fin y al cabo, la base científica en la que se sustenta la astrología del horóscopo es nula y no hay evidencia alguna de que las predicciones astrológicas acaben siendo correctas. No obstante, millones de personas de todo el mundo continúan creyéndose los vaticinios zodiacales publicados diariamente en los periódicos. Ahora bien, una cosa es «creer» en las profecías del horóscopo y otra muy distinta apostar dinero basándose en ellas. Es decir, si el horóscopo dijera que hoy es un buen día para comprar acciones de Bankia, ¿comprarían acciones todos los que creen en el horóscopo? ¿Y si el horóscopo dijera que es el momento de vender la vivienda y utilizar el dinero para comprar acciones de Microsoft? Apuesto a que la mayor parte de ellos no lo haría, porque una cosa es entretenerse unos minutos leyendo el horóscopo del periódico y otra jugarse los ahorros siguiendo las recomendaciones de lo que, a todas luces, no es más que una superstición sin fundamento científico. Esto resulta cuanto menos curioso porque mucha gente hace algo igual de absurdo: confiar sus ahorros a gestores de fondos de pensiones o inversión que utilizan un método análogo a la astrología llamado «análisis técnico».

Los analistas técnicos ignoran completamente los complicadísimos factores que determinan el valor fundamental de una empresa y simplemente se dedican a estudiar las formas gráficas que dibujan los precios de los activos cuando suben o bajan con el paso del tiempo. Al igual que los druidas de la Antigüedad, que adivinaban el futuro estudiando las formas que dejaban las entrañas de los pollos sagrados cuando eran abiertos en canal, o que los astrólogos que auguran nuestro devenir basándose en las formas que dibujan las estrellas y los planetas en el espacio, los analistas técnicos profetizan el futuro de la bolsa analizando las siluetas que forman los precios de las acciones. La utilización exclusiva de gráficos a la hora de invertir en la bolsa es el motivo por el que se les llama «grafiqueros».[3]

La metodología del análisis técnico, inventada por Charles Dow (el editor del *Wall Street Journal* que ya hemos conocido cuando hemos hablado del índice Dow Jones de la bolsa de New York), está basada en tres principios. El primero es que toda la información relevante para entender la cotización de una acción está en la historia de su precio. Por consiguiente, en vez de perder el tiempo buscando información sobre los beneficios potenciales de las acciones, lo único que deben hacer los analistas técnicos es mirar el historial de precios de una determinada acción. Naturalmente esto lo simplifica todo enormemente.

El segundo principio sobre el que se basa el análisis técnico es que los precios se mueven siguiendo tendencias. El objetivo del analista es analizar si la acción en cuestión se encuentra en una tendencia positiva, en la que el precio va a seguir subiendo, o negativa, en la que el precio va a seguir bajando. Si está en tendencia positiva, hay que comprar ahora que la acción está barata y vender cuando la tendencia se haya acabado y la acción esté alta. Si la tendencia es negativa, se debe vender inmediatamente para volver a comprar cuando la tendencia se invierta.

El tercer principio es que la historia se repite y si uno detecta que el movimiento de los precios de hoy se parece al de hace 10 años, lo que viene a partir de hoy también es una repetición de lo que pasó hace 10 años. El porqué se repite no está claro, aunque

---

3. En inglés, *chartists*.

algunos analistas sugieren que los seres humanos tendemos a reaccionar de la misma manera cuando nos enfrentamos a los mismos fenómenos. Sea como fuere, la idea es que si se observa que los precios se mueven de una manera similar a cómo se movieron en el pasado, seguirán la misma tendencia de nuevo. Lo único que tiene que hacer un «experto en bolsa» es detectar estos movimientos a tiempo. Y esto es precisamente lo que se enseña en los cursos de bolsa basados en el análisis técnico y gráfico.

Observad detenidamente el gráfico siguiente y preguntaos si veis algún patrón, alguna forma que os llame la atención.

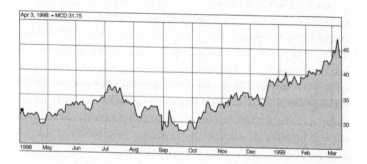

Yo, desde luego, no veo nada. Y seguramente vosotros tampoco. Lo que indica que vuestro ojo, como el mío, no está entrenado por un maestro analista técnico. Si lo fuera, veríais una taza de café. Si sí. Una taza de café. Al menos es lo que los analistas de 1source4stocks[4] dicen en una de sus clases de bolsa para analistas técnicos. Y esto no es una mera curiosidad porque los analistas dicen que, cuando los precios dibujan una taza de café, es momento de comprar porque la taza de café es evidencia inequívoca de que el precio de la acción está a punto de subir. Es más, no solo está a punto de subir sino que se sabe incluso cuánto subirá: la distancia vertical que hay entre el fondo de la taza y el borde de

4. http://www.1source4stocks.com/technicalanalysis/chart_patterns_cup_with_handle.asp

la misma. El fondo de la taza está en unos 30 dólares y el borde está en los 37. Los analistas técnicos dicen que el precio subirá 7 dólares más. Es decir, debemos comprar ahora y vender cuando la acción alcance los 44.

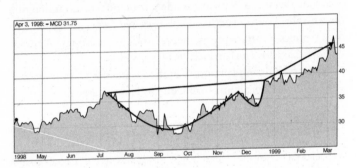

Otro ejemplo. Observad el siguiente gráfico e intentad ver algún patrón o dibujo. ¿Veis algo?

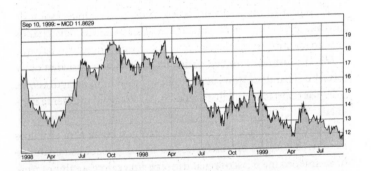

De nuevo, es difícil ver algo interesante sin estar entrenado. Pero según la web StockCharts.com[5], deberíais ver la silueta de una persona:

5. http://stockcharts.com/school/doku.php?id=chart_school:chart_analy-sis:chart_patterns:head_and_shoulders_t

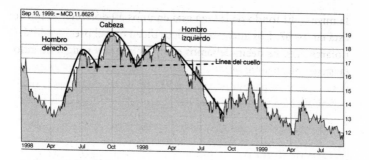

Una pequeña subida que representa el hombro izquierdo, una subida mayor que representa la cabeza y una tercera subida que representa el hombro derecho. Según los expertos, esta es una de las figuras más típicas y conocidas del análisis técnico llamada «cabeza y hombros». Al parecer es una señal inequívoca de que la acción va a bajar. Por lo tanto, cuando el precio llegue a la línea del cuello, es momento de vender.

Y así podríamos pasarnos toda la tarde, poniendo ejemplos de patrones predeterminados que los analistas técnicos entrenados pueden identificar: a la taza de café y la cabeza y hombros hay que añadir la silueta de hombre haciendo la vertical, los triángulos, la bandera, el banderín con palo, y toda una colección de figuras que, como las constelaciones zodiacales, han sido arbitrariamente definidas.

Dejando a un lado si el análisis técnico tiene fundamentos científicos o si, por el contrario, está basado en el mismo tipo de superstición que la astrología, la pregunta realmente importante es: ¿predicen correctamente la evolución de las cotizaciones en bolsa? En este punto es donde los estudios econométricos no se posicionan a favor de los analistas técnicos. Los investigadores de los mercados financieros han demostrado una y otra vez que los precios de las acciones son esencialmente aleatorios. De hecho, los profesores de finanzas describen el movimiento de precios como «paseos aleatorios». Es como si los precios pasearan arriba y abajo y, en cualquier momento, el paso siguiente fuera impredecible, absolutamente aleatorio.

Ni la lectura atenta de las entrañas de los pollos sagrados servía para profetizar el resultado de aventuras militares, ni las cartas astrales servían para adivinar el porvenir de las personas… ni el análisis técnico sirve para predecir la evolución futura de la bolsa.

El caos de nivel 2

Fijaos que tanto los jugadores de bolsa fundamentalistas como los grafiqueros creen haber descubierto una técnica para predecir el futuro. Unos creen que el futuro se puede analizar mirando los datos de los países y los sectores donde operan las empresas y otros creen que lo pueden averiguar mirando los dibujos que forman los gráficos de precios. Pero unos y otros están equivocados. El futuro no se puede predecir, y menos si se trata del futuro de la economía.

Las matemáticas nos dicen que el futuro nos depara dos tipos de incertidumbre. La primera es el resultado de lo que denominamos el «caos de nivel 1». El caos de nivel 1 es el que se deriva de la naturaleza. De la meteorología, por ejemplo. La razón por la que es muy difícil saber qué tiempo hará mañana es que los fenómenos meteorológicos son el resultado de complicados procesos naturales que dependen de dónde viene el viento, de cómo se forman las nubes, de la temperatura del agua del mar o de la estratosfera. Los meteorólogos utilizan modelos matemáticos complicadísimos, y aun así les resulta muy difícil realizar predicciones exactas más allá de las próximas horas. El mundo natural es demasiado complicado.

El problema de la economía es que, al caos de nivel 1 se le debe añadir la complejidad de la actuación humana. Es lo que se conoce con el nombre de «caos de nivel 2»: los hombres reaccionan ante las predicciones de futuro y, al hacerlo, cambian su propio futuro.

Imaginad que tuviésemos acceso a una máquina perfecta de predecir el futuro. Por ejemplo, imaginad que tenemos el coche DeLorean de *Regreso al futuro* con el que podemos viajar al pasado. Nosotros sabemos con toda seguridad que el día 22 de noviembre de 1963 el presidente John Fitzgerald Kennedy fue asesinado por un loco que le disparó en la cabeza mientras paseaba en un automóvil descapotable por las calles de Dallas. Si viajáramos al día 21 de Noviembre de 1963 con el DeLorean, podríamos hacer la predicción perfecta: «El presidente Kennedy será asesinado mañana porque un loco le disparará en la cabeza mientras pasea con su coche descapotado por las calles de Dallas, Texas». Sería una predicción infalible porque nosotros que hemos estado en el futuro sabemos que es verdad, ¿no? ¡Pues no! Porque en el momento que esa predicción infalible llegara a los oídos del presidente Kennedy, él reaccionaría y no iría a Dallas, o iría a Dallas pero su coche haría un itinerario distinto, o haría el mismo itinerario pero con el coche capotado y blindado. Es decir, al revelarse la predicción perfecta a los seres humanos, estos reaccionan y ¡la predicción deja de ser cierta!

En economía sucede exactamente lo mismo. Imaginemos que una máquina perfecta de hacer predicciones dice que las acciones de Telefónica pasarán de 9 a 15 de aquí a tres días. Si la máquina es infalible, los inversores se la van a tomar en serio y pensarán que si compran millones acciones de Telefónica dentro de dos días a 9, podrán venderlas al día siguiente a 15 y obtendrán millones de euros de beneficio. De hecho, el negocio es tan redondo que atraerá a miles de inversores cada uno de los cuales va a comprar millones y millones de euros en acciones de Telefónica. Esto hará aumentar la demanda y, por lo tanto, el precio de Telefónica subirá. Pero no subirá dentro de tres días como decía la predicción sino dentro de dos. Es decir, la predicción no será cierta. Y la cosa no acabará aquí porque habrá quien pensará que, dado que pasado mañana habrá una gran movida de inversores comprando, lo cual hará aumentar los precios dentro de dos días, si ellos se adelantan y van a comprar mañana, podrán comprar a 9 y vender a 15 pasado mañana. Esto hará aumentar la demanda mañana y el precio subirá mañana mismo, no dentro de 3 días como decía la predicción. Pero habrá gente todavía más lista que, sabiendo que los precios subirán mañana, irá a comprar hoy y esto hará subir el precio hoy. ¿Resultado? En vez de subir al cabo de tres días, tal como decía la predicción perfecta, los precios de Telefónica subirán inmediatamente después de que se sepa la noticia de la predicción. Es decir, la reacción humana provocará que la predicción perfecta, que decía que los precios subirían de aquí tres días, deje de ser cierta. ¡Los precios no subirán de aquí tres días sino inmediatamente!

La conclusión es que las predicciones que se ven afectadas por el comportamiento humano, como son las predicciones de bolsa, nunca pueden ser ciertas. O dicho de otro modo: los movimientos futuros de los precios de las acciones (y de cualquier activo financiero) son absolutamente imprevisibles, y ni los fundamentalistas ni los grafiqueros los pueden predecir.

El mono adiestrado

Si el precio de las acciones no se puede predecir, ¿qué debemos hacer para invertir en bolsa? La respuesta nos la da el premio Nobel de Economía de 2013, Eugene Fama. La mejor manera de invertir en bolsa es no hacer caso de los expertos, ni fundamentalistas, ni grafiqueros. Lo que debéis hacer es arrancar las páginas financieras del periódico (aquellas donde sale la lista de todas las empresas que cotizan en la bolsa) y colgarlas en la pared. A continuación, buscáis un mono adiestrado y le hacéis tirar treinta o cuarenta dardos contra las páginas. Luego miráis los nombres de las compañías sobre las que han caído los dardos: estas son las acciones que debéis comprar.

¿¡Cómo!? ¿Un Nobel diciendo que un mono adiestrado elige mejor que los grandes analistas y los negociadores que trabajan como locos en bancos y fondos de inversión profesionales? No.

Lo del mono adiestrado es una metáfora para indicar que las acciones deben ser escogidas de forma aleatoria. Lo que nos dice Eugene Fama es que ni los profesionales ni los monos tienen la menor idea de cómo será el futuro. Por lo tanto, lo mejor que podemos hacer es elegir treinta o cuarenta acciones aleatoriamente y no tocarlas. Es decir, no comprar y vender como hacen los profesionales que creen que saben. De hecho, hay muchos estudios que comparan los retornos a largo plazo obtenidos siguiendo el consejo profesional (tanto de fundamentalistas como de grafiqueros) y eligiendo las acciones aleatoriamente (con el mono adiestrado), y los resultados son sorprendentes: ¡a la larga, el mono da una rentabilidad superior!

¿Cómo puede ser que el mono acabe dando un retorno superior al de los grandes gurús y los grandes negociadores de la bolsa? ¿Acaso el mono sabe hacer predicciones? No, ¡en absoluto! Si los hombres somos incapaces de realizar predicciones, ¿cómo va a hacerlas un mono? Ni el mono, ni los fundamentalistas, ni los grafiqueros tienen la más mínima idea de predecir el futuro de la bolsa. Ahora bien, existe una gran diferencia entre el mono (o entre escoger acciones aleatoriamente) y los profesionales a la hora de calcular el retorno de las inversiones: a diferencia de los expertos, ¡el mono no nos cobra comisiones! Y, a largo plazo, la diferencia entre un fondo de inversión gestionado por un supuesto gurú que te cobra comisión cada vez que compra o vende una acción y otro fondo compuesto de acciones elegidas aleatoriamente que nunca más se venden, ¡acaba siendo la comisión!

Verde

7

La chica de los caramelos

La ayuda al desarrollo

Mprumem es un pueblecito rural situado en la costa central de Ghana (África). Tiene unos pocos miles de habitantes que duermen en cabañas de barro y paja, y malviven de la agricultura local. En la primavera de 2007 colaboré con el gobierno regional para ver cómo se podía mejorar el sistema educativo de la zona. Con este objetivo visité durante varias semanas todos los pueblos de la región y hablé con los consejos de ancianos, que normalmente representan el poder tradicional local. El día que visité Mprumem coincidí con un grupo de chicos y chicas europeos, trabajadores temporales de una ONG que visitaban África por primera vez, y fui testimonio de una acción bastante reveladora.

Hacia las nueve de la mañana, una de las chicas del grupo de europeos, joven, blanca, rica y solidaria, paseaba por el pueblo haciendo lo que hacen las chicas jóvenes, blancas, ricas y solidarias que visitan África por primera vez: fotos con los niños africanos. Ya se sabe que la parte más importante de cualquier viaje son las fotografías, y los viajes de solidaridad no son una excepción. Por eso aquella joven se paseaba por Mprumem fotografiándose con todos los niños que encontraba. Una vez se hartó de tirar fotos, la cooperante decidió hacer lo segundo que hacen todas las chicas jóvenes, blancas, ricas y solidarias: regalar caramelos a los niños. Con este propósito, la chica entró en la tienda del pueblo y compró caramelos. Se gastó unos 50.000 cedis, lo equivalente a 5 euros. Como es bien sabido, en África los productos suelen ser más baratos que en Europa, de modo que por cinco euros le dieron una buena bolsa de golosinas. La chica salió de la tienda, y a cada niño que pasaba le regalaba un caramelo. En pocos minutos corrió la voz de que una chica europea repartía chuches a los niños del poblado. Y cada vez aparecieron más niños que no querían perderse el festival de golosinas. La voluntaria ordenó a los niños en una fila y fue dándoles un caramelo tras otro hasta que se le acabó la bolsa. Contenta y orgullosa de su generosidad, dedicó el resto del día a pasear por Mprumem y a hacerse fotos con todos los niños que le salían al paso.

El sentimiento de orgullo por haber sido tan solidaria con tantos niños era tan fuerte que a media tarde, antes de marcharse, quiso repetir la operación. Sin embargo, esta vez decidió gastar 50 euros en vez de los 5 que había gastado por la mañana. De esta manera, muchos más niños podrían beneficiarse de su generosidad. Fue a la tienda y salió con tres bolsas gigantes de caramelos. Pero esta vez, la cosa transcurrió de un modo distinto. Al verla salir de la tienda de chucherías, docenas de niños empezaron a correr hacia ella. Aparecieron niños de todas partes: de detrás de las casas de paja, de detrás de los árboles, de las copas de los árboles… ¡hasta de debajo de los árboles! Había niños por todas partes. Una niña se cayó al suelo y los demás niños le pasaron por encima porque querían ser los primeros en llegar a la cooperante blanca. Hubo empujones y peleas. Todos querían ser los primeros de la fila. La chica, que a duras penas podía sostener las tres bolsas gigantes de caramelos, no sabía qué hacer ante aquel repentino caos. Afortunadamente aparecieron tres mujeres africanas que se ofrecieron para ayudar. Cada una de ellas aguantó una bolsa y, entre todas, intentaron distribuir a los niños en tres filas. Cuando parecía que todo volvía a la normalidad, una de las mujeres agarró una bolsa de caramelos y salió corriendo. La joven blanca dudó unos instantes, y salió a perseguirla. La vio entrar en una cabaña de barro y paja, y ella fue detrás increpándola: «¡Pero, qué haces! ¿No ves que los caramelos son para todos los niños y se tienen que repartir? ¿Por qué los robas?» La pobre mujer invitó a la voluntaria a entrar en su casa y le mostró a un niño que estaba acostado en el suelo. Tosía y tenía fiebre. Estos síntomas son muy comunes en las zonas rurales africanas, ya que las familias cocinan con fuegos de madera situados dentro o justo al lado de las casas y el humo entra por todas partes. Al respirar aquel humo, muchos chiquillos acaban padeciendo enfermedades respiratorias como la que evidentemente sufría aquel pobre niño.

«Mi hijo está enfermo y como no tengo dinero para comprar medicamentos he pensado que si me llevaba los caramelos y los vendía, podría salvarle la vida», dijo la señora africana. La joven blanca palideció.

Aunque parezca mentira, este curioso episodio ilustra perfectamente la mayor parte de los problemas que existen en el mundo de la cooperación. Fijaos bien: para empezar, la cooperante apareció por el pueblo sin que nadie la hubiera llamado. Segundo, decidió unilateralmente que lo que necesitaba la gente de Mprumem eran caramelos para los niños. Tercero, distorsionó el talento del pueblo ya que los niños, viendo que había repartido caramelos por la mañana, estuvieron todo el día siguiéndola en lugar de ir al colegio. Sabían que volvería a repartir caramelos. ¡Todas las chicas jóvenes, blancas, ricas y solidarias que visitan el pueblo hacen lo mismo y los niños lo saben! Esto es lo que explica que, por la tarde, nada más salir de la tienda, aparecieran tantos niños de sopetón: habían estado siguiéndola todo el día (de lo que se deduce que no fueron al colegio).

Cuarto, la acción de la joven generó violencia para apoderarse de los caramelos: los niños se pegaron para ser los primeros de la fila. Quinto, además de violencia, la acción de la chica generó corrupción: la señora robó una bolsa de caramelos. Sexto, la voluntaria nunca consultó a los africanos sobre qué necesitaban exactamente. Simplemente decidió dar caramelos sin preguntar nada a nadie. Si hubiera preguntado, quizá alguien le habría dicho que allí había niños enfermos que necesitaban medicamentos. Pero en lugar de medicamentos (o dinero que les permitiera comprarlos) ella decidió darles caramelos.

Y, finalmente —esto no lo vi, pero lo supongo—, la acción de la chica debió de generar una indigestión colectiva al día siguiente, y con toda probabilidad la mayor parte del pueblo debió de sufrir descomposición por exceso de golosinas. Todos los problemas del sector de la cooperación ilustrados en un solo episodio protagonizado por una chica europea, guapa, blanca, rica y solidaria.

La ayuda al desarrollo ha sido un fracaso

En el año 1944, los líderes occidentales se reunieron en el hotel Mount Washington, de Bretton Woods, un pueblecito de New Hampshire (Estados Unidos). Allí decidieron crear una institución cuya misión iba a ser ayudar a reconstruir y desarrollar los países europeos que habían quedado totalmente arruinados a consecuencia de la Segunda Guerra Mundial. Esa institución se llamaba Banco Mundial. Al cabo de unos años, el Banco Mundial amplió sus objetivos: además de ayudar a los países ricos que habían quedado destruidos por la Segunda Guerra Mundial, también debía canalizar dinero para promover el desarrollo económico de los países pobres (o países «subdesarrollados», como se les llamaba entonces).[1]

Desde aquel momento, la ayuda al desarrollo de los países pobres ha movilizado más de dos billones de euros. No todos los ha gastado el Banco Mundial. También han contribuido otras instituciones financieras internacionales multinacionales (como el Fondo Monetario Internacional, el Banco Interamericano de Desarrollo, el Departamento de Desarrollo de las Naciones Unidas,

---

1. En aquella conferencia de Bretton Woods también se creó el Fondo Monetario Internacional, una institución financiera paralela al Banco Mundial, pero que en principio no tiene por objetivo reducir la pobreza y promover el desarrollo, sino velar por la estabilidad financiera mundial. Aunque su mandato es de índole financiera y macroeconómica, a partir de los años noventa el FMI también empezó a implementar programas de desarrollo.

entre otros), los ministerios de Asuntos Exteriores de los países desarrollados (que son los que canalizan la ayuda oficial de cada país) y una constelación de ONG, algunas de ellas de grandes dimensiones (Oxfam o Manos Unidas) y otras mucho más pequeñas (como la Fundación Umbele, que ayudé a crear hace unos diez años). La característica común de todas estas organizaciones es que están repletas de gente muy bien intencionada. Pero ya conocéis el refrán: el camino del infierno está asfaltado de buenas intenciones. Es decir, las buenas intenciones no son suficientes si no van acompañadas de resultados. La chica de los caramelos actuó movida por las buenas intenciones, pero el resultado no fue en absoluto satisfactorio. El trabajo de los economistas no es juzgar las intenciones de los actores, sino evaluar las consecuencias y los resultados de sus actos. Y esto es lo que pretendo hacer en este capítulo.

Existen docenas de trabajos académicos imparciales que estudian los resultados de la ayuda internacional en su conjunto y la conclusión que uno saca de ellos es que, hasta la fecha, la ayuda al desarrollo ha sido un fracaso estrepitoso. No hay evidencia de que haya tenido un impacto positivo. Más bien al contrario: parece ser que la ayuda ha sido perjudicial. ¡Los países que han recibido más ayuda son aquellos donde las cosas han acabado yendo do peor![2]

Durante años, los occidentales dilapidamos montañas de dinero para ayudar a los líderes de los países más pobres del mundo, pero no porque nos interesara ayudar a la gente, sino porque queríamos que esos líderes fueran aliados políticos. Es decir, durante la guerra fría lo que entonces se llamaba «el tercer mundo» fue

---

2. Hay que tener cuidado cuando se realizan análisis estadísticos, ya que los países que están peor son los que más ayuda necesitan y, por tanto, los que reciben más ayuda. No basta con ver que los países que han recibido más ayuda son los que menos han crecido. Se deben aplicar unas técnicas de medición un poco más complicadas, pero el resultado es bastante evidente. Los aumentos de ayuda económica tienen efectos negativos para el crecimiento de los países beneficiarios.

objeto de una partida de ajedrez gigante entre Estados Unidos y la Unión Soviética. Para las dos grandes fuerzas imperiales era muy importante que los pequeños países pobres estuvieran de su lado. La manera de lograrlo era tener dirigentes políticos afines aunque estos se embolsaran cantidades ingentes del dinero destinado a ayudar a los ciudadanos más pobres. Durante este período, dictadores como Mobuto Sese Seko (Congo-Zaire, 1965-1997), Idi Amin Dada (Uganda, 1971-1979), Milton Obote (Uganda, 1980-1985), Jean-Bédel Bokassa (República Centroafricana, 1966-1976), Mengistu Haile Mariam (Etiopía, 1987-1991), Julius Nyerere (Tanzania, 1962-1985), Daniel Moi (Kenia 1978-2002), Teodoro Obiang Nguema (Guinea Ecuatorial, 1982 hasta la actualidad), Ibrahim Babangida (Nigeria, 1985-1993) o Sani Abacha (Nigeria, 1993-1998) acumularon fortunas valoradas en docenas de miles de millones de dólares mientras sus poblaciones morían de hambre. El objetivo de los países ricos no era ayudar a los pobres ni promover el desarrollo económico. Su objetivo era que esos dictadores continuaran siendo aliados aunque robaran gran parte de la ayuda recibida. Y esto era tan cierto para el bloque occidental como para el soviético.

Las palabras del presidente Roosevelt refiriéndose al dictador de Nicaragua, Anastasio Somoza, cuando alguien le dijo que era un ladrón consumado son muy reveladoras: «¡Sí! ¡Ya sé que Somoza es un hijo de perra, pero es «nuestro» hijo de perra y nos lo tenemos que tragar!». El gran objetivo de Estados Unidos no era la eliminación de la pobreza en Nicaragua ni conseguir la justicia social en el mundo. El objetivo era evitar que Somoza se convirtiera en el «hijo de perra» de los rusos y que Nicaragua cayera en la órbita soviética.

En tales circunstancias es normal que una parte de la ayuda al desarrollo no funcionara, ya que fue despilfarrada en el tablero de ajedrez de la guerra fría. Sin embargo, también hubo mucha ayuda que acabó llegando a los países en forma de carreteras, colegios, hospitales e infraestructuras varias, que se supone que habrían tenido que generar desarrollo. El problema es que ni siquiera esa ayuda tuvo consecuencias positivas para los habitantes de África y del resto del tercer mundo. Las preguntas que nos haremos en este capítulo son: ¿por qué no ha funcionado la ayuda al desarrollo? Y ¿qué se puede hacer para que África salga del pozo de la pobreza?

Los mecanismos que funcionan

Para analizar por qué los mecanismos de ayuda al desarrollo no han funcionado, creo que es importante entender algunos mecanismos que sí funcionan, o al menos que no funcionan del todo mal. Un mecanismo que funciona bastante bien a la hora de administrar los bienes públicos es la democracia. Winston Churchill dijo «la democracia es el peor sistema político... exceptuando todos los demás». Dicho de otro modo, a pesar de que el mecanismo democrático no sea perfecto, es el menos malo de todos los sistemas políticos. Pero ¿habéis pensado en algún momento por qué funciona (más o menos) bien la democracia?[3]

Lo primero que deben hacer los políticos democráticos es escuchar la voluntad de la gente. Es decir, tienen que saber qué quiere la ciudadanía que hagan sus líderes. Una vez tienen la información, deben implementar (más o menos) las políticas que la gente les pide. ¿Por qué? Pues porque la gente posee algo que los políticos quieren: el voto. Y si los políticos no hacen lo que quieren los electores, estos tendrán la posibilidad de obligarlos a rendir cuentas en las próximas elecciones dejándoles de votar. Al dar el voto a los ciudadanos, la democracia consigue darles el poder final y obliga a los políticos a escuchar y a hacer lo que pida la gente. Esta es la fuerza del mecanismo democrático.

Otro mecanismo que funciona (más o menos) bien es el de los mercados. Si la democracia es el menos malo de los sistemas que

3. Véase el libro de William Easterly, *The White Man's Burden* (2007), publicado por Oxford University Press.

ha inventado el hombre para distribuir los bienes públicos, los mercados son los sistemas menos malos que hemos inventado para distribuir los bienes privados.[4] El mecanismo de mercado funciona de modo bastante parecido a la democracia: la empresa tiene que escuchar a los clientes y averiguar qué quieren. Una vez posee esta información, la empresa debe producir exactamente lo que quiere el cliente. ¿Por qué? Pues porque el cliente tiene algo que la empresa quiere: el dinero. Y si la empresa produce lo que le viene en gana en vez de lo que quiere el cliente, este tiene la capacidad de rendir cuentas con la empresa y puede castigarla gastando su dinero en la competencia. Por lo tanto, el mecanismo de mercado funciona (más o menos) bien por la misma razón que la democracia: los clientes (los votantes) tienen algo que las empresas (los políticos) quieren: ¡el dinero (los votos)!

Una vez vistos estos dos mecanismos, analicemos el sector de la ayuda al desarrollo. Los actores de este sector comienzan con los donantes de los países ricos (normalmente mujeres y hombres blancos, ricos y solidarios). Esta gente dona voluntariamente una parte de su dinero a las ONG, o bien lo dona voluntariamente a los gobiernos a través de los impuestos. Los gobiernos recaudan el dinero y envían la parte destinada a la solidaridad al Banco Mundial, a Naciones Unidas o a gobiernos de países pobres. Estas instituciones, a su vez, remiten el dinero a los ciudadanos africanos, que son los destinarios finales de la ayuda. La pregunta que ahora debemos formularnos es: ¿qué tiene el pobre niño africano que quieran los ciudadanos o los gobiernos donantes de los países ricos? La respuesta es: ¡absolutamente nada! Y como los pobres niños africanos no poseen nada que sea deseado por los donantes, no tienen modo alguno de castigarlos si hacen las cosas mal. Es más, los donantes ni tan siquiera tienen incentivos para averiguar

---

4. ¡Sí! Ya sé que los mercados tienen problemas como las externalidades, los monopolios o los bienes públicos. Pero, aparte de estos problemas, los mercados son los menos malos de los mecanismos que han existido a lo largo de la historia para producir y distribuir bienes privados.

qué necesitan los niños africanos y, consiguientemente, para hacer lo que realmente necesitan. Al fin y al cabo, ¿para qué preguntar algo si, cuando haces las cosas mal, nadie te va a exigir responsabilidades?

Puesto que no hay modo de hacer rendir cuentas a quien hace las cosas mal, el resultado es que las ONG, los ministerios de cooperación y las instituciones internacionales hacen lo que les da la gana... ¡y mucho de lo que hacen sale mal! Nadie tiene incentivos para averiguar qué necesitan los receptores de la ayuda, ni para satisfacer sus necesidades reales, ni para procurar no despilfarrar, ni para procurar no perjudicar. ¡Igual que la chica de los caramelos!

Cuando digo que el mecanismo de la cooperación no funciona y que los mecanismos democráticos y de mercado funcionan más o menos bien no estoy diciendo que tengamos que sustituir la ayuda al desarrollo por la democracia o los mercados. Eso no funcionaría y esa no es la lección. La lección es que el mecanismo actual no funciona porque las ONG y las instituciones, en vez de intentar satisfacer las necesidades de los niños africanos, tienen como incentivo primordial el contentar a los donantes de los países ricos ya que de ellos vienen los recursos que necesitan para sobrevivir. Si los donantes quieren apadrinar niños y quieren que estos niños les envíen cartas y fotos para poder enmarcarlas encima del televisor y para sentirse bien ellos, las ONG se dedicarán a apadrinar niños, aunque sepan que lo que se necesita no son apadrinamientos sino agua potable, medicamentos para que sus padres no mueran de sida, puestos de trabajo para sus hermanos mayores o lavabos. En la situación actual, el protagonista de la película de la cooperación no es el niño africano, sino el donante. Esta es la causa última de todos los problemas del tercer sector: ¡debemos lograr situar a los verdaderos protagonistas, los niños africanos, en el centro de la película!

Las mosquiteras de Sharon Stone

En la reunión de Davos de 2005, el presidente de Tanzania, Benjamin Mkapa, explicó la dramática situación que vivía aquel país africano con la malaria. En el año 2005, más de un millón de niños murieron por culpa de un microbio que transmitían los mosquitos en todos los países tropicales del mundo. Y Tanzania era uno de los principales damnificados.[5]

En cuanto el elocuente presidente tanzano hubo acabado su intervención, una mujer rubia que estaba sentada a mi lado alzó la mano. A pesar de que en aquel momento no la reconocí, aquella mujer resultó ser una actriz llamada Sharon Stone. Con lágrimas en los ojos (como no la había reconocido y no sabía que era actriz, pensé que aquellas lágrimas eran auténticas), Sharon explicó que el discurso del presidente Mkapa la había conmovido. Estaba tan abrumada por lo que acababa de oír que allí mismo decidió realizar una donación de 10.000 dólares para comprar mosquiteras para los niños tanzanos. Y aprovechando que en el fórum participaba la gente más rica del mundo, pidió a los presentes que se sumaran a su nueva causa y donaran 10.000 dólares como ella: «Si queréis realizar una donación de 10.000 dólares, dadme vuestra tarjeta de visita y os llamaré para recaudar el dinero. ¿Quién quiere darme su tarjeta de visita?», dijo Sharon Stone al público asistente. Se oyeron docenas de voces de empresarios enloquecidos: «¡Yo, Sharon, yo!». Sharon empezó a reunir tarjetas y, al cabo de unos minutos, los altavoces anunciaron que había recaudado un millón de dólares.

Al día siguiente, todos los rotativos del mundo describieron la heroicidad de la actriz norteamericana: «Sharon Stone logra recaudar un millón de dólares para salvar a centenares de miles de niños africanos de la malaria», rezaban los titulares.

---

5. Cabe decir que la mortalidad causada por la malaria ha descendido bastante desde 2005. Aun así, se estima que actualmente todavía mueren unos 250.000 niños cada año en todo el mundo.

Al cabo de un año, volví a Davos y decidí investigar cómo había acabado la historia de las mosquiteras. No tardé en descubrir que, en realidad, no había recaudado un millón de dólares, sino 250.000. O bien ella se descontó cuando anunció que había recaudado un millón, o bien hubo empresarios que le dieron sus tarjetas y luego se retractaron o... Bien, de hecho, un par de semanas después del episodio de la recolecta, Sharon me llamó a mi oficina de New York para pedirme 10.000 dólares. Yo me quedé atónito y le dije: «¿10.000 dólares? ¿De dónde sacas que tengo que darte 10.000 dólares?». Ella me dijo que mi tarjeta estaba en la bolsa con el resto de tarjetas de las personas que querían donar. Al parecer, aquel día, en medio de la locura de empresarios que se acercaron a Sharon Stone, ¡alguien se pasó de listo y le dio mi tarjeta! Le dije a Sharon que yo era un profesor pobre que no podía hacer una donación tan grande y que, además, tenía mi propia fundación (la Fundación Umbele, de la que hablaré más adelante).

En cualquier caso, el resultado fue que la señora Stone recaudó solamente 250.000 dólares y, para no hacer el ridículo mundial después de haber anunciado que había conseguido un millón, pidió a Unicef que añadiera la diferencia. La presidenta de Unicef aceptó y, con todo el dinero, Stone fue a Taiwán y compró 250.000 mosquiteras (cada mosquitera valía 4 dólares). Las mosquiteras fueron en avión hasta Dar es-Salaam. ¡Y algún oficial de aduanas las robó! Semanas más tarde reaparecieron en los mercados negros de Tanzania en forma de vestidos de novia y redes de pescar.

En resumen, una señora joven, blanca, rica y solidaria decide unilateralmente y sin consultar a nadie que en el mundo hay un problema que se llama malaria. También decide que la solución a este problema son las mosquiteras. Gracias a su fama, la señora consigue desviar 750.000 dólares de UNICEF, una institución que más o menos funciona bien, compra 250.000 mosquiteras que acaban siendo robadas por oficiales corruptos de Tanzania... ¿Y aquí no pasa nada? Pues, no. No pasa nada. ¿Y por qué no pasa nada? Pues porque en el mundo de la benevolencia, si alguien hace las cosas mal, si alguien hace algo que perjudica a los beneficiarios, no se lo castiga. Y no se lo castiga por dos motivos. Primero, porque todo el mundo piensa que ha obrado con buena intención. Segundo, porque no hay forma de castigarlo. No se pueden pedir cuentas a los responsables de la cooperación aunque hagan las cosas mal. ¡El mecanismo no funciona!

Igual que en el caso de la chica de los caramelos, el episodio de Sharon Stone es un ejemplo de cómo, en el mundo de la cooperación, los donantes hacen lo que les da la gana. No preguntan qué se necesita, hacen lo primero que les pasa por la cabeza. ¿Por qué decidió solucionar por su cuenta el problema de la malaria? Y, por otro lado, ¿cómo lo decidió? ¿Acaso hizo un estudio previo que demostrara que gastándose un millón de dólares en mosquiteras salvaría más vidas que si los dedicaba a curar el sida o la diarrea?

Es cierto que ella acababa de escuchar el discurso elocuente del presidente Mkapa sobre la crisis de la malaria y sobre el millón de niños que morían cada año por culpa de las picaduras de un mosquito. Pero dos minutos antes, el presidente de la Organización Mundial de la Salud había hecho su discurso sobre el hecho de que en el mundo mueren tres (repito, tres) millones de niños de diarrea por la falta de acceso al agua potable. ¿Por qué no alzó la mano cuando se hablaba de diarrea? ¿No será que relacionar su imagen con la malaria no queda mal, pero relacionarla con la diarrea es diferente? ¿Qué habría pasado si a la mañana siguiente los periódicos hubiesen salido con el titular «Sharon Stone, la nueva reina de la diarrea»? Este es el fondo de la cuestión: el mecanismo del que disponemos hoy en día para cooperar implica que el protagonista de la película no sea el niño africano, sino el donante del país rico. En este caso, la gran protagonista del episodio fue, sin lugar a dudas, Sharon Stone.

Quede claro que no estoy diciendo que la malaria no sea un problema que debe ser corregido: es un problema enorme que hay que solucionar de manera inmediata. Tampoco digo que la mejor manera de resolver el problema no sea con las mosquiteras.

Probablemente lo es. Lo que estoy diciendo es que las cosas se tienen que hacer bien. Por ejemplo, se debe determinar si el problema principal y más urgente es la malaria (y no otras enfermedades). Se debe estudiar si la mejor manera de gastar un millón de dólares es comprar mosquiteras (y no pastillas de sales minerales para evitar que los niños mueran deshidratados cuando sufren diarrea). Si decidimos que la prioridad es la malaria y que la solución son las mosquiteras, hay que pensar si la mejor manera de llevar mosquiteras a Tanzania es comprarlas en Taiwán y hacerlas pasar por una frontera llena de policías corruptos que pedirán ser recompensados, o bien comprarlas a los productores locales. Observad que Sharon Stone no llevó a cabo ninguno de estos estudios, y no se le ocurrió ni siquiera pensar si lo que hacía estaba bien hecho. Tiró de *instinto básico* y su fama hizo el resto.

Emmanuel Quazi y las consecuencias indeseadas

En verano de 2004 fui a consultar mi correo electrónico en un cibercafé de Acra, capital de Ghana. Allí conocí a un joven emprendedor que se llamaba Emmanuel Tetteh Quazi. El joven, de veintidós años, se veía muy espabilado. Había acabado el bachillerato, pero no había podido ir a la universidad. Su gran pasión era internet y había aprendido por su cuenta a diseñar páginas web. Entre 1995 y 2004 Ghana había empezado a tener un crecimiento positivo importante y, en medio de esta bonanza, cada vez eran más las empresas ghanesas que querían mostrarse al mundo a través de internet. A la vista de la demanda, Emmanuel empezó a ofrecer sus servicios de creación de páginas web a las empresas. Las hacía muy bien y pronto empezó a tener tanto trabajo que necesitó ayuda y contrató a su hermano. Después contrató a un amigo, y luego a otro amigo. Acabó creando una empresa que se llamaba Soft Internet Solutions, en la que trabajaban alrededor de veinticinco jóvenes ghaneses con talento y pasión por internet y las nuevas tecnologías.

Todo iba viento en popa para Emmanuel y sus compañeros, cuando un buen día llegó a Ghana una ONG alemana llamada GTZ, que tuvo una idea brillante: «¡Lo que necesitan los africanos es conectarse a internet!». Con este propósito, la ONG (que trabajaba conjuntamente con el gobierno alemán) buscó voluntarios alemanes que pudieran dedicar parte de su tiempo libre a la creación de páginas web, unas páginas que acabarían regalando a empresas africanas. Como era de esperar, los expertos voluntarios alemanes eran mejores diseñadores que los jóvenes africanos de Soft Internet Solutions y, por tanto, las webs de los alemanes estaban un poco mejor hechas. Y, además, ¡eran gratis!

Tampoco hace falta ser muy avispado para adivinar qué ocurrió en Ghana: al poder elegir entre páginas de diseño avanzado y gratuitas alemanas y webs menos modernas a un coste positivo, todas las empresas ghanesas optaron por dejar de encargar los diseños de sus webs a Emmanuel y su equipo. ¿Cuál fue la consecuencia? Soft Internet Solutions tuvo que cerrar y los veinticinco jóvenes emprendedores se fueron al paro. De hecho, al empezar a escribir este libro intenté buscar a Emmanuel Tetteh Quazi por internet... ¡y lo encontré! Pero al ver dónde había ido a parar, me invadió un profundo sentimiento de rabia e impotencia: ¡estaba trabajando de taxista en Londres!

¡Fijaos el desastre que había causado la negligencia de la ONG alemana!: un joven emprendedor con un proyecto de futuro que había llegado a crear 25 puestos de trabajo para jóvenes africanos estaba trabajando de taxista en Londres por culpa de que nadie en Berlín se paró a pensar en las consecuencias no deseadas de sus acciones. La tragedia es que si alguien puede sacar a África de la miseria, son los emprendedores como Emmanuel Quazi.

A lo largo de la historia no ha habido ningún país que se haya hecho rico gracias a la caridad. Todos los que han conseguido salir del pozo de la pobreza lo han hecho gracias a sus trabajadores, que han trabajado duro, y gracias a los emprendedores, que han implementado ideas de negocio y creado riqueza y ocupación. Así lo hicieron nuestros abuelos y nuestros bisabuelos y las gentes de todos los países que han escapado de la trampa de la pobreza.

El hecho de que en Alemania nadie pensó un solo minuto en las consecuencias de su actuación comportó que la ONG destruyera lo único que puede acabar sacando a los africanos del pozo de la miseria: el talento de los jóvenes. Está claro que las webs creadas por los africanos no eran tan buenas como las alemanas. Pero si no les dejamos diseñar sus webs, nunca aprenderán. En la vida las cosas se aprenden haciéndolas. Se aprende a costa de equivocarse y de mejorar cada vez que se comete un error. Y si los europeos decidimos hacer las cosas para los africanos en lugar de dejar que las hagan ellos mismos, nunca aprenderán a hacerlas.

La pregunta es: ¿por qué en Alemania nadie pensó en las consecuencias de sus acciones? Tampoco era tan difícil, ¿no? La respuesta es que nadie pensó en ello por el mismo motivo que Sharon Stone tampoco lo hizo: sabían que, pasara lo que pasase, nunca nadie podría exigirles responsabilidades. Si hubiesen pensado que existía la posibilidad de ir a la cárcel, o de acabar arruinándose, o de no ser reelegidos en el Parlamento, seguro que habrían dedicado unos minutos a reflexionar y a evaluar las posibles consecuencias negativas de sus acciones. Pero, como ya hemos repetido mil veces, los africanos no pueden hacer nada para castigar a quienes hacen las cosas mal, la ONG alemana hizo lo que quiso sin preocuparse por las consecuencias indeseadas. ¡Igual que la chica de los caramelos!

Malgastar talento

Cuando llega el mes de junio los universitarios africanos del hemisferio norte se gradúan y los tablones de anuncios de la universidad se llenan de ofertas de trabajo. Paseando por la universidad, un día observé un detalle curioso: los salarios ofrecidos por las ONG internacionales y, sobre todo, por las instituciones internacionales como el Banco Mundial, las Naciones Unidas o el Fondo

Monetario Internacional eran mucho más altos que los ofrecidos por las empresas locales. En un primer momento pensé que aquella era una curiosidad estadística. De todos modos, me propuse investigarla. Descubrí que las ONG y las instituciones internacionales pagaban salarios más altos que las empresas locales de manera sistemática.

La consecuencia de este diferencial de salarios es que los mejores estudiantes del país acaban trabajando para esas instituciones y no para las empresas. Es decir, el sector de la cooperación desvía una parte del talento (del mejor talento) alejándolo de actividades productivas hacia la distribución de la caridad. Y yo me pregunto: ¿no sería mejor que los ciudadanos de más talento del país se dedicaran a producir bienes y servicios, a construir puentes, carreteras, viviendas u hospitales, a diseñar nuevos productos, o a implementar nuevas ideas empresariales, en vez de dedicarse a gestionar la caridad procedente de los países ricos? Lo he dicho antes y lo repito: a lo largo de la historia ningún país ha crecido gracias a las limosnas. Todos los que han crecido lo han hecho gracias al trabajo, la iniciativa y la creatividad de su talento humano. El problema es que cuando la cooperación desvía este talento hacia actividades no productivas no hace sino empeorar la situación. Del mismo modo que la chica de los caramelos provocó que los niños no acudieran al colegio, el Banco Mundial y las grandes Organizaciones No Gubernamentales hacen que los jóvenes africanos con más talento no se dediquen a generar riqueza y puestos de trabajo para su país, sino a gestionar caridad que viene de los donantes ricos.

No digo que la solución a los problemas africanos pase por reducir los salarios de los colaboradores de las ONG que trabajan en el continente. Digo que mientras nosotros distorsionemos el talento africano e inducimos a los mejores ciudadanos del continente a dedicarse a administrar nuestra caridad en lugar de hacer cosas productivas, África no saldrá nunca del pozo de la pobreza. El desaprovechamiento de talento es un hecho conocido y reconocido por los organismos internacionales que lo motivan. Sin embargo, continúan actuando como si nada ocurriera. ¿Por qué? Pues por la misma razón de siempre: el mecanismo no funciona y los ciudadanos africanos no tienen la más mínima posibilidad de exigirles responsabilidades y que rindan cuentas por el daño que causan.

Charo Vázquez y el problema de la ignorancia

Ya hemos explicado que la principal consecuencia de no contar con un mecanismo que dé poder de decisión a los beneficiarios, y no a los donantes, es que los donantes no tenemos ningún incentivo para preguntar qué se necesita o cómo se soluciona un determinado problema. La consecuencia directa de esta circunstancia es que quienes nos dedicamos a la cooperación a menudo no tenemos la menor idea de lo que funciona y lo que no funciona.

Hace diez años aproximadamente, conseguí que una empresa de microprocesadores realizara una importante donación de ordenadores equipados con Wimax a colegios africanos. La tecnología Wimax permite la conexión directa a internet vía satélite. El hecho de que los ordenadores cuenten con esta tecnología es muy importante en África, donde las conexiones a través de cables escasean porque son caras y, además, los cables se roban sistemáticamente. Aprovechando que estaba de viaje a Ghana, visité algunos colegios para ver cómo podíamos llevar a cabo la donación.

El destino me llevó a un colegio de Elmina, una ciudad situada en la costa, a medio camino entre Togo y Costa de Marfil. El colegio había sido creado y estaba dirigido por una monja aragonesa de mediana edad que se llamaba Charo Vázquez. Charo era una emprendedora que rebosaba energía y entusiasmo. El colegio que había creado aquella mujer era espectacular. Centenares de niños vestidos con uniformes verdes escuchaban atentamente las palabras de sus maestros. Había aulas con pizarras, tizas, borradores, sillas y pupitres. También había una salita con algunos ordenadores envueltos con plásticos para protegerlos de la intensa humedad africana. Todo aquello lo había hecho la monja, ella sola, empezando desde cero, a costa de trabajar durante décadas.

Me presenté a Charo: «Soy profesor de economía, trabajo en New York y estoy especializado en la economía del desarrollo. Creo que es importante que los niños africanos tengan acceso a internet para que puedan aprender con las últimas técnicas educativas y para que estén conectados al mundo y puedan saber lo que pasa en él. Por esto he buscado una empresa de microprocesadores que, muy generosamente, ha hecho donación de miles de ordenadores equipados con Wimax, de modo que los niños se podrán conectar a internet desde el colegio sin tener que esperar a que el gobierno lleve el teléfono o la fibra óptica a vuestro pueblo».

Mientras hablaba, veía que la mujer me miraba con cara de extrañeza. Su mirada reflejaba un escepticismo educado que me resultaba desconcertante. Proseguí mi sermón entusiástico. Cuando acabé de hablar, esperé en silencio que ella dijera que aquella donación era una gran noticia para los niños africanos. Ella se levantó pausadamente y me dijo: «¿Usted realmente quiere contribuir a mejorar la educación de los jóvenes africanos?». «Claro que sí —afirmé—, para esto he venido y para esto he conseguido la donación de estos miles de ordenadores.»

«Pues si realmente quiere ayudar a mejorar la educación de los jóvenes africanos, usted tendría que financiarme los lavabos», me dijo. «¿Los lavabos? ¿Qué me está contando, señora? ¿No entiende lo que le estoy ofreciendo? ¡Le hablo de ordenadores de última generación y de Wimax! ¿Usted sabe lo que es Wimax?» Sin perder la paciencia, Charo me explicó que por más ordenadores que tuviera el colegio, y por más conexión a internet vía satélite que tuvieran aquellos ordenadores, si en las aulas no había niños y niñas, la educación era imposible. El problema que había y hay en aquella zona (y, de hecho, un problema que había y hay en todo el continente africano y gran parte del mundo emergente) era que el día que las niñas tenían su primera menstruación, dejaban de ir al colegio si no había lavabos. Por lo tanto, la prioridad para mejorar la educación en África era evitar que las niñas abandonaran el colegio, y para lograrlo hacían falta lavabos.

Charo me explicó que llevaba tiempo pidiendo lavabos a las ONG europeas con las que colaboraba, pero nadie quería ayudarla: «Todas las ONG quieren apadrinar a niños», dijo, visiblemente irritada. «A los donantes europeos les encanta apadrinar a niños porque así pueden poner la foto de sus apadrinados sobre el televisor. Y por culpa de esto nadie quiere financiar lavabos. ¡Supongo que a nadie le hace ilusión tener la foto de un váter en su casa!»

Fue en aquel momento cuando me di cuenta de que la estrategia de la cooperación tenía que cambiar. Pese a ser catedrático de Economía de una de las mejores universidades del mundo y especialista en desarrollo económico (que es la parte de la economía que estudia, precisamente, qué es lo que hay que hacer para ayudar a los países pobres), a mí no se me habría ocurrido jamás que financiar un lavabo podría mejorar la educación de los niños africanos.

En cambio, allí estaba yo, frente a una monja que había dedicado treinta años a la construcción de colegios y a la educación de niños africanos, una monja que me estaba dando un razonamiento demoledor. En aquel instante decidí que nuestra misión no podía seguir siendo la de ir a África a dar lecciones de cómo se hacen las cosas a los africanos. Nuestra misión debe ser: ir, escuchar, callar y financiar lo que los verdaderos expertos nos pidan. Y los verdaderos expertos son los que viven y los que entienden los problemas del lugar. Teníamos que dejar de ir a África a enseñar, ser más humildes y empezar a aprender.

La lección que me dio Charo Vázquez engendró la semilla de la Fundación Umbele, que creé yo mismo y se dedica a ayudar a escolarizar niños y niñas africanos, básicamente por medio de la financiación de proyectos educativos diseñados e implementados por misioneros que viven y trabajan en África. Ellos saben qué problemas hay y cuáles son las soluciones, conocen las necesidades y las maneras adecuadas de satisfacerlas. Nosotros, los voluntarios blancos, ricos y solidarios, debemos limitarnos a escuchar, callar y pagar.

El desconocimiento de la realidad y de la problemática africana va mucho más lejos de la anécdota con Charo Vázquez. En el año 2000, las Naciones Unidas encargaron al profesor Jeffrey Sachs el desarrollo de los denominados «poblados del milenio». Además de ser uno de los economistas más reconocidos del mundo, Jeffrey Sachs es el asesor principal en temas económicos del secretario general de las Naciones Unidas. Lo fue con Kofi Annan y lo sigue siendo con Ban Ki Moon.

Los «poblados del milenio» eran una especie de prueba piloto que pretendía demostrar cómo se podía sacar de la pobreza a poblados enteros mediante intervenciones masivas que, simultáneamente, buscaban educar a los niños, dotar a los ciudadanos de una sanidad mejor y generar oportunidades económicas entre la población local. Para conseguirlo, los mejores expertos del mundo se desplazarían a África para estudiar la calidad de la tierra y así poder decidir qué tipos de cultivos, fertilizantes o pesticidas serían más idóneos para las características de cada región. Los mejores pedagogos visitarían los poblados africanos para enseñar a los maestros cómo debían hacer las clases. Los mejores médicos occidentales irían a organizar clínicas y hospitales y traerían los medicamentos necesarios para que los médicos locales pudieran trabajar en las mejores condiciones. La idea de Sachs era que si se atacaban simultáneamente los problemas de salud, educación y economía, la pobreza de estos pueblos se podría erradicar en cinco años. Una vez mostrado el camino a través de estos programas piloto, esta misma estrategia se podía llevar a todo el mundo y de esta manera la pobreza mundial podría erradicarse antes de 2015.

El problema de este plan es que ni los mejores expertos del mundo saben lo que se llevan entre manos. Mientras Sachs continuaba su experimento, una periodista de la revista *Vanity Fair*, Nina Munk, decidió viajar a África e investigar por sí misma qué estaba pasando realmente en los «poblados del milenio». Una vez allí, vio que las cosas no acababan de funcionar. Los resultados de sus viajes fueron publicados en un libro titulado *El idealista*.[6] En él, Nina Munk explica que los expertos norteamericanos determinaron que las tierras de Ruhiira, un pueblo rural de Uganda, eran muy aptas para el cultivo de maíz. Sachs y su equipo donaron semillas, fertilizantes, pesticidas y dieron consejos técnicos a los habitantes de Ruhiira para que sustituyeran sus cultivos habituales de plátanos por el cultivo de maíz, que tenían que vender a los mercados. Tal como habían previsto los técnicos agrícolas, en cuestión de pocos meses la producción de maíz se disparó. Y cuando en New York se disponían a celebrar el éxito del plan de desarrollo de Ruhiira, alguien se dio cuenta de que aquel plan tan brillante presentaba un pequeño problema: la gente de Uganda odia el maíz. Lo consideran «comida de prisioneros». En lugar de maíz, los ugandeses comen una especie de pasta hecha de plátano a la que llaman *matoke*.

La consecuencia fue que todo el maíz producido por los habitantes de Ruhiira fue acumulándose debajo de sus camas porque nadie lo compraba. Poco a poco se fue pudriendo y acabó siendo devorado por las ratas. El problema se agravó cuando se vio que los habitantes de Ruhiira, que habían confiado ciegamente en los grandes expertos blancos, ricos y solidarios, no tenían nada para comer. Siguiendo el consejo de los asesores occidentales, habían cortado los árboles plataneros que les proporcionaban la materia prima para el *matoke* que habían consumido toda la vida: en sustitución, plantaron el maíz que acabaron comiéndose las ratas. El fracaso de los «poblados del milenio» fue descomunal.

La lección principal de todo este episodio es que ni los expertos más expertos saben qué hay que hacer para promover el desarrollo económico en los países pobres. No lo saben porque no viven la realidad de estos países, y las cosas, desde las cátedras de los países ricos, se ven siempre de una manera muy diferente. Para entender los pequeños detalles que pueden determinar que el

6. Nina Munk, *The Idealist: Jeffrey Sachs and the Quest to End Poverty* (2013).

asunto funcione o fracase hay que conocer muy bien la realidad africana, y esto no es posible desde los países ricos. Por más preparado que esté el catedrático que analiza el tema, siempre se le pasarán por alto los detalles más simples de la operación. Las soluciones deben venir de la gente que vive allí, que entiende la realidad, la cultura, la historia y las costumbres africanas. Además, la triste realidad es que, nuevamente, nadie tiene incentivos para preguntar a los habitantes que tienen el problema. Al contrario, todos tenemos incentivos para implementar nuestras ideas, para demostrar al mundo que somos los más listos y que podemos tener éxito allí donde los otros han fracasado. Y cuando hacemos las cosas mal y acabamos perjudicando a los pobres ciudadanos de África, ellos no pueden hacer nada para castigarnos porque no tienen nada que nosotros queramos de ellos... Una vez más vemos que el sistema de incentivos no funciona correctamente en el sector de la cooperación internacional. Y aquí estamos, sesenta años y dos billones de dólares después de haber creado el Banco Mundial, no solo asumiendo el fracaso de nuestro intento de ayudar a los países pobres, sino que además ni siquiera hemos sabido determinar por qué no ha funcionado.

¿Está África condenada al fracaso?

Lo que hemos aprendido hasta el momento puede parecer deprimente: la ayuda al desarrollo no ha funcionado pese a haber gastado más de dos billones de dólares durante los últimos sesenta años. ¿Significa esto que debemos dejar de perder el tiempo y el dinero, y abandonar todo intento de ayudar a los pobres a escapar de la situación de pobreza en la que se encuentran? ¿Significa esto que África está condenada a ser pobre por los siglos de los siglos? La respuesta a ambas preguntas es que no. En primer lugar, no debemos dejar de ayudar a los habitantes más pobres del planeta. Debemos seguir haciendo programas de cooperación y ayuda al desarrollo. Ahora bien, debemos hacerlo de una manera diferente. En segundo lugar, África no está condenada a ser pobre por los siglos de los siglos. De hecho, os diré que soy optimista acerca del papel de la ayuda al desarrollo y sobre el futuro económico de los africanos. Y lo soy por cuatro razones que os explico ahora mismo.

Podemos aprender

La primera razón que me hace ser optimista es que el hecho de que seamos ignorantes ahora no quiere decir que tengamos que ser ignorantes siempre. Es decir, podemos aprender. Esta es la dirección que sigue un grupo de economistas, liderados por la catedrática francesa del MIT Esther Duflo,[7] que están diseñando programas de ayuda al desarrollo con el objetivo de aprender qué es lo que funciona. Permitidme que os cite solo un ejemplo. Uno de los problemas que tienen los sistemas educativos de todos los países pobres, incluidos los africanos, es que muy a menudo los profesores no van al colegio. Esto suele pasar sobre todo en las zonas rurales con baja densidad de población, donde los maestros tienen que hacer largos desplazamientos para ir al colegio y donde la supervisión para comprobar si van es difícil y costosa. Para solucionar este problema, el equipo de Esther Duflo, en colaboración con una ONG, delimitaron un distrito educativo de una región rural remota y eligieron aleatoriamente la mitad de los colegios para asignarles un maestro sustituto que se encargara de dar la clase cuando el titular no se presentase. El salario de este maestro lo pagaba la ONG. En la otra mitad de los colegios no se intervino para nada. Al final del año, se realizó el mismo examen

7. Esther Duflo es profesora del MIT (Instituto Tecnológico de Massachusetts) y creadora del Laboratorio para la Acción contra la Pobreza (Poverty Action Lab). Los investigadores de este laboratorio han publicado una gran cantidad de trabajos que se pueden consultar gratuitamente en http://www.povertyactionlab.org/

en todos los colegios del distrito y se miró qué niños obtenían las mejores notas. Las evaluaciones fueron realizadas por los equipos de la profesora Duflo.

Los resultados fueron decepcionantes. Es cierto que los niños de los colegios que habían contado con maestros sustitutos perdieron muchas menos horas lectivas. Pero a la hora de hacer los exámenes, las notas acabaron siendo las mismas. No se sabe si el motivo fue que los niños no hacían caso o no se fiaban del sustituto, o que este tenía menos capacidades pedagógicas que el profesor titular. El caso es que las horas lectivas adicionales no sirvieron para mejorar las calificaciones de los estudiantes. Naturalmente, el objetivo del colegio no es que los niños asistan a clase, sino que aprendan. En este sentido, el resultado del experimento fue un suspenso.

Después del fracaso, los investigadores continuaron pensando y llevaron a cabo un segundo experimento. Eligieron al azar la mitad de los colegios y donaron cada uno una cámara fotográfica digital, una de estas cámaras que registran el día y la hora en que se dispara la fotografía. Se pidió a los maestros de estos colegios que se hicieran una *selfie* con los niños por la mañana y otra por la tarde. Si en las fotos aparecían el maestro y los niños, se contaba como un «día completo». El salario que recibía el maestro era proporcional al número de días completos. Tanto es así que si el maestro iba a trabajar todos los días podía llegar a triplicar su salario, de modo que tenía los máximos incentivos para asistir a clase. Al final del año se realizó un examen a los niños de estos colegios y se compararon sus notas con las de los niños de los otros colegios. Los resultados fueron espectaculares: no solo el absentismo escolar se había reducido drásticamente, sino que las notas mejoraron significativamente. Una vez se ha aprendido que dar cámaras digitales para controlar a los profesores parece que funciona, la estrategia se ha hecho extensiva a otros países y de otros continentes. No sabíamos cómo solucionar este problema tan grave de los colegios africanos… pero lo hemos aprendido.

La buena noticia es que esta metodología para aprender la manera de hacer las cosas está siendo aplicada por los equipos de investigadores de Esther Duflo y por centenares de economistas y ONG de todo el mundo, que quieren aprender (repito, «aprender») la manera de resolver problemas tan variados como el acceso al agua potable, la malaria, el sida, la educación, el acceso a las vacunas, las mejoras de productividad agrícola, los microcréditos o la discriminación femenina.

La lección fundamental es que, si bien es cierto que por el momento no sabemos qué es lo que funciona y lo que no funciona a la hora de ayudar a los habitantes más pobres del planeta, no existe ninguna razón por la que no podamos aprenderlo. Solo se trata de diseñar los proyectos de manera innovadora e inteligente.

Busquemos el mecanismo: ¿TripAdvisor?

La segunda razón que me invita al optimismo es que, si bien es cierto que aún no hemos encontrado un mecanismo que permita a los habitantes de África «castigar» a quien hace las cosas mal, no existe ninguna razón objetiva para pensar que no podemos encontrarlo. Recordad que la democracia funciona (más o menos) bien porque los ciudadanos poseen algo que los políticos quieren: el voto. Y cuando los políticos no hacen lo que quieren los ciudadanos, estos pueden depurar responsabilidades entregando el voto a otro candidato o partido. De igual modo, los mercados funcionan y obligan a las empresas a hacer (más o menos) lo que los clientes quieren, porque los segundos poseen algo que las primeras quieren: el dinero. Y si las empresas hacen lo que no quieren los clientes, estos pueden castigarlas comprando en la competencia.

El problema de la cooperación es que los habitantes de África no tienen nada que los donantes deseen de ellos y, por lo tanto, cuando estos hacen las cosas mal, o les perjudican, los supuestos beneficiarios no pueden hacer absolutamente nada para que rindan cuentas. De hecho, las ONG están más pendientes de los donantes que les aportan los recursos que de los beneficiarios a los que, en principio, deberían ayudar. Las instituciones internacionales están más pendientes de los países ricos que financian sus presupuestos que de los países pobres a los que tienen que ayudar. El «protagonista» del sector de la cooperación no es quien debería ser (el ciudadano del país pobre), sino quien no debería ser (el ciudadano del país rico).

Ahora bien, ¿y si pensamos la manera de dar un poco de «poder» a los ciudadanos de África? No me refiero a dar votos o dinero a los beneficiarios de África: ¡me refiero a darles voz! Veamos a continuación de qué manera se podría lograr.

Actualmente, cuando los que viajamos buscamos hoteles y restaurantes en países desconocidos, confiamos cada vez menos en los consejos que nos dan en las agencias de viajes. De hecho, ya no nos creemos las fotos que nos muestran habitaciones espaciosas e iluminadas, porque hemos comprobado demasiadas veces que las fotos «oficiales» no son fieles a la realidad. Por el contrario, cada vez nos fiamos más de lo que dicen directamente los clientes que se han alojado en tal hotel o han comido en tal restaurante y que han dedicado unos minutos de su tiempo a publicar su opinión y a subir sus fotos.

Todo esto es posible gracias a las herramientas que nos proporciona internet. Páginas como la de TripAdvisor reciben diariamente decenas de millones de consultas de viajeros para hallar información «verídica» sobre hoteles y restaurantes de todo el mundo. Herramientas como Twitter o Facebook sirven para que la gente comente sus experiencias o publique sus fotos. Antes de TripAdvisor, Twitter y Facebook los clientes tenían un cierto poder sobre los hoteles y los restaurantes, en el sentido de que si el trato recibido no era correcto, los podían castigar no yendo nunca más. Es el poder tradicional que el mercado da a los clientes. Pero fijaos que internet da una segunda fuente de poder a los clientes: si estos escriben una mala reseña de un lugar o publican una foto de unos lavabos sucios, sus opiniones pueden dar pie a que otros clientes tampoco vayan. A raíz de esto, hoy en día muchos hoteles y restaurantes de todo el planeta cuidan extraordinariamente bien a sus clientes, sobre todo a aquellos que tienen aspecto de escribir en TripAdvisor o de tener muchos seguidores en Twitter o Facebook.

A la vista de todo esto, uno de mis alumnos de la Universitat Pompeu Fabra, Martín Aragoneses, tuvo la idea de crear una web similar a TripAdvisor dedicada a las ONG. Esta web permitiría que los beneficiarios de las acciones de las ONG o de las instituciones internacionales subieran comentarios y opiniones sobre lo que ocurre en la realidad, sobre cómo lo están haciendo las organizaciones y dieran a conocer los problemas que genera la ayuda. Esto también permitiría subir fotos del África real (los habitantes de Ruhiira, por ejemplo, podrían haber subido fotos de las montañas de maíz podrido y consumido por las ratas). Si esta información llegara a los donantes, estos podrían «castigar» a las instituciones que hicieran las cosas mal, cortándoles el grifo de las donaciones. De esta manera, los ciudadanos africanos finalmente tendrían una herramienta que les permitiría penalizar a quien hace mal las cosas: ¡tendrían voz!

No sé si esta idea podría funcionar. Para saberlo se tendrá que implementar, probar y analizar. Lo que sí sé es que, si bien es cierto que ahora mismo el «mecanismo» que gobierna la ayuda al desarrollo no funciona, no existe razón alguna para pensar que no podamos inventar un mecanismo nuevo. En este sentido, las nuevas tecnologías son una fuente inacabable de recursos para poder descubrir una nueva manera de hacer las cosas. Solo se necesita un poco de imaginación, ganas y energía para implementarla. En el mundo de la cooperación también es necesaria la innovación de la que hemos hablado en el capítulo 3 de este libro.

Investiguemos y no molestemos

El caso de Emmanuel Quazi nos enseña que debemos ir con sumo cuidado cuando cooperamos, para no segar las iniciativas africanas. Aunque lo hagamos con buena intención, si destruimos a los pequeños emprendedores estaremos arruinando el único activo que tienen los africanos para salir del pozo en el que se encuentran: su talento.

Una de las consecuencias de esta conclusión es que los países ricos deberíamos concentrar una buena parte de nuestros esfuerzos en la investigación de enfermedades relacionadas con la pobreza. Entre las más mortíferas destacan el sida, la malaria y la tuberculosis. La solución a estas enfermedades pasa por descubrir nuevos medicamentos y nuevas maneras de tratar y prevenir las infecciones. El problema es que las farmacéuticas occidentales no tienen demasiados incentivos para destinar dinero a estas tres enfermedades porque actualmente afectan a los ciudadanos más pobres del mundo, que no representan un mercado lucrativo donde vender pastillas. Dichas empresas prefieren gastar dinero en solucionar los problemas que también afectan a los países ricos: enfermedades relacionadas con la obesidad, el corazón o el cáncer. Incluso prefieren investigar los problemas de calvicie o la disfunción eréctil a destinar recursos para curar la malaria o el sida.

Las empresas farmacéuticas africanas tampoco pueden destinar dinero a la investigación de estas enfermedades por un motivo muy simple: ¡No existen! Por lo tanto, la solución a los problemas referidos está en manos de los occidentales. Creo que una de las mejores maneras que tenemos los países ricos de ayudar a los países emergentes es dedicar una parte importante de nuestra cooperación a la investigación médica de las enfermedades que afectan a los habitantes más pobres del planeta. En este sentido, hay que aplaudir a quien está realizando el esfuerzo mayor en esta dirección: la fundación Bill y Melinda Gates. Desde hace muchos años, la Fundación Gates ha entendido que gran parte de los problemas africanos son de carácter médico, y que buena parte de la solución a esta situación pasa por una investigación médica y farmacéutica que ellos no pueden hacer y que nuestras empresas farmacéuticas, preocupadas como están por los beneficios, no llevan a cabo por falta de incentivos.

La creatividad africana

La última razón que me hace ser optimista sobre el futuro de África es que los africanos son gente creativa y muy emprendedora. En los primeros capítulos de este libro hemos visto que los occidentales hemos dejado de ser pobres a través de la división del trabajo, el intercambio de ideas y productos, la innovación y el espíritu emprendedor. Nosotros pensamos que somos creativos y emprendedores, y que los demás no lo son. De ahí que creamos que tenemos que ayudar a través de la cooperación.

Sin embargo, la realidad es que desde 1995 los países africanos crecen a ritmos bastante saludables, lo que les permite reducir la tasa de pobreza como nunca habían hecho antes. Las razones que explican este crecimiento fuerte y sostenido son varias: hay menos guerras que antes, algunas dictaduras han ido siendo sustituidas por democracias, la mayoría de los gobiernos no hacen locuras imprimiendo dinero de más (con las consiguientes inflaciones, como hemos visto en el capítulo dedicado al dinero)[8] y, al igual que el resto del mundo emergente, África se ha beneficiado de un período largo en el que los precios de las materias primas eran elevados y lucrativos para los vendedores. Todo esto es cierto. Pero la razón que mejor explica el nuevo milagro africano es la creatividad que han demostrado tener sus habitantes a la hora de adaptarse a la revolución tecnológica.

Permitidme que os ponga solo un ejemplo: M-Pesa. Ya sabéis que en muchas zonas rurales de África no llega la electricidad. Entre muchas otras cosas, el hecho de que en un lugar no haya electricidad significa que no puede haber bancos con cajeros automáticos en los que se pueda transferir dinero. Esto dificulta enormemente la creación de negocios por parte de los emprendedores africanos. Pero quizá no sabéis que a pesar de que en muchas zonas de África no hay electricidad, sí hay cobertura celular

8. Una honrosa excepción es Zimbabue, que a mitad de los años 2000 tuvo una hiperinflación que llegó a ser de... ¡¡¡79.600.000.000 %!!!

para el teléfono móvil. De hecho, una de las cosas que más llama la atención viajando por África es la cantidad de gente que tiene teléfono móvil.[9]

Otra circunstancia que sorprende cuando se viaja por África es que en la entrada de cada pueblo hay dos tenderetes con dos señoras que venden cosas. El primer tenderete es de color rojo y la señora que lo ocupa vende Coca-Cola. El segundo tenderete es de color verde y la señora que está en él vende tarjetas SIM para los móviles. Los africanos no tienen suficiente dinero para hacer contratos de telefonía y, por lo tanto, cuando tienen uno o dos euros se cargan unos minutos en los móviles. Pues bien, el tenderete verde es el lugar donde se pueden cargar minutos de teléfono.

En el año 2007 un emprendedor innovador de la compañía telefónica de Kenia (que se llama Safari) tuvo una idea brillante: utilizar esta enorme red de tenderetes verdes como si fuera una red de cajeros automáticos. Su funcionamiento era el siguiente: imaginad que estáis en Nairobi y queréis realizar un pago de 1.000 schillings a un proveedor de Mombasa. Ahora mismo no lo podéis hacer porque ni vosotros ni vuestro proveedor tenéis acceso a un banco. Lo que tenéis que hacer es ir a la señora del tenderete de los teléfonos de Nairobi y darle 1.000 schillings. Ella os dará, a cambio, un código secreto que enviaréis a través de SMS a vuestro proveedor en Bombasa. Con este número secreto el irá a un tenderete de teléfonos de aquella ciudad, donde le darán los 1.000 schillings. Fijaos que, de esta manera, se logra hacer un pago a distancia mediante el teléfono móvil. Así nació M-Pesa (M quiere decir «móvil» y Pesa significa «dinero» en swahili) o dinero electrónico.

---

9. Si os preguntáis dónde cargan los teléfonos si no hay electricidad, os estáis haciendo una buena pregunta. La respuesta es que los cargan con los motores de las motos: la demanda de cargadores ha hecho que jóvenes emprendedores se dediquen a ir con sus motos por los pueblos cargando los móviles de quienes se lo piden.

El sistema de pago M-Pesa se ha convertido en una manera extraordinariamente popular de realizar pagos en Kenia, y ha desempeñado un papel importantísimo en el desarrollo de miles de pequeños negocios que han posibilitado un gran crecimiento económico en este país de África desde 1995. La consecuencia principal de este crecimiento es que las tasas de pobreza extrema en Kenia se han reducido a la mitad desde 1970: han pasado de más del 50 % a menos del 25 % actual. Obviamente, no todo este progreso se debe a M-Pesa, pero sí se ha producido gracias a la iniciativa, la creatividad y al espíritu emprendedor de los africanos. El ejemplo de M-Pesa es una prueba más de que los africanos son gente creativa y capaz de ayudarse a sí misma si cuentan con las herramientas necesarias. Las nuevas tecnologías son instrumentos potentísimos que están ayudando a los habitantes de África a salir por sí mismos del pozo de la pobreza sin depender de nuestra caridad.

En septiembre de 2015 la Asamblea General de las Naciones Unidas publicó los nuevos «objetivos de desarrollo sostenible». El primer objetivo es el más importante: la humanidad debe erradicar la pobreza en el mundo antes del año 2030. Si la creatividad y el espíritu emprendedor africano continúan haciendo crecer el continente al ritmo que lo viene haciendo desde 1995, estoy convencido de que conseguiremos erradicar la lacra de la pobreza antes de la fecha prevista por las Naciones Unidas, a pesar del fiasco de la ayuda al desarrollo.

Granate

8

El penalti al estilo Panenka

Economía de la racionalidad y del comportamiento

Londres, 6 de mayo de 2009, 23.45 horas. Hace una hora que ha finalizado la semifinal Chelsea-Barça. El gol de Andrés Iniesta en el minuto 93 ha clasificado al Barça para la final. En mi Blackberry (aunque parezca mentira, hubo una época en la que usábamos Blackberry) aparece el correo electrónico de Ignacio Palacios-Huerta, profesor de economía de la London School of Economics. Me envía un detallado estudio estadístico sobre el comportamiento de los jugadores del Manchester en los lanzamientos desde el punto de penalti: Van der Sar se tira a su derecha el 70 % de las veces cuando el lanzador de la pena máxima es diestro, y se tira a su izquierda el 87,5% de las veces cuando el lanzador es zurdo. Nunca ha detenido un penalti chutado raso y pegado al palo, o por alto. Todos los que ha detenido a lo largo de su carrera han sido chutados a media altura.

La estrella del Manchester, Cristiano Ronaldo, lanza el 72 % de los penaltis por el lado derecho del portero, el 20 % por la izquierda y el 8 % por el centro. Es curioso que se prodigue tan poco por el centro, porque por el centro no ha fallado nunca una pena máxima. Cuando hace la *paradinha*, el porcentaje de lanzamientos por la derecha aumenta hasta un 85 %, aunque desde hace aproximadamente dos años que no realiza ninguna. El estudio del profesor Palacios-Huerta realiza un análisis similar del resto de delanteros del Manchester: Rooney, Giggs, Tévez, Berbatov, etc.

Este mensaje es importante porque hace un año el Manchester ganó la final de la Champions al Chelsea desde el punto de penalti, con el famoso tropezón del capitán del Chelsea, John Terry, en el último lanzamiento. Reenvío el mensaje a Txiki Begiristain, quien me comunica que lo transmite a Pep Guardiola y a los entrenadores de porteros del Barça. Desconozco si Guardiola llegó a utilizar estas estadísticas en los entrenamientos.

La razón por la que saco a colación este episodio no es por su importancia en la historia del Barça (todos sabéis que ganó la final de Roma por 2 a 0 sin necesidad de chutar ningún penalti). Hablo de ello porque quizá os parecerá extraño que un profesor de economía de la London School of Economics tuviera los datos de los lanzamientos de penaltis de los jugadores del Manchester. ¿Palacios-Huerta es un fanático del fútbol que se dedica a mirar partidos en vez de hacer investigación económica? La verdad es que Ignacio es un vasco seguidor del Athletic Club, pero no colecciona datos de lanzamientos de las penas máximas por su condición de aficionado al fútbol, sino porque estudia la racionalidad humana. El angustioso momento en el que se enfrentan portero y delantero, con la pelota parada a once metros de la portería, es un laboratorio donde se puede examinar el comportamiento estratégico de dos personas que se juegan mucho en la acción. Un experimento perfecto para comprobar si los seres humanos se comportan tal como predice la teoría que enseñamos en las facultades de economía y que se utiliza en las empresas.

Veamos en qué consiste. A la hora de lanzar los penaltis, todos los jugadores tienen un lado preferido para chutar el balón. Normalmente a los jugadores zurdos les gusta chutar a la izquierda del portero, y a los diestros, a la derecha. Si los porteros supieran que el jugador zurdo siempre chuta hacia el lado izquierdo, se lanzarían siempre a este lado y atajarían todos sus disparos. Ahora bien, al saber el jugador que el portero sabe que su lado preferido es el izquierdo, lo mejor que puede hacer es engañarlo y de vez en cuando mandarlo a la derecha. Pero, a su vez, el portero también lo sabe y, por lo tanto, su mejor estrategia es tirarse él, de vez en cuando, a aquel lado, aunque el lado preferido por el jugador sea el izquierdo. Fijaos que el jugador y el portero se enfrentan en un complejo juego de estrategia. ¿Cuál es la mejor manera de actuar? La teoría económica dice que la conducta más inteligente por parte de los jugadores es chutar alrededor del 70% de las veces a su lado bueno, pero, de vez en cuando, y de modo aleatorio e imprevisible, chutar un penalti al lado malo o incluso por el centro, a lo Panenka.

¿A qué se dedican los economistas?

Todo esto os puede llevar a la siguiente pregunta, que quizá tendríamos que haber incluido en el primer capítulo: si los economistas son capaces de estudiar cómo se lanzan los penaltis en un partido de fútbol, ¿a qué se dedican exactamente? Esta es una muy buena pregunta. Hasta los años cincuenta se consideraba que los economistas tenían que analizar y entender los temas de índole claramente económica: las crisis económicas, el crecimiento, la bolsa, el dinero, los tipos de interés, las exportaciones, el PIB, la pobreza, las desigualdades, el paro, los salarios, la distribución de la renta o la riqueza de las naciones. De hecho, nadie discute que debemos continuar estudiando y entendiendo todos estos temas tan importantes. Sin embargo, en los años cincuenta apareció un profesor llamado Gary Becker que dijo que, además de todos los temas obviamente económicos, como los que acabo de citar, también debemos estudiar y entender cualquier tipo de decisión humana. Es decir, para Becker, la economía es la ciencia que estudia la toma de decisiones de los humanos, sean del tipo que sean.

Naturalmente, algunas de estas decisiones que tomamos los hombres son «obviamente económicas»: comprar alcachofas o comprar patatas, depositar los ahorros en el banco o en un plan de pensiones, quedarse a trabajar horas extraordinarias o marcharse a casa, aceptar una oferta de trabajo u otra, contratar a un trabajador o a otro; pero los humanos también tomamos diariamente todo tipo de decisiones que en un principio podría parecer que no guardan relación con la economía: ir al gimnasio o ir al bar a tomar unas cervezas con los amigos, hacer dieta para adelgazar o comer helado de vainilla, casarse o quedase soltero, divorciarse o continuar casado, tener hijos o no tenerlos, cometer un delito o actuar en el respeto por la ley, cursar un máster o ponerse a trabajar, prostituirse o no, ponerse el cinturón de seguridad o no ponérselo, abortar o tener el primer hijo, mentir o decir la verdad, dar órganos o llevarse el cuerpo entero a la tumba o... ¡tirar un penalti por la derecha, por la izquierda o a lo Panenka! Gary Becker revolucionó la ciencia económica y la mezcló con elementos de la sociología y la psicología para explorar áreas de la conducta humana que hasta aquel momento habían sido ignoradas por los economistas.

En su discurso de aceptación del Premio Nobel de Economía 2015, Angus Deaton se congratuló de que la economía nunca hubiera estado tan cerca de la sociología, la psicología, la demografía y la filosofía. Tenía toda la razón. En las últimas décadas la economía ha expandido sus horizontes y se ha mezclado con otras disciplinas académicas. Y todo empezó con la aportación inicial de Gary Becker en los años cincuenta.

Gary Becker y el hombre racional

La pregunta para Gary Becker y sus seguidores fue: ¿Cómo analizaremos este tipo de decisiones? Su respuesta fue que debemos imaginar que los humanos somos como una especie de robots ultrarracionales. Su razonamiento fue el siguiente: si los seres humanos conseguimos hablar varios idiomas, realizar cálculos complejos, descubrir las leyes de la naturaleza, entender el origen del universo, deducir la evolución de las especies a través de la selección natural, la teoría de la relatividad o de la gravitación universal; si hemos sido capaces de llegar a la Luna, de inventar el GPS, la televisión o el teléfono inteligente; si hemos dado personas como Pitágoras, Aristóteles, Newton, Leonardo da Vinci, Pablo Picasso, Albert Einstein, Garry Kasparov o Steven Hawkings, entonces debemos suponer que los humanos nos comportamos de manera inteligente y racional.

Esto significa que para entender cómo los humanos tomamos decisiones debemos suponer que somos lo bastante listos como para entender nuestro entorno, que sabemos perfectamente lo que queremos, que analizamos inteligentemente las opciones que están a nuestro alcance y que tomamos decisiones racionales de manera fácil y sistemática. E igualmente que comparamos los costes y los beneficios de cada una de las alternativas, y decidimos la que más nos conviene.

En cierto modo, los humanos somos como el hombre perfecto del Renacimiento, como el Hombre de Vitruvio de Leonardo. Los economistas llaman a este hombre perfecto *homo economicus*.

Quizá con un ejemplo entenderéis un poco mejor de qué habla Gary Becker. Uno de los fenómenos sociológicos y económicos más importantes de la historia es la drástica reducción del número de hijos que tienen las parejas modernas. Nuestros abuelos tenían seis o siete hijos y nosotros solo tenemos, de media, 1,2. Este fenómeno se da en todos los países del mundo: a medida que la gente se hace rica, tiene cada vez menos hijos. La pregunta es: ¿Por qué las parejas de hoy deciden tener tan pocos hijos? Para responder a esta pregunta es importante entender primero lo que piensan los padres cuando deciden tener hijos y cómo toman la decisión. Según Gary Becker, los padres *homo economicus* calculan los costes que comporta tener un hijo y mantenerlo hasta que se emancipa. Los costes de la concepción son relativamente bajos (quizá unas 600 calorías y un cigarrillo). Los de la gestación, el nacimiento, la manutención y la educación durante todos los años que el niño o la niña viven bajo la tutela de los padres son un poco más elevados.

La teoría de Becker es que a la hora de decidir si tener un hijo o no tenerlo, los padres comparan dichos costes con los beneficios que da. Lógicamente los beneficios de tener hijos no son monetarios ni pecuniarios. Son en forma de felicidad: a los padres les encanta tener descendencia. Pues bien, una vez evaluados los costes y los beneficios, nuestros abuelos y bisabuelos querían tener seis o siete hijos. Y nosotros decidimos, por término medio, tener 1,2. ¡Alto ahí! ¡Esperad un momento! ¿No debería ser al revés? ¿No deberíamos tener más hijos nosotros que nuestros abuelos? Al fin y al cabo, somos mucho más ricos que nuestros abuelos y bisabuelos y, por lo tanto, deberíamos poder pagar los costes de una descendencia más grande. Pero, en cambio, tenemos menos. ¿Cómo puede ser?

Según Becker, la razón por la que tenemos menos descendientes que nuestros abuelos y bisabuelos es que los costes se han disparado en el tiempo. Por dos razones. La primera es que el principal coste de tener descendencia es el tiempo de los padres y en particular, en la mayor parte de las sociedades, el principal coste es el tiempo de la madre, que es quien se dedica a criar y educar a los niños (aunque en la sociedad occidental moderna, los padres se involucran cada vez más). Pues resulta que desde la época de nuestros abuelos y bisabuelos se ha producido un cambio drástico en la sociedad: la mujer se ha incorporado masivamente al mercado laboral y su salario es cada vez más alto. Esto significa que si hoy una mujer quiere tener hijos y cuidarlos de la misma manera que lo hacían nuestras abuelas, tiene que dejar de trabajar. Hoy en día, esto le supone dejar de ganar mucho más dinero que a su abuela, porque hoy ella tiene acceso al mercado laboral y tiene un salario más alto. Una parte importante del coste de tener hijos, pues, es el salario que sacrifican las madres (o los padres) cuando han de dedicar tiempo a cuidar de su descendencia. A medida que aumentan los salarios, aumentan los sacrificios y los niños salen más caros.

Una segunda razón que ha disparado los costes es que, a medida que las sociedades se enriquecen, se hacen tecnológicamente más complejas. En la época de nuestros abuelos y bisabuelos, para sobrevivir no hacía falta tener educación. Por esto muchos niños empezaban a trabajar en el campo o en la fábrica cuando tenían diez años. Lo único que se necesitaba para ganarse la vida era gozar de buena salud. Hoy en día la salud continúa siendo importante, pero con ella no basta. Para sobrevivir en el mundo de las nuevas tecnologías, la robótica, internet, los servicios (medicina, banca, telecomunicaciones, televisión, etc.) se necesitan estudios. Es más, se necesitan muchos estudios. A raíz de esto, la mayoría de los niños no empiezan a trabajar hasta que tienen al menos veintidós años, y después de haber finalizado uno o dos grados y uno o dos másteres. Esto encarece enormemente el coste de los hijos. Hoy en día los padres no se pueden permitir mantener siete u ocho hijos hasta que dejan de estudiar. Utilizando la terminología de Gary Becker, los padres deciden sustituir cantidad de hijos por calidad de hijos. Es decir, los padres tienen menos hijos y los dotan de un nivel de educación que nuestros abuelos y bisabuelos no podían tener.

Vemos, pues, que los economistas pueden analizar inteligentemente preguntas que aparentemente guardan poca relación con la economía (más bien son preguntas que corresponden a la sociología).[1] La clave es pensar que los humanos son *homo economicus* y se comportan de manera racional. Con este sistema, Becker y sus seguidores han estudiado temas como la criminalidad, el matrimonio, la decisión de estudiar o la evasión fiscal. En 2005, uno de los estudiantes y seguidor de Gary Becker, Steven Levitt, publicó, juntamente con el periodista Stephen Dubner, uno de los best sellers más influyentes de la historia de la economía: *Freakonomics*. Utilizando la metodología de Becker, Levitt y Dubner analizan cosas tan curiosas como de qué manera los maestros hacen trampa en los exámenes de tipo test, de qué manera los gran-

---

1. La decisión de tener hijos conlleva consecuencias económicas muy importantes. Si la renta aumenta y el número de hijos también, la renta per cápita puede no aumentar. Ahora bien, si la renta aumenta y el número de hijos se reduce, la renta per cápita se dispara. Una de las razones que explica que cada día tengamos una renta per cápita más alta es que cada día tenemos menos hijos.

des luchadores de sumo se dejaban ganar a cambio de dinero, cómo la legalización del aborto en los años setenta fue responsable de la reducción del crimen en New York (y no la tolerancia cero de Rudy Giuliani), cómo se organizan los *gangs* para vender cocaína o las consecuencias económicas de poner un nombre u otro a los hijos.

Homer Simpson

Dan Kahneman es un psicólogo que estudia economía. De hecho, es el único psicólogo que ha ganado el Premio Nobel de Economía (en el año 2002). Su perspectiva de psicólogo aporta una luz diferente a la hora de entender cómo tomamos decisiones los seres humanos. A diferencia de lo que postula Gary Becker, los seres humanos no se comportan con racionalidad: Kahneman dice que los humanos somos ignorantes, no sabemos qué queremos, somos incongruentes, impulsivos, intuitivos, nos cuesta mucho tomar decisiones, somos incapaces de entender conceptos complicados (sobre todo de economía...) y muy a menudo tomamos decisiones más con el corazón que con la cabeza. Dicho sin tapujos, según Kahneman y sus seguidores, los humanos de la vida real nos parecemos más a Homer Simpson que al *homo economicus* de Gary Becker. Existe una rama de la economía llamada «economía del comportamiento» que intenta aportar los análisis de los psicólogos para entender cómo los humanos acabamos tomando las decisiones. Veamos cómo lo hace.

Nos cuesta tomar decisiones

Según los economistas del comportamiento, a los humanos no nos resulta tan fácil elegir como sostienen Becker y sus seguidores. Al contrario, nos cuesta mucho. ¿A que en alguna ocasión habéis estado horas en la tienda delante de dos televisores o dos cámaras fotográficas o dos teléfonos celulares que, en esencia, eran idénticos, porque no sabíais cuál elegir? A veces hacemos como los asnos que, cuando les ponen dos montones de paja, uno a la derecha y otro a la izquierda, no saben cuál elegir y se mueren de hambre. Si decidirse no es fácil cuando se trata de objetos tan simples como teléfonos o televisores, imaginad cómo se complica el tema cuando se trata de decidir si queremos divorciarnos o si queremos tener otro hijo.

El problema es que los psicólogos expertos (y, por lo tanto, las empresas y los gobiernos que los contratan) saben que nos cuesta tomar decisiones… y utilizan esta información para decidir ellos en nuestro lugar. Por ejemplo, en los países del centro de Europa, cuando te sacas el carnet de conducir debes firmar un documento especificando si en caso de accidente de tráfico donas tus órganos. Resulta que en Dinamarca solo el 4 % de la población es donante de órganos. En Alemania la proporción de donantes es del 12 %. En cambio, en Austria y en Bélgica los porcentajes de donantes alcanzan el 99,98 % y el 98 %, respectivamente.

¿Cómo puede ser que las diferencias de la proporción de personas que deciden donar sus órganos sean tan grandes en países tan similares? Para responder a la pregunta hay que entender un poco de psicología… ¡y también es preciso leer el cuestionario que se rellena en cada uno de los países! En el cuestionario que se hace firmar en Dinamarca se especifica: «Marque con una X si, en caso de fallecer en accidente, usted quiere que sus órganos sean donados». Como a la gente le cuesta tomar la decisión de donar los órganos, muy poca gente toma la decisión de marcar la x. El resultado es que solo el 4% los acaba donando. En Alemania ocurre exactamente lo mismo.

Las autoridades belgas y austríacas saben que no es que los daneses no quieran donar sus órganos, sino que les cuesta tomar la decisión y no marcar la x. Y entonces, para conseguir una mayor cantidad de donantes, lo que hacen es formular la pregunta inversa: «Marque con una x si, en caso de fallecer en accidente, usted NO quiere donar sus órganos a la ciencia». A los belgas y a los austríacos también les cuesta tomar la decisión de donar sus órganos y, por consiguiente, tampoco marcan la casilla con la x. Pero fijaos que, en este caso, no marcar nada quiere decir que sí das los órganos. El resultado es que el 99 % acaba donándolos.

No es que los belgas y los austríacos sean más generosos con sus órganos que los daneses y los alemanes. A todos ellos les cuesta decidir y nadie pone la X en la casilla. La diferencia es que no poner la X en Alemania y Dinamarca quiere decir no dar órganos, y no poner la X en Austria y Bélgica quiere decir lo contrario. En los cuatro países la gente cree que elige libremente si quiere donar sus órganos o no. Sin embargo, quien realmente acaba eligiendo es la autoridad que realiza la pregunta. Cuando las autoridades saben cómo funciona nuestra psicología, acaban decidiendo ellas si nosotros somos donantes de órganos.

Otro ejemplo. Uno de los mayores problemas de los lavabos públicos es que a los hombres nos cuesta mucho orinar dentro del váter. No sé si es porque no somos suficientemente cuidadosos o porque nos distraemos mientras hacemos nuestras necesidades. El caso es que con frecuencia orinamos fuera del inodoro y esto comporta unos altos costes de limpieza a las empresas. Durante años los expertos han buscado maneras de diseñar los lavabos con formas extrañas para evitar que la orina vaya a parar fuera del váter. Pero todos los inventos han sido un fracaso.

Hasta que un empleado del aeropuerto de Amsterdam observó que a los hombres nos gusta jugar a apuntar con el chorro. Así, por ejemplo, cuando orinamos en el bosque o en la nieve intentamos hacer dibujos con el pipí. Este empleado holandés tuvo una idea: ¡dibujar una mosca dentro del váter! Pensó que la mayor parte de nosotros intentaríamos «matar» la mosca con el pipí, y la consecuencia sería que el líquido fuera a parar dentro del inodoro. Era importante que el animal dibujado fuera una mosca. Las moscas son animales que no nos gustan, pero no nos dan miedo. Si en vez de una mosca hubiera un escarabajo, el truco no hubiera funcionado porque no queremos tener a un animal que da tanto asco cerca de nuestros aparatos genitales. La mosca era el animal perfecto para dibujarlo en los váteres del aeropuerto. Y así lo hizo. La consecuencia del invento fue extraordinaria: los hombres empezaron a orinar dentro del inodoro y el aeropuerto de Amsterdam se ahorró el 20 % de los costes de limpieza de los lavabos. La idea obtuvo un éxito tan rotundo que fue copiada de inmediato. Hoy en día podemos ver la maldita mosca en una gran cantidad de lavabos públicos de todo el mundo. Es más, la idea de la mosca ha evolucionado y actualmente los retretes lucen todo tipo de dibujos que realizan la misma función: desde políticos impopulares hasta futbolistas de equipos rivales. Incluso hay dibujos que cambian de color si reciben una enorme cantidad de orina, lo que anima al meón a apuntar bien todo el rato.

Todos creemos que decidimos dónde queremos apuntar cuando orinamos, pero la realidad es que apuntamos donde quieren los que entienden mejor que nosotros cómo funciona nuestra psicología. Esta lección ha sido llevada hasta extremos increíbles por los psicólogos que diseñan los supermercados. La ubicación de cada uno de los productos está absolutamente estudiada: ellos saben que tendemos a circular por la derecha y saben por dónde entramos y qué circuito solemos hacer. En consecuencia, ponen las cosas que no se buscan o no son necesarias en la derecha, a la altura de los ojos, para tentarnos a comprarlas. Saben que las cosas que necesitamos las acabaremos buscando y comprando igualmente y, por lo tanto, las colocan lejos de la vista. No solo esto, ¿os habéis fijado que la leche siempre está al final del supermercado, lejos de la puerta? El vendedor sabe que casi todo el mundo compra leche. Poniéndola lejos de la puerta, nos obliga a pasar por delante de otros productos para ver si caemos en la tentación y compramos cosas que no necesitamos cuando vamos a buscar la leche.

En cambio, los caramelos, las chocolatinas y los chicles están junto a la caja registradora, para que tengamos tiempo de mirarlos mientras hacemos cola y caer en la tentación. Todo está estudiado por psicólogos que analizan nuestro comportamiento e intentan sacarnos el máximo dinero posible. Cuando vamos al supermercado creemos que elegimos libremente lo que queremos comprar. ¡Pero en realidad quien elige es el que sabe jugar con nuestro cerebro!

¡Por el atajo es más fácil!

Una consecuencia de las dificultades para tomar decisiones es que los humanos tenemos tendencia a buscar atajos que nos permitan elegir sin tener que pensar mucho o tener que decidir. Por ejemplo, escuchamos con atención a determinados tertulianos o expertos que merecen nuestra confianza y adoptamos sus posiciones ante los problemas que nos resultan difíciles de interpretar. A veces es demasiado complicado realizar un análisis sobre la inmigración, las pensiones o el impacto del IVA en la cultura, es decir, nos resulta demasiado costoso realizar los estudios y los análisis necesarios para formarnos una opinión sobre el tema. En vez de hacer todo este trabajo, muchas personas toman un atajo: «confío en la capacidad de análisis, la honestidad y la inteligencia de la tertuliana y opinaré lo mismo que opine ella». Supongo que esta es la razón por la que en tiempos convulsos las tertulias tienen tanta popularidad.

Un atajo que solemos tomar cuando compramos productos y servicios es una regla que dice: «Lo caro es bueno». O al revés: «Si es muy barato, seguro que es de mala calidad». No se sabe con exactitud por qué los humanos tendemos a pensar que las cosas caras son de más calidad, pero lo cierto es que acostumbramos a desconfiar de lo que nos parece demasiado barato.

El economista Dan Ariely, uno de los líderes intelectuales de la escuela de la economía de la conducta, explica en su libro *Predictably Irrational* el caso de un joyero de New York que vendía perlas de color negro. Al ver que no se vendían, llamó a su empleado y le dio la instrucción siguiente: «Divide el precio por dos». Al parecer el empleado no le entendió bien y, en vez de dividir, multiplicó el precio por dos. A los pocos días, todas las perlas se habían vendido. ¿Qué había pasado? Pues que los precios exorbitantes llamaron la atención de las señoras ricas y altivas de New York, a quienes las perlas negras habían pasado inadvertidas cuando eran baratas. El precio elevado les hizo creer que estaban ante una joya exclusiva de altísima calidad y empezaron a comprar. Las perlas negras se pusieron de moda y en pocos días se agotaron… ¡Porque eran caras!

Otro atajo que utilizamos a la hora de tomar decisiones complicadas es ver lo que hace la gente. ¡Todos lo hacemos! Por ejemplo, paseando por una ciudad desconocida en busca de un restaurante, seguro que todos hemos mirado alguna vez a través de la ventana de un establecimiento para ver si había muchos clientes. Y, al hacerlo, pensamos: «Si el restaurante está vacío significa que a la gente de la ciudad no le gusta la comida que hacen y esto es un indicador de mala calidad». Siguiendo esta norma hemos entrado en otro restaurante, repleto de gente.

Este comportamiento se conoce con el nombre de «comportamiento del rebaño». Lo conocen y lo aprovechan las empresas que nos quieren vender productos. Por ejemplo, muchos anuncios consisten en decir que mucha gente utiliza tal producto: «siete de cada diez pacientes de las clínicas dentales utilizan la pasta de dientes X»; «el libro Y es el más vendido de la temporada»; «la canción Z ha sido la más descargada de la semana», o «nuestro canal de televisión (o nuestra radio) ha sido líder de audiencia en el mes de setiembre». Todos estos anuncios apelan a nuestro sentido del rebaño. Quieren que pensemos: «Si los demás lo hacen, debe de ser por alguna razón y, por lo tanto, yo también lo haré».

Uno de los lugares donde este comportamiento de rebaño es más significativo es en la bolsa. Y concretamente durante los momentos de pánico que provocan la caída en picado de las bolsas. Estos momentos se llaman «cracs bursátiles». Normalmente los actores de la bolsa tienen claro lo que tienen que comprar y lo que tienen que vender. Ya hemos visto en el capítulo 6 que algunos usan el método fundamentalista basado en analizar los potenciales beneficios de las empresas y otros utilizan el método grafiquero que consiste en analizar los patrones que dibujan los precios cuando suben o cuando bajan. El problema es que ciertos días, sin que nadie sepa por qué, los precios empiezan a bajar, y los analistas, sin tiempo para volver a calcular los análisis fundamentales y los gráficos de las empresas, ven que todos los demás agentes venden y piensan: «Si todos venden, debe de ser por algo. Quizá ellos saben algo que a mí se me ha pasado por alto». Y entonces se apuntan al carro de los borregos y venden única y exclusivamente porque los demás venden.

A raíz del crac del lunes 19 de octubre de 1987, el profesor de la universidad de Yale y premio Nobel de Economía, Robert Shiller, hizo una encuesta entre los *brokers* que habían estado en el parqué el día de la caída masiva de la bolsa. Les preguntó a todos y cada uno de ellos por qué había vendido. La respuesta mayoritaria fue: «Porque los demás habían vendido». Es decir, en un momento de pánico, incluso los mejores expertos del mundo utilizan un atajo a la hora de decidir si compran o venden acciones en la bolsa. Y ese atajo es «hacer lo mismo que hacen los demás». Este comportamiento de rebaño hace que todos acaben vendiendo al mismo tiempo y provocan caídas espectaculares en las bolsas.

El hecho de que los humanos nos fijemos en lo que hacen los demás a la hora de decidir también tiene implicaciones para las empresas. Por ejemplo, los restaurantes, las discotecas o los teatros intentan seguir una política de precios y de marketing que consiste en tener siempre un poco de cola o lista de espera. Es bien sabido que El Bulli de Ferran Adrià era el mejor restaurante del mundo, seguramente el mejor de la historia. La mayoría de la gente no sabía exactamente por qué era un restaurante tan bueno: no sabía qué son las esferificaciones, las espumas o las deconstrucciones.[2] Pero, curiosamente, todo el mundo sabía que la lista de espera para cenar en El Bulli era de más de dos años. Y, claro,

---

2. Recordar que todo este lo hemos explicado en el capítulo 3.

todos pensaban que «si la gente tiene que esperar dos años para una mesa en un restaurante, señal de que es bueno». La lista de espera era la prueba de que se trataba de algo bueno. Es decir, pensábamos que era un restaurante bueno porque mucha gente a la que no conocemos de nada lo deseaba. Rebaño.

Sabedores de este fenómeno, algunos bares y discotecas no dejan entrar a los clientes y les obligan a hacer cola durante un rato delante del local. Piensan que esa cola es una señal para los clientes indecisos de que están ante un local con una elevada demanda. Y creen que esa señal les va a traer nuevos clientes.

Los sentidos nos engañan

Observad las dos flechas del dibujo y, sin medirlas, decid cuál es la más larga.

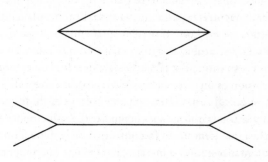

Salta a la vista que la de debajo es más larga que la de arriba. ¡Pues no! Si las medís con una regla veréis que ambas miden igual. ¡La vista nos engaña!

Ahora que sabéis que ambas flechas son iguales, miradlas otra vez. ¿Cuál es más larga? ¿No es cierto que la de debajo continúa pareciendo más larga? ¿Cómo puede ser que aún la veáis más larga si acabáis de comprobar que son idénticas? Claramente los sentidos (en este caso la vista) nos engañan. Esto es muy preocupante porque precisamente el sentido de la vista es uno de los que tenemos más desarrollados, por lo menos si tenemos en cuenta la cantidad de horas al día que lo utilizamos. Si nos puede engañar un sentido con el que practicamos cada hora de cada día como es la vista, ¿qué puede llegar a pasar con otros sentidos menos desarrollados, como la capacidad de calcular los retornos de las inversiones?

Al sentido común le ocurre algo parecido, nos lía y nos confunde. Y en ocasiones la confusión puede acarrear consecuencias trágicas. Por ejemplo, en el capítulo 7 hemos explicado que unos tres millones de niños mueren cada año de diarrea. Normalmente los virus o las bacterias que la originan no son la causa directa de la muerte. La muerte del niño está causada por la deshidratación (pérdida de agua corporal con sales minerales esenciales) que se deriva de la diarrea. El principal problema cuando se afronta esta grave situación es el «sentido común» de las madres. La «lógica» más elemental dice que el problema del hijo es que, al hacer de vientre, expulsa mucha agua. Entonces la madre debe de pensar: «Si mi hijo no tuviera agua en la barriga, dejaría de expulsarla y se acabaría la diarrea». Y atendiendo a su sentido común y a su intuición, la madre deja de dar agua al niño. Pero esta decisión es un error catastrófico, porque en realidad el problema es que al echar tanta agua, el niño se deshidrata, y es la deshidratación la que le causa la muerte. La solución no es dejar de darle agua, ¡sino todo lo contrario! Se le debe administrar mucha agua, con sales minerales, para evitar que muera. Fijaos que el sentido común —igual que el sentido de la vista— engaña a las madres, y este engaño tiene consecuencias devastadoras: la muerte de millones de niños.

Uno de los problemas más significativos del sentido común es nuestra incapacidad para entender el concepto de «exponencial»: cuando el banco nos dice que una determinada inversión nos generará un rendimiento del 4 % anual estamos hablando de un rendimiento exponencial; cuando el gobierno nos dice que crecemos al 2 % anual estamos hablando de crecimiento exponencial; cuando el Banco Central nos dice que los precios aumentan a un ritmo del 3% anual estamos hablando de aumento de precios exponencial. A pesar de que muchas de las cosas que nos rodean tienen un comportamiento exponencial, nosotros mostramos una incapacidad flagrante para formarnos una idea de lo que significa este fenómeno.

El ejemplo más ilustrativo de esta incapacidad lo encontramos en el ajedrez, un juego inventado por un sabio persa de principios del siglo VI. El juego despertó tanto interés que un día el emperador de Persia hizo llamar a su inventor para concederle un premio. «Elige la recompensa que quieras», dijo el emperador al sabio, en señal de agradecimiento. El buen hombre, de apariencia sencilla, pidió al emperador que trajera un tablero de ajedrez y en el primer escaque colocara un grano de arroz. Que en el segundo escaque doblara la cantidad de granos de arroz, es decir, que pusiera dos granos. Que en el tercero pusiera el doble, es decir, cuatro. En el siguiente, el doble, ocho. Y así, le pidió que fuera doblando la cantidad de arroz en cada casilla del tablero hasta llegar a completar los 64 cuadros. El emperador quedó impresionado por la modesta demanda del sabio inventor y ordenó a sus sirvientes que dieran inmediatamente al hombre todo el arroz que pedía. No se dio cuenta de que el sentido común lo estaba engañando: él estaba convencido de que la demanda era modesta, pero cuando los sirvientes empezaron a hacer cálculos, se dieron cuenta de que la cantidad de arroz que pedía el hombre era 18 trillones de granos de arroz. Para que os hagáis una idea, 18 trillones de granos de arroz pesan 461.000 millones de toneladas y equivalen a mil veces la producción anual de arroz de la actualidad. 18 trillones de granos de arroz es todo el arroz que se ha producido en todo el mundo a lo largo de toda la historia. Colocando los 18 trillones de granos en un montón, nos saldría una montaña más alta que el Himalaya.

Si el emperador persa hubiese puesto sobre el tablero cuatro kilos de arroz cada segundo, habría tardado 3,2 millones de años en satisfacer la demanda del sabio. Es decir, si Lucy (la *australo-*

pitecus afarensis considerada el primer simio que caminó sobre dos patas) hubiese empezado a poner cuatro kilos de arroz cada segundo, hoy todavía no habríamos satisfecho la demanda del inventor del ajedrez.

Cuenta la leyenda que, al ver los números, el emperador persa se sintió engañado por el sabio inventor y ordenó decapitarlo. En cuestión de horas pasó de alabarlo por su modestia a decapitarlo por estafa. Pero el sabio no había engañado al emperador: ¡lo había engañado su propio sentido común, incapaz de entender intuitivamente el cálculo exponencial!

Otro ejemplo de concepto exponencial está especialmente dedicado a los fumadores. Espero que os ayude a dejar el vicio. Una persona que fuma un paquete al día desde los diecisiete años hasta que se jubila gasta aproximadamente 87.600 euros en tabaco durante su vida (estoy suponiendo que cada paquete cuesta unos 5 euros). ¿Cuánto dinero creéis que tendría el día de su jubilación si, en vez de fumar, estos 5 euros los invirtiera en la bolsa (siguiendo los consejos de un mono adiestrado)? De media, históricamente, la bolsa ha generado un retorno exponencial del 10%. ¿Cuánto dinero creéis que tendría el día que cumpliera sesenta y cinco años? Si estos ahorros no dan rendimiento, tendría 87.600 euros. Pero ¿y si los hiciera rendir exponencialmente al 10%? ¿Cuánto tendría en este caso? La respuesta es sorprendente: el día de jubilarse tendría 1,9 millones de euros, lo que le permitiría tener una pensión de entre 10.000 y 11.000 euros cada mes. Si ahorrarse un cáncer de pulmón no es un incentivo suficientemente bueno como para dejar de fumar, pensad en la cantidad de dinero que dejaréis de tener cuando seáis abuelos gracias al poder del cálculo exponencial. Cuando se trata de pensar en exponencial, nuestro sentido común, igual que el del emperador persa, tiene poco sentido común.

Todo es relativo: George Clooney *vs* Brad Pitt

Observad el dibujo siguiente. ¿Cuál de los dos círculos oscuros es mayor?

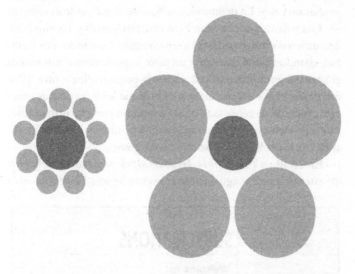

Claramente el círculo de la derecha parece más pequeño que el de la izquierda. Pero en realidad son exactamente iguales. Podéis comprobarlo tapando los círculos claros. Una vez más la vista nos engaña, pero en esta ocasión lo hace por una razón especial: nuestro cerebro está preparado para ver las cosas en su contexto. El círculo de la derecha está rodeado de círculos grandes y, en relación con ellos, parece pequeño. El círculo de la izquierda, por el contrario, está rodeado de círculos pequeños y, en comparación, parece grande.

A menudo nuestro cerebro no sabe si algo nos gusta o no nos gusta. Lo que sí sabe es si nos gusta más que otra cosa que hemos probado con anterioridad. Como los círculos del dibujo. Cuando evaluamos si nos gusta un automóvil, los comparamos con nuestro anterior coche, o con el de un amigo, o con uno que hemos visto en la tele. Cuando pensamos si nos gusta una paella, la comparamos con la que prepara nuestra madre o nuestra suegra. Cuando valoramos si la comida de un restaurante es buena, la comparamos con la de otros restaurantes que frecuentamos. Esto mismo es válido para los perfumes, los detergentes, las casas… ¡o incluso para las parejas sexuales! En definitiva, a la hora de elegir, ¡todo es relativo!

Los psicólogos conocen bien este fenómeno y las empresas que quieren vendernos cosas lo aprovechan a menudo. Por ejemplo, cuando vamos a comprar un piso, lo primero que nos enseña el agente inmobiliario es una vivienda pequeña, fea y cara. ¿Por qué empieza por un piso altamente indeseable? Pues porque cumple la función de cebo: sabe que, en relación con este primer piso, todos los demás nos parecerán grandes, bonitos y baratos. Y esto aumenta la probabilidad de que compremos.

En su libro *Predictibly Irrational*, el profesor Ariely nos muestra el anuncio siguiente de la revista inglesa *The Economist*:

Economist.com	**SUBSCRIPTIONS**
OPINION	**Welcome to**
WORLD	The economist Subscription Centre
BUSINESS	
FINANCE & ECONOMICS	Pick the type of subscription you want to buy or renew.
SCIENCIE & TECHNOLOGY	
PEOPLE	☐ **Economist.com subscription** - US $59.00
BOOKS & ARTS	One-year subscription to Economist.com.
MARKETS & DATA	Includes online access to all articles from
DIVERSIONS	*The Economist* since 1997.
	☐ **Print subscription** - US $125.00 One-year subscription to the print edition of *The Economist*.
	☐ **Print & web subscription** - US $125.00 One-year subscription to the print edition of *The Economist* and online access to all articles from *The Economist* since 1997.

Fijaos que la suscripción electrónica (que incluye la hemeroteca de todos los números desde 1997) cuesta 59 dólares. La suscripción electrónica más la de papel cuesta 125 dólares. Lo que llama la atención de este anuncio es que la suscripción solo de papel, sin la versión electrónica, ¡también cuesta 125 dólares! Esto no tiene ningún sentido: si por 125 dólares puedes tener las dos versiones (la de papel y la electrónica), no puede haber nadie tan tonto que elija solo la versión en papel, que cuesta exactamente lo mismo, ¿no?

¿Por qué *The Economist* pone una opción que claramente nadie elegirá? La respuesta de Ariely es que la opción del medio es el cebo. Para demostrarlo, Ariely realizó un experimento con sus estudiantes. Les ofreció solo la opción 1 (la edición electrónica por 59 dólares) y la 3 (las dos ediciones, la de papel y la electrónica, por 125 dólares). Ante estas dos opciones, el 80 % de los estudiantes eligió la edición electrónica por 59 dólares. Después ofreció a los mismos estudiantes las tres opciones. Si los estudiantes actuaran con lógica, añadir una opción claramente inferior a la 3 (ofrecer solo la edición en papel por el mismo precio que la de papel + la electrónica es claramente una opción inferior) no debería hacer modificar la decisión de nadie, ¿verdad? ¡Pues no! El resultado fue que teniendo que elegir una de las tres opciones, el 80 % de los estudiantes se decantaron por la opción 3. Lo que pasó fue que, al introducir esa opción, los estudiantes pensaron que, en comparación, la oferta papel + electrónica parecía una ganga porque «les regalaba la versión electrónica» después de comprar la de papel. Y era muy difícil rechazar este regalo. El resultado fue que el 80 % de los estudiantes eligieron la opción 3. ¡La opción 2 era solo el cebo que inducía a los clientes a decantarse por la opción deseada por la empresa!

Para confirmar su sospecha, Dan Ariely hizo otro experimento. Mostró una foto de George Clooney y otra de Brad Pitt y preguntó a sus estudiantes a quién encontraban más guapo. El 75 % de los estudiantes eligieron a Brad Pitt. Entonces Ariely, con la ayuda del Photoshop, distorsionó ligeramente la foto de George Clooney: le alargó la nariz, le deformó los pómulos y los ojos, consiguiendo así una versión deformada de Clooney. Entonces mostró las tres fotos a los estudiantes: el Brad Pitt normal, el George Clooney normal y el George Clooney deformado. Dado que el 80 % opinaban que Pitt era más guapo que Clooney, añadir la opción de un Clooney más feo que en la realidad no debería hacer cambiar de opinión a nadie, ¿no? Pues sí, las opiniones cambiaron, y el 80 % de los estudiantes pasó a decantarse por George Clooney. Lo que sucedió fue que, en comparación con el Clooney «feo», el verdadero les pareció mucho más guapo, y por esto la gente lo eligió. El Clooney «feo» funcionaba como cebo y guiaba a los estudiantes hacia la opción que quería el profesor.

Una lección de todo esto es que cuando vayáis a la discoteca a ligar, intentad ir con alguien que sea un poco más feo que vosotros. De este modo, vuestra belleza resaltará.[3] La lección principal es que las empresas que entienden cómo funciona la psicología humana se sirven de estos conocimientos para forzaros a elegir lo que ellas quieren. Veamos cómo están dispuestos los televisores en la tienda. En la izquierda hay un televisor con poca resolución y barato. En la derecha hay uno de mucha resolución y muy caro. En medio hay otro televisor que se parece al primero pero es algo más barato. El cebo es el de la derecha: comparado con el de la derecha, el del medio parece una ganga. «Tiene casi la misma resolución y es más barato», piensa el cliente. Ni qué decir tiene que la mayor parte de los clientes tienden a quedarse el aparato del medio… que es, casualmente, el que da al vendedor un margen de beneficio más amplio.

Hay quien dice que el fenómeno de la comparación y de las medidas relativas también puede explicar, en parte, por qué en el

---

3. Pero cuidado, una segunda lección es que cuando un amigo os pregunte si queréis acompañarlo a la discoteca, será señal de que os considera más feo que él…

mundo hay cada vez más obesidad. La cantidad de pasta que creemos que hay en un plato depende de la medida del plato. 250 gramos de espaguetis servidos en un plato pequeño parecen una cantidad enorme de comida. Los mismos gramos servidos en un plato grande parecen una cantidad pequeña. Resulta que nosotros tendemos a comer toda la pasta que hay en el plato, y también resulta que los platos de hoy en día son mucho más grandes que los que tenían nuestros abuelos (¿habéis observado que cuando guardáis platos modernos en armarios antiguos las puertas no se cierran? La razón no es que los armarios se hayan encogido, sino que los platos actuales son más grandes). Como los platos de hoy en día son más grandes que los de antes, nuestra tendencia es poner más pasta en el plato que nuestros abuelos. No nos damos cuenta, pero lo hacemos. Y por este motivo comemos mucho más... ¡y estamos más gordos!

La importancia de las normas sociales: ¡no pagues nunca a tu suegra!

Otra crítica que los economistas del comportamiento hacen a la visión del hombre perfecto del Renacimiento que tienen los economistas clásicos como Becker es que a menudo ignoran las «normas sociales». ¡Sí, las normas sociales! Porque además de las normas económicas, los hombres se rigen por unas normas no escritas que condicionan su comportamiento. La norma económica nos dice que no se puede cenar en el restaurante y marcharse sin pagar. La norma social nos dice que, cuando la suegra nos invita a cenar a su casa, es conveniente llevar el postre o una botella de vino por valor de 50 euros. Sin embargo, la norma social dice que no podemos sacar un billete de 50 euros y dárselo después de la cena. ¿Por qué? Pues la verdad es que no lo sé. Lo que sí sé es que este tipo de normas condicionan nuestras decisiones. La norma social nos dice que a nuestra pareja no debemos regalarle nunca dinero. Si, después de una noche romántica, un chico regala flores, perfumes o joyas por valor de 100 euros a una chica, esta quedará contenta y agradecida. Por el contrario, si le regala un billete de 100 euros se sentirá insultada.

Hay una norma social que nos dice que tenemos que ser aseados y lavarnos las manos cuando vamos al lavabo. Se trata de una norma social. Lo demuestra el hecho de que, cuando se han instalado cámaras en lavabos públicos, se ha observado que mucha gente no se lava las manos cuando está sola, pero sí lo hace cuando hay alguien compartiendo el baño. Si fuera una norma higiénica (es decir, si creyéramos que en caso de no lavarnos las manos podríamos contraer alguna enfermedad o infección), seguro que nos las lavaríamos siempre, independientemente de que hubiera o no alguien en el lavabo. Al ser una norma social, solo nos lavamos las manos cuando hay otros miembros de nuestra sociedad mirando. La norma condiciona el comportamiento.

La norma económica nos dice que hay que pagar a la gente que nos presta servicios: al médico, al mecánico, al abogado, al profesor. Pero si paramos a alguien por la calle y le preguntamos una dirección, queda mal darle un euro para pagarle el servicio. Tampoco pagamos el tiempo de la persona que nos ayuda a cambiar la rueda cuando nos quedamos tirados en la carretera. ¿Por qué? No lo sé. ¡Son las normas sociales!

El hecho de que haya normas sociales y que estas condicionen nuestras decisiones, a menudo es la causa de que las empresas que conocen dichas normas acaben manipulando nuestra elección. Por ejemplo, una norma social es que no podemos ser avaros. Por esto muchos de nosotros en el restaurante no pedimos el vino más barato de la carta. No queremos que el camarero piense que somos unos agarrados. Aunque no lo conozcamos de nada y aunque sepamos que no volveremos a verlo nunca más. Esta norma social induce a que muchos de nosotros, que no queremos gastar demasiado dinero en vino, no pidamos el vino más barato de la carta. Pensamos que si lo hacemos estaremos dando una imagen de avaros. Lo que hacemos casi todos es pedir el segundo vino más barato. Lo que ocurre es que el propietario del restaurante sabe perfectamente que esto es lo que solemos hacer todos. Pues bien, ¿adivináis qué vino pone en la carta como segundo más barato? El que le da el mayor margen de beneficio, lo que a menudo equivale... ¡al de más baja calidad! Para no querer parecer tacaños, acabamos poniendo en riesgo nuestra salud con un vino de propiedades digestivas imprevisibles.

Las normas sociales cambian según los países. Supongo que es por esto que nos encanta ver películas como *Tarzán en Nueva York* o *Cocodrilo Dundee*: son la versión cinematográfica de la inadaptación de personas que se han criado en un entorno con unas normas sociales concretas (las de la selva o las del desierto de Australia) y se ven forzadas a vivir en un entorno donde las normas sociales son muy diferentes (la ciudad de New York). Esta inadaptación nos hace mucha gracia... cuando la sufren los demás.

El problema es que, a veces, nosotros también la sufrimos. Un ejemplo que nos afecta, sino a todos, por lo menos a muchos de nosotros es cuando, viajando por el mundo, tenemos que dejar propina. En los países latinos se da poca propina y con poca frecuencia. En Estados Unidos, por el contrario, la norma es dejar entre el 15 % y el 20 % del importe de la cena. Y si aplicamos la norma latina en Estados Unidos corremos el riesgo de que el camarero nos amoneste a grandes voces delante de todos los clientes del restaurante. Esto es lo que ocurre cuando las normas sociales chocan.

Otro ejemplo de este choque de normas sociales, aunque en este caso con consecuencias más graves, lo encontramos en las universidades. En los países latinos copiar en un examen está prohibido, pero no está socialmente mal visto. De hecho, los estudiantes que copian y aprueban se vanaglorian de su proeza ante los estudiantes que han tenido que trabajar duro para conseguir la misma nota. En los países anglosajones como Australia, Inglaterra o Estados Unidos, copiar es una práctica no aceptada socialmente, hasta el punto de que son los mismos estudiantes quienes denuncian al que copia. Copiar en un examen comporta la expulsión inmediata de la universidad. La consecuencia es que cuando en las universidades americanas se expulsa a alguien por este motivo, este alguien suele ser latino.[4] La causa de esto es el choque de normas sociales.

El profesor Dan Ariely llevó a cabo una serie de experimentos para ver cómo las normas sociales afectan las leyes de la economía. Montó un puesto de chocolatinas en medio de la calle, y empezó vendiéndolas a 20 céntimos cada una. A este precio, los transeúntes compraban una media de dos chocolatinas. A continuación, bajó el precio a 10 céntimos. La ley de la demanda dice que si el precio baja, la cantidad que pide el cliente debe subir y, efectivamente, la gente no compró dos sino cinco chocolatinas de media. Después bajó nuevamente el precio a 1 céntimo y, tal como dicen las leyes de la economía, la demanda volvió a aumentar: 10 chocolatinas de media.

Finalmente decidió poner un precio de 0. Las leyes de la economía dicen que, al ser el precio más bajo, los transeúntes habrían tenido que tomar más chocolatinas que cuando el precio era de 1 céntimo. Pero lo que experimentó Ariely fue lo contrario: la gente solo se llevaba 1 o 2 chocolatinas. ¿A qué se debió esto? La explicación es que, al ser gratis, las chocolatinas salen fuera de las normas económicas y pasan al de las normas sociales. Y las normas sociales dicen que «no se debe abusar cuando alguien nos regala algo». Es decir, si el primer cliente hubiese ido al tenderete y se hubiese llevado todas las chocolatinas, habría quedado como un aprovechado. Fijaos que si hubiese comprado todas las chocolatinas cuando costaban 1 céntimo, no habría pasado nada porque las normas económicas dicen que, si pagas el precio, puedes comprar todas las chocolatinas que te dé la gana. Pero si el precio es 0, las chocolatinas dejan de ser un bien de mercado y se convierten en un regalo regido por las normas sociales, y estas dicen que no se puede abusar de las personas que

4. Y aquí, entre los latinos incluyo a los italianos.

nos hacen un regalo. Así pues, la ley de la demanda se rompe cuando el precio es 0.

No tener en cuenta este fenómeno puede acarrear implicaciones económicas importantes. Por ejemplo, una guardería infantil de Israel se dio cuenta de que los padres solían retrasarse unos 20 minutos al ir a buscar a sus hijos.[5] El director de la guardería tuvo una idea brillante: cobrar 4 shekels por cada minuto de retraso (4 shekels equivalen a un euro). Pensó que si aumentaba el coste económico a los padres que llegaban tarde, estos se esforzarían en ser puntuales. Esta política arrojó un resultado sorprendente: ¡los padres empezaron a llegar no 20 sino 60 minutos tarde! Es decir, los retrasos no solo no se redujeron sino que se triplicaron. Los economistas convencionales no lo entendían: cuando algo aumenta de coste, su demanda debería disminuir. Por consiguiente, si el precio por llegar tarde aumenta, la gente debería llegar tarde con menos frecuencia. Pero la realidad demostraba exactamente lo contrario. ¿Por qué? Pues porque antes de poner precio, los retrasos se regían por las normas sociales. Y según la norma social «queda mal hacer esperar al pobre profesor que está cuidando de tu hijo y no cobra nada por hacerlo». Por esto los padres se apresuraban a ir a la guardería lo antes posible y «solo» llegaban con 20 minutos de retraso. En el momento que la guardaría puso el precio de 1 euro por minuto, el retraso pasó a estar regido por las normas económicas. Y según las normas económicas, si pagas 1 euro al minuto puedes llegar cuando quieras: simplemente tienes que pagar. Si eliges llegar una hora tarde no pasa nada siempre que pagues los 60 euros correspondientes. La consecuencia fue que al director le salió el tiro por la culata y los retrasos, lejos de disminuir, aumentaron considerablemente. Es lo que tiene no tener en cuenta las normas sociales.

5. Uri Gneezy y Aldo Rustichini, «A Fine is a Prize», *Journal of Legal Studies*, enero de 2000.

La prima de la belleza y el papel de la confianza

¿Sabíais que los sueldos de los guapos tienden a ser un 15 % más altos que los de los feos? Este es un fenómeno al que los economistas laborales llaman «la prima de la belleza». Por alguna razón desconocida, las empresas pagan más a los trabajadores guapos que a los feos. ¿Por qué? ¿Podría ser que la gente físicamente más atractiva fuera también más lista? Para comprobarlo, los investigadores Marc Mobius y Tanya Rosenblat de la Universidad de Harvard hicieron un test psicotécnico a un grupo de cien estudiantes.[6] Un jurado imparcial «evaluó» la belleza (que sabemos que es subjetiva) de todos los participantes y los dividió en dos grupos: los guapos y los feos. Los resultados del test psicotécnico no sorprendieron a nadie: los guapos y los feos obtuvieron las mismas notas. Por lo tanto, no era verdad que los guapos fueran superiores intelectualmente. La diferencia entre los dos grupos apareció cuando, antes de realizar el examen, se preguntó a unos y a otros qué nota iban a sacar. El resultado fue que los guapos dijeron que sacarían notas mucho más altas. Es decir, los guapos tenían una visión mucho más positiva de sí mismos. ¡Tenían más autoconfianza!

La conclusión de este estudio fue que la razón por la que los guapos cobran más que los feos es que hay muchos trabajos en muchas empresas en los que la autoconfianza tiene un valor fundamental: en áreas como las ventas, el marketing o la innovación es importante que los trabajadores actúen con autoestima y determinación. Luego, las empresas no estaban pagando por la belleza en sí. Pagaban por la autoconfianza. Parece ser que los jóvenes a los que desde pequeños todos les hemos ido diciendo que eran guapos han adquirido mucha más confianza en sí mismos que los jóvenes a quienes, un día tras otro, se les había recordado que eran feos.

Una cosa parecida ocurre con las chicas rubias. En Estados Unidos se ha demostrado que las rubias cobran más que las mo-

---

6. Markus Mobius y Tanya Rosenblat, «Why Beauty Matters», *American Economie Review*, 2006.

renas. Y, de nuevo, no es porque sean más listas (los test de inteligencia demuestran que no son más inteligentes... aunque tampoco son más tontas, tal como afirma el tópico).[7] Lo que ocurre es que en la sociedad americana las rubias están consideradas más guapas y, por consiguiente, crecen con una autoconfianza de la que carecen las morenas.

Todo esto es importante porque la autoconfianza muchas veces tiene raíces culturales. Los economistas de la conducta Uri Gneezy, Kenneth Leonard y John List, de las universidades de Chicago y Tilburg (Holanda), llevaron a cabo un estudio interesante.[8] En una muestra de hombres y mujeres les hicieron jugar a «meter pelotas de tenis dentro de un cubo desde una distancia de tres metros». Antes de empezar a lanzar pelotas, los participantes debían elegir entre A) cobrar un dólar por cada acierto o B) cobrar tres dólares por cada acierto pero solo si conseguían meter más pelotas en el cubo que un contrincante que estaba haciendo lo mismo en otra sala. Para elegir la opción B hace falta ser competitivo y tener mucha autoconfianza, porque implica pensar que uno puede hacerlo mejor que una persona anónima, que tanto puede ser muy buena como muy mala. Realizaron el experimento en Estados Unidos, y los resultados fueron más o menos los esperados: el 50 % de los hombres prefirieron competir y tener la posibilidad de obtener un premio superior, mientras que solo el 26 % de las mujeres eligieron competir. Al parecer, las mujeres eran menos competitivas y confiaban menos en sus posibilidades.

La pregunta es: ¿por qué? ¿Las mujeres americanas son menos competitivas y tienen menos autoconfianza que los hombres por cuestiones genéticas o culturales? Para averiguarlo, Gneezy, Leo-

7. En Rusia se celebra un curioso campeonato de ajedrez que enfrenta rubias contra morenas. De momento ha habido tres campeonatos: uno lo han ganado las rubias, otro las morenas y el tercero ha acabado en tablas.

8. Uri Gneezy y John List, «Gender differences in competition», *Econometrica*, 2009.

nard y List repitieron el experimento ahora en dos tribus diferentes. La primera era la tribu de los masáis en Tanzania. Los masáis son una tribu radicalmente machista: no educan a las niñas, las hijas son vendidas en matrimonio (el precio actual son unas diez vacas por niña) y, cuando a un padre masái le preguntas cuántos descendientes tiene, él responde el número de hijos. Para él las hijas es como si no existieran. Pues bien, cuando los investigadores realizaron el experimento de lanzar pelotas de tenis con los masáis, obtuvieron unos resultados parecidos a los de los norteamericanos: el 50 % de los hombres decidía arriesgarse a competir, mientras que solo el 26 % de las mujeres optaba por la competición.

La segunda tribu que fue objeto del experimento fueron los khasi, que viven en la región de Meghalaya, en el norte de la India. Según los antropólogos, los khasi son la tribu más matriarcal o matrilineal que existe: la riqueza familiar se transmite de madres a hijas, los descendientes toman el nombre de la madre y las niñas reciben una educación mejor que los niños. Cuando los investigadores norteamericanos realizaron el experimento con los khasi, los resultados fueron sorprendentes: solo el 39 % de los hombres khasi decidieron arriesgarse en la opción competitiva, mientras que el 54 % de las mujeres optaron por la competición. Fijaos que el porcentaje de riesgo entre las mujeres khasi fue mayor que el de los hombres norteamericanos y los masáis.

Naturalmente los hombres y las mujeres khasi tienen la misma constitución biológica, el mismo ADN, que los masáis o los norteamericanos. Lo que les diferencia es la cultura y, en particular, el papel de la mujer en la familia. Es decir, si existen diferencias biológicas entre hombres y mujeres, estas quedan empequeñecidas al lado de las diferencias que crea la cultura y la educación.

La lección es que, en la medida que las diferencias salariales entre hombres y mujeres se deben a factores culturales o sociales, pueden ser corregidas. Para lograrlo se debe cambiar el sistema educativo y la cultura que provoca que nuestras hijas tengan un papel diferente al de nuestros hijos en nuestra sociedad. Debemos dotar a las chicas la misma autoconfianza que damos a los chicos.

Para finalizar el tema de la confianza, dejadme hablar de la confianza, pero no de la que tenemos en nosotros mismos, sino de la que tenemos en los demás. ¿Sabíais que los ejecutivos de las grandes compañías tienden a ser unos 4 centímetros más altos que la media de la población?[9] ¿Y sabíais que el 30 % de los ejecutivos tienen una estatura superior a un metro noventa, cuando solo el 3% de la población llega a esta estatura? ¿Qué es lo que hace que los «altos» ejecutivos sean «altos», en el sentido literal? Por lo que se sabe, la estatura no está correlacionada con la inteligencia ni con la capacidad de dirigir empresas. Pero el caso es que, por alguna razón misteriosa, los accionistas (que son los que eligen a los ejecutivos) piensan que la gente alta sabrá liderar las empresas mejor que la gente baja. Debe de ser algo ancestral: nuestros antepasados elegían a los líderes por su fuerza física (el mono grande podía pegar y derrotar al mono pequeño), pero en realidad nadie sabe de dónde viene esta relación. Lo que sí sabemos, no obstante, es que los altos continúan teniendo la confianza de los demás a la hora de dirigir una empresa.

Impulsos *vs* autocontrol: Dr. Jekill y Mr. Hyde

Finalmente, la gran pregunta: ¿quién tiene razón: Gary Becker y los economistas clásicos, que piensan que los humanos estamos más cerca del *homo economicus* ultrarracional e informado, capaz de tomar decisiones inteligentes en todo momento, o Dan Kahneman y los economistas del comportamiento, que creen que los hombres respondemos al perfil del hombre irracional e impulsivo, que toma decisiones atendiendo a la intuición, al error o a las normas sociales? La verdad es que el debate académico sigue muy vivo y pienso que, de momento, no hay un vencedor claro. Es más, es posible que nunca lo haya y que ambas escuelas tengan su parte de razón.

9. Malcolm Gladwell, *Blink*, 2005.

¿Os habéis fijado que el 1 de enero todos tomamos decisiones «importantes» que supuestamente enderezarán nuestras vidas? «¡Después de reyes empiezo a estudiar inglés!», afirmamos muchos de nosotros en un intento racional de mejorar nuestro trabajo. «Mañana mismo me inscribo en un gimnasio y empiezo a hacer ejercicio cada día. Y dieta…», decimos, convencidos de que lo mejor para nuestra salud es hacer ejercicio y adelgazar. Hay momentos trascendentales en la vida en los que tomamos decisiones racionales e inteligentes. Otro de estos momentos trascendentales se produce, a la vuelta de las vacaciones, cuando reanudamos el trabajo o los estudios. Yo, que llevo treinta años dando clases, observo con atención y escepticismo las promesas que los estudiantes se hacen a sí mismos: «este curso me lo voy a tomar en serio, haré todos los deberes cuando toque y, además de las clases que me corresponden, iré de oyente a un par de clases que me parecen interesantes».

El problema es que muy a menudo estas promesas no se acaban de cumplir: las clases de inglés coinciden con la Champions y dejamos de asistir; el gimnasio nos resulta aburrido y abandonamos a las pocas semanas; la dieta se hace pesada y sucumbimos a la tentación del helado de vainilla; el esfuerzo inicial de tomarse en serio los estudios se reduce a la misma velocidad que se olvida el compromiso firme y solemne del primer día de curso. ¡Ah, y las clases de oyente se suelen abandonar el día que empiezan los exámenes parciales de las asignaturas que cuentan para la nota!

¿Por qué somos incapaces de cumplir las promesas que nos hacemos a nosotros mismos con tanta frecuencia? La explicación que dan los neurólogos es que el cerebro está formado de diferentes partes. La parte que caracteriza la cúspide de la evolución es la que está relacionada con la racionalidad. Parece que está situada en el córtex prefrontal de nuestro cerebro. Es la que toma las decisiones correctas y racionales: es bueno para mí estudiar inglés, ir al gimnasio, hacer dieta y esforzarme en el colegio. La otra parte del cerebro es la más primaria e impulsiva, y está programada para buscar la satisfacción inmediata. La racionalidad a largo plazo contra la tentación del placer inmediato. Dos partes de nuestra cabeza en lucha constante para gobernar nuestras decisiones. Dos personalidades dentro de cada uno de nosotros. La sensatez y la furia. No se sabe muy bien por qué, pero cuando se trata de tomar decisiones, en el cerebro de algunas personas acaba imponiéndose la sensatez. Son las que acaban los cursos de inglés, las que van al gimnasio y hacen los deberes de la dieta (e incluso acaban las obras por fascículos que juran que coleccionarán cada vez que vuelven de las vacaciones de verano). En cambio, otras personas están dominadas por la furia. Son las que sucumben a la tentación del placer instantáneo.

La lucha interna entre la racionalidad y la tentación del placer inmediato tiene importantes consecuencias económicas. Por ejemplo, la racionalidad nos dice que debemos ahorrar para la jubilación. Pero justo cuando empezamos a ahorrar surge la tentación de gastar en forma de coche, de iPhone, de televisor de alta definición o de viaje a Disneyland Paris con la familia, y se acabó ahorrar. La fuerza de la tentación nos fuerza a tomar una decisión que sabemos que es irracional. Al fin y al cabo, sabemos que si no ahorramos ahora que somos jóvenes, no tendremos suficiente dinero para sobrevivir durante la jubilación. El cerebro inmediato toma la decisión de no ahorrar, a pesar de que el cerebro racional nos dice que sí debemos hacerlo.

Lo más increíble es que, como sabemos que nuestro cerebro funciona así, a menudo utilizamos mecanismos para protegeros a nosotros mismos y evitar caer en la tentación que nos propone el cerebro inmediato. Por ejemplo, guardamos el dinero en cerditos de cerámica. Fijaos que el dinero no se puede sacar de este tipo de huchas sin romperlas. ¿Por qué? Pues porque nuestro cerebro racional sabe que tarde o temprano acabaremos sucumbiendo a la tentación del placer inmediato y querremos usar el dinero para una tontería. Y para evitar ser víctimas de nosotros mismos, nos atamos los pies y las manos para no caer en nuestra propia tentación, igual que hizo Ulises, que se ató a un mástil de su barco para no caer en la tentación de los irresistibles cantos de la sirena en su camino hacia Ítaca.

También los bancos han desarrollado un producto financiero que protege nuestro yo racional de la tentación de nuestro yo impulsivo: los llaman «planes de pensiones». A diferencia de otras formas de ahorro, los planes de pensiones están diseñados para que no se puedan tocar sin penalizaciones muy grandes. Nuestro yo racional decide poner el dinero de la jubilación en un plan de pensiones que no se puede tocar porque, cuando el Homer Simpson que todos llevamos dentro quiera disponer del dinero de la jubilación para salir de fiesta, estará atado de pies y manos y no se lo podrá gastar. ¡Este es el nivel de lucha interna que todos sufrimos cada día!

Por consiguiente, cuando los economistas discuten para determinar si somos como el *homo economicus* perfecto o como el Homer Simpson irracional e impulsivo, quizá deberían concluir que no somos ni el uno ni el otro, sino los dos a la vez. En unos momentos del día somos racionales y en otros somos impulsivos. Como Doctor Jekyll y Mister Hyde.

¿Y Panenka?

¿Y los futbolistas? No hemos dicho si los estudios del profesor Palacios-Huerta llegaban a la conclusión de que los futbolistas lanzaban los penaltis de manera racional o no. Recordaréis que hemos dicho que la estrategia óptima consistía en chutar el 70 % de las veces hacia el lado bueno (los diestros chutan hacia su izquierda y los zurdos hacia su derecha), y el resto de los lanzamientos repartirlos entre el lado malo y el centro de la portería. También hemos visto que es muy importante que el jugador que lanza la pena máxima cambie de lado de manera aleatoria (es decir, que no siga una norma del tipo tres por la derecha y uno por la izquierda) porque los porteros tienden a estudiar cómo lanza cada jugador y descubrirían al que sigue una regla concreta.

Pues bien, una primera lectura de los resultados mostró que los jugadores disparan de una manera aleatoria el 70 % de las veces hacia el lado bueno. Pero lo que no hacen es dividir el otro 30 % entre el lado malo y el centro de la portería. ¡En el estudio casi nadie chutó por el centro! Para los analistas, este comportamiento parecía indicar que los jugadores eran irracionales: como todo el mundo sabe que los porteros casi siempre se tiran a uno u otro lado, chutar por el centro es la forma más segura de marcar. Por lo tanto, si los futbolistas casi nunca chutan al centro de la portería, deben de ser irracionales.

Pero esta conclusión es incorrecta. Observando estos datos, uno llega a la conclusión de que los jugadores son racionales y que quienes son irracionales son los economistas que los analizan. Los analistas creen que los futbolistas solo tienen un objetivo: el gol. Si realmente solo tuvieran un objetivo, el hecho de no chutar nunca por el centro (que insisto es la manera más segura de marcar porque el portero siempre se tira a un lado o al otro) demostraría que no actúan racionalmente.

Pero los jugadores no tienen un objetivo, tienen dos: marcar el gol… y no pasar a la historia de los ridículos con el récord de visitas en YouTube. Muchos lanzadores de penaltis piensan que si deciden chutar por el centro y, por alguna casualidad de la vida, aquel día precisamente el cancerbero decide quedarse parado, el balón iría a parar mansamente a sus manos, lo que sería interpretado como un ridículo monumental. La conclusión es que, aunque sea la manera más segura de marcar gol, lo más racional es no lanzar casi nunca un penalti al estilo Panenka.